Mit Begeisterung zu Top-Leistung und Erfolg

Arne Prieß, Dr. Sebastian Spörer

Mit Begeisterung zu Top-Leistung und Erfolg

Praxis-Tipps und neuro-agile Konzepte
zum »Glücklich-Bleiben« für Menschen und Unternehmen

1. Auflage

Haufe Gruppe
Freiburg · München · Stuttgart

Bibliografische Information der Deutschen Nationalbibliothek
Die Deutsche Nationalbibliothek verzeichnet diese Publikation in der Deutschen Nationalbibliografie; detaillierte bibliografische Daten sind im Internet über http://dnb.dnb.de abrufbar.

Print: ISBN 978-3-648-10746-1   Bestell-Nr. 10260-0001
ePub: ISBN 978-3-648-10748-5   Bestell-Nr. 10260-0100
ePDF: ISBN 978-3-648-10747-8   Bestell-Nr. 10260-0150

Arne Prieß, Dr. Sebastian Spörer
Mit Begeisterung zu Top-Leistung und Erfolg
1. Auflage 2018

© 2018 Haufe-Lexware GmbH & Co. KG, Freiburg
www.haufe.de
info@haufe.de
Produktmanagement: Jürgen Fischer

Lektorat: Barbara Buchter, extratour, Freiburg
Satz: kühn & weyh Software GmbH, Satz und Medien, Freiburg
Umschlag: RED GmbH, Krailling

Alle Angaben/Daten nach bestem Wissen, jedoch ohne Gewähr für Vollständigkeit und Richtigkeit. Alle Rechte, auch die des auszugsweisen Nachdrucks, der fotomechanischen Wiedergabe (einschließlich Mikrokopie) sowie der Auswertung durch Datenbanken oder ähnliche Einrichtungen, vorbehalten.

Inhaltsverzeichnis

Widmungen		9
Vorwort		11
1	**Wie Begeisterung, Top-Leistung und Erfolg entstehen!**	**15**
1.1	»Erfolg macht glücklich« oder »Glücklichsein macht erfolgreich«?	15
1.2	Glückliche Mitarbeiter als zentrale Managementaufgabe in Unternehmen	21
1.3	Glücklich-Bleiben ist die Kunst!	23
1.4	Die beiden Hebel für Begeisterung, Top-Leistung und Erfolg in einer modernen Arbeitswelt!	25
2	**Anleitung zum Glücklich-Bleiben in einer dynamischen Welt**	**29**
2.1	Verstehe, was Glück für dich bedeutet!	31
	2.1.1 Erkenne, wie du bist!	33
	2.1.2 Respektiere dich, wie du bist, aber entwickle dich auch weiter!	43
	2.1.3 Lass dir nicht von anderen sagen, was dich glücklich macht, finde es selbst heraus!	51
2.2	Nimm dein Leben in die Hand, bevor es andere für dich tun!	54
	2.2.1 Du hast dein Leben in der Hand, wenn du Herr über deine Zeit bist!	54
	2.2.2 Definiere, was du erreichen möchtest, und kämpfe dafür!	62
	2.2.3 Genieße dein Leben – jeden Tag und überall!	68
2.3	Finde dein Glück in allem, was du tust – vergiss Work-Life-Balance!	71
	2.3.1 Suche dir Jobs und Aufgaben, die dir Spaß machen!	73
	2.3.2 Wenn dir das Angestelltenkorsett zu eng wird, mache dich selbstständig!	77
	2.3.3 Egal, was du tust, verliere nie deinen Humor im Leben!	87
2.4	Werde dein eigener Happiness-Bodyguard!	90
	2.4.1 Begrenze dich und priorisiere dein Handeln!	93
	2.4.2 Lerne, Nein zu sagen!	107
	2.4.3 Betreibe »Digital Overload Management«, dann wirst du kein digitaler 4.0-Sklave!	111
2.5	Finde deinen »Heiligen Gral« zum Glücklich-Bleiben!	126
	2.5.1 Definiere dein ganz persönliches Mantra!	128
	2.5.2 Suche dir einen täglichen Begleiter und Mahner an dein Mantra!	130
	2.5.3 Mache regelmäßig einen Happiness-Check!	132
2.6	Tipps für Unternehmen zur Unterstützung der Mitarbeiter beim Glücklich-Bleiben	135

3		Neuro-agile Methoden: modernste Erkenntnisse zum Glücklich-Bleiben	143
3.1		Neuro: Puzzle der Leistungsfähigkeit	145
	3.1.1	Metamodell 1: Das Spielfeld zwischen Stress und Begeisterung	145
	3.1.2	Metamodell 2: Die Energiegewinnung in der Zelle	148
	3.1.3	Metamodell 3: Die Energieverteilung und das Immunsystem	152
	3.1.4	Chronic low grade Inflamation	154
	3.1.5	Der Darm und entzündungsarme Ernährung	156
	3.1.6	Biorhythmus	159
	3.1.7	Bewegung	169
	3.1.8	Umgang mit Stress	172
	3.1.9	Ernährung	177
	3.1.10	Meditation und Stressbewältigung	181
	3.1.11	Kreativität aus neurobiologischer Sicht	181
	3.1.12	Selbstmanagement aus neurobiologischer Sicht	184
	3.1.13	Glaubenssätze	189
	3.1.14	Wie funktioniert neues Lernen nun biologisch?	200
	3.1.15	Wie schnell geht Veränderung? – Das Alpenexperiment	203
	3.1.16	Ziele	205
	3.1.17	Sinn	207
	3.1.18	Persönliche Stärken	209
	3.1.19	Ponyhof-Visionen	212
	3.1.20	Hirn-Hacking	216
	3.1.21	Was bedeutet neuro-agil für die Unternehmen?	217
3.2		Agile Management Innovations	218
	3.2.1	Freundschaften vs. Einsamkeit	218
	3.2.2	Geld	220
	3.2.3	Verantwortlichkeitsmatrix	222
	3.2.4	Abweichung	225
	3.2.5	Fehlerkultur: Differenzielles Lernen	225
	3.2.6	Pair Working	227
	3.2.7	Peer Feedback	227
	3.2.8	Slack Time	228
	3.2.9	Priorisierung durch Boards	228
	3.2.10	Persönlicher Kundenkontakt	230
	3.2.11	Bar Camps	230
	3.2.12	Retrospektiven	230
	3.2.13	Handyfreier Urlaub	231
	3.2.14	Leistungsfähigkeit und Urlaub	232
	3.2.15	Fairnessrunden	232
	3.2.16	Meetingreduktion	233
	3.2.17	Beurteilung durch die eigenen Leute	235

3.3		Neuro-agile Konzepte in der Praxis	235
	3.3.1	Dopamin: unser Drogendealer	236
	3.3.2	Cortisol: Alarmsignal ohne Alarm	237
	3.3.3	BDNF: das Schlauhormon	238
	3.3.4	Testosteron: Kraft und Tatendrang	238
	3.3.5	Oxytocin: das Bindungshormon	239
	3.3.6	Melatonin: Schlafen ist die beste Medizin	240
	3.3.7	Serotonin: entspanntes Glück	241
3.4		Umsetzung: Peak Performance	242
	3.4.1	Peak Performance: 21-Tage-Challenge	242
	3.4.2	Checkliste für das Unternehmen	243
4		**Schlusswort: Bleiben Sie glücklich und erfolgreich!**	**245**
		Quellen und Literatur	**247**
		Selbsttest	**251**
		Neuro-agile Checkliste	251
		Stichwortverzeichnis	**257**
		Die Autoren	261

Widmungen

Dieses Buch widme ich allen Menschen, die mir im Leben geholfen haben, ein glücklicher Mensch zu werden und zu bleiben:
- meiner zu früh gestorbenen Mutter Helga und meinem bereits über den Lebenshorizont gesegelten Vater Hans Prieß,
- meiner Frau Petra und meinen Söhnen Phil, Jonah und Marc,
- meinen Geschwistern Inken und Carsten,
- meinen treuen Freunden Achim, André, Uli, Stephan und den vielen anderen Begleitern durch mein glückliches Leben.

Welchen größeren Beitrag kann es geben, als einem anderen Menschen bewusst oder unbewusst einen kleinen oder sogar großen Schubser auf dem Weg durch ein glückliches Leben zu geben. Euch allen danke ich von ganzem Herzen.

Allen anderen, die mir das Glück aussaugen wollten, bewusst oder unbewusst, sei gesagt:

Versager!

Arne Prieß

Ich widme dieses Buch meinen Mädels:

Findet euren knallgeilen Weg, auch wenn wir es als Eltern natürlich anders machen würden!

Sebastian Spörer

Vorwort

Es gibt Menschen, die beeindruckende Zufriedenheit ausstrahlen. Diese Menschen sind im Privaten glücklich, im Beruflichen erfolgreich und haben eine großartige positive Ausstrahlung. Wir erleben diese Menschen in unseren Seminaren immer wieder und haben oft Gelegenheit, die Erfolgsgeheimnisse dieser Optimisten kennenzulernen.

Mit über 1.000 Teilnehmern pro Jahr und mehreren Jahrzehnten Trainererfahrung waren das sehr viele glückliche und erfolgreiche Menschen. So ist dieses Buch eine Zusammenfassung aus
1. unseren eigenen Rezepten,
2. unserer Erfahrung mit sehr vielen verschiedenen Menschen,
3. der wissenschaftlichen Betrachtung vom Glücklichsein im umfassenden Sinne (inkl. der Rolle von Ernährung, Bewegung, einem stärkenorientierten Arbeitsplatz, der Frage nach Sinn u. v. a. m.).

In Unternehmen reden inzwischen viele Manager vom Ziel eines agilen, selbstbestimmten und produktiven Mitarbeiters. Doch was steckt hinter diesen Begriffen und vor allem: Wie erreichen wir diese Ziele? Für uns als Autoren ist dies eine der Kernfragen: Wie verändern sich Menschen und was brauchen Menschen, um glücklich zu bleiben?

Inzwischen gibt es viele Studien und Hinweise aus den Neurowissenschaften darauf, dass es sich lohnt, Glücksstudien als Annäherung an das Thema zu verwenden. Wussten Sie z. B., dass Zufriedenheit (Glück) zu ca. 40 % von unserer Einstellung abhängt? 50 % scheinen angeboren zu sein und 10 % ergeben sich aus dem äußeren Rahmen. Nur 10 % hängen also von unserer Lebenssituation ab (vom Partner, vom Arbeitsplatz oder Nicht-Arbeitsplatz etc.)!

Wir als Autoren haben für uns Wege gefunden, diesen Prozentsatz von 40 % zu erhöhen. In unseren Seminaren werden wir immer gefragt: Gibt es die Tipps auch komprimiert in einem Buch? Aus diesem Bedürfnis unserer Teilnehmer heraus entstand das vorliegende Buch zweier glücklicher Trainer und Berater.

Im zweiten Kapitel »Anleitung zum Glücklich-Bleiben« vermittelt Arne Prieß Handwerkszeug aus seinen Lebens- und Trainererfahrungen. Auf dem Weg zu den 40% Glück finden Sie hier eine Reihe von sehr handfesten Tipps und Anregungen, die sich in der Praxis sowohl für Arne Prieß als auch für viele seiner Seminarteilnehmer bewährt haben. Die wichtigsten Tipps sind folgendermaßen gekennzeichnet:

> **!** **Anregung zum Glücklich-Bleiben**
> Hier erfolgen kompakte Merker oder Tipps basierend auf den vorherigen Ausführungen. Diese geben Ihnen Impulse, um die ausführlichen Erklärungen als Fazit in das eigene Leben zu transferieren.

Im dritten Kapitel gibt Dr. Sebastian Spörer dann einen Überblick über die aktuelle Forschungslage. Hier finden Sie Tipps und Anregungen, die aus der Neuro-Forschung stammen. Vieles der Forschung in den Neurowissenschaften ist Grundlagenforschung und daher nicht anwendungsorientiert. Sebastian Spörer hat sich darauf spezialisiert, die anwendungsorientierten Forschungsergebnisse zu vermitteln. Im Buch finden Sie den Überblick.

> **!** **Neuro-agile-Tipp**
> Hier erfolgen Hinweise auf wertvolle Erkenntnisse aus der Gehirnforschung für den einzelnen Leser und für die Nutzung innerhalb einer Organisation.

Da wir als Trainer für Unternehmen tätig sind und sich die Fragen, die zu diesem Buch geführt haben, Mitarbeiter der Unternehmen gestellt haben, gibt es darüber hinaus eine besondere Rubrik:

> **!** **Goldene Management-Regel**
> Hier erfolgen kompakte Tipps für Manager und/oder Personalabteilungen basierend auf den vorherigen Ausführungen. Diese geben Impulse, um die gewünschten glücklichen und leistungsfähigen Mitarbeiter im Unternehmen zu haben, mit denen wirtschaftlicher Erfolg viel leichter zu erreichen ist. Die Erfahrungen und die Studienlage sind hier eindeutig:
> **Glückliche Menschen sorgen für höhere Produktivität. Nutzen Sie als Unternehmen auch dieses Potenzial.**

Gibt es den einen Weg, glücklich zu bleiben? Sicher nicht, aber es gibt Zutaten, die für uns alle die Wahrscheinlichkeit erhöhen, glücklich und erfolgreich zu sein. Unser Anliegen ist es, Ihnen diese Zutaten vorzustellen. Ihre Mischung müssen Sie selbst finden. Sie erfahren von uns unsere Mischung, um es etwas greifbarer zu machen – nicht als Idealweg, sondern als didaktisches Beispiel. Das Buch ist mehr ein »Zutatenbuch« als ein Rezeptbuch. Wenn Sie an manchen Stellen einzelne Zutaten nicht mögen, dann werden später wieder Zutaten folgen, die Ihnen mehr Appetit auf das Ausprobieren machen.

Aber nun erst mal viel Spaß beim Lesen und Umsetzen dieses Buches und viel Erfolg bei Ihrem Streben nach einem glücklichen privaten und beruflichen Leben!

Beste Grüße von den glücklichen Autoren

Arne Prieß und Sebastian Spörer

Hinweis: Im Buch werden bei Personennennung nicht immer beide Geschlechter aufgeführt. Wenn also die männliche Form verwendet wird, sind dennoch immer beide Geschlechter gemeint. Wir bitten die Damen unter den Lesern um Verständnis und hoffen, dass das erleichterte Lesen für diese einseitige Geschlechterbenennung entschädigt.

1 Wie Begeisterung, Top-Leistung und Erfolg entstehen!

Von Arne Prieß

1.1 »Erfolg macht glücklich« oder »Glücklichsein macht erfolgreich«?

Sicher haben Sie schon mal das Sprichwort gehört »Erfolg macht glücklich!«. Hört sich ja total schlüssig an. Denn wenn man tage- oder wochenlang an etwas gearbeitet hat, sei es beruflich oder privat, dann freut man sich schon, wenn man dann erfolgreich ist und alles so läuft, wie man es sich vorgestellt hat. Sei es ein erfolgreich abgeliefertes Projekt im Job oder ein gewonnener Kunde, an dem man lange Zeit intensiv gebaggert hat, oder der geschaffte Segelschein, den man sich mit fleißigem Lernen erkämpft hat. Solche Situationen machen glücklich, man verspürt ein Hochgefühl und dieses lässt, das wird Sebastian Spörer in Kapitel 3 noch ausführlich beschreiben, drogenähnliche Stoffe durchs Gehirn fließen. Und diese lassen einen eben schon mal etwas glückseliger durch den Tag wandern.

So weit, so gut, das kurze Glücksgefühl wollen wir dem Erfolg nicht absprechen. Drehen wir das Sprichwort aber einmal um: »Glücklichsein macht erfolgreich!« Hört sich das für Sie richtig an, würden Sie das unterschreiben wollen?

Wenn nein, dann liegen Sie falsch! Denn 2009 haben Sonja Lyubomirsky, Laura King und Ed Diener in einer Metastudie[1] an der Universität Harvard und in vielen weiteren Studien die Fakten dazu publiziert. Und diese sprechen eine eindeutige Sprache: 225 Studien in 35 Jahren haben widerlegt, dass Erfolg zum Glück führt, und gezeigt, dass es genau andersherum ist: Glückliche Menschen sind erfolgreicher. In der Metastudie wird dies auch mit Zahlen belegt: sind um 31% produktiver, verkaufen um 37% mehr und sind dreimal kreativer etc. Und diese Eigenschaften führen unweigerlich zum Erfolg, beruflich und privat. Deshalb sind die o.g. kurzfristigen Glücksgefühle nicht falsch beobachtet, der Unterschied scheint mir, dass Erfolg eben kurzfristig zum Glück führt und umgekehrt ein glücklicher Mensch einen dauerhaft laufenden Antriebsmotor in sich trägt. Wer glücklich ist, dem stehen vom Glücksgefühl

---

1 Lyubomirsky, S., King, L., Diener, E.: The benefits of frequent positive affect: Does happiness lead to success? http://psycnet.apa.org/doiLanding?doi=10.1037%2F0033-2909.131.6.803

gesteuerte Verhaltensweisen und innere Antriebe leichter, kräftiger und permanenter zur Verfügung. Halten wir als Zwischenfazit also einmal folgende valide Annahme fest: **Glückliche Menschen sind erfolgreicher!**

In der Literatur wird dem Glücksgefühl häufig das englische Wort »Happiness« vorgezogen. In der deutschen Sprache ist Glück eben auch mit »Glück haben«, also einem nicht verursachten zufälligen positiven Ereignis verbunden, während es uns in unserem Zusammenhang ja um das Glücksgefühl, also einen inneren Zustand und Wohlbefinden geht. Wie sich das für einen anfühlt, müssen wir noch analysieren. Dazu mehr im Kap. 2.1.

Die o. g. Metastudie hat herausgefunden, dass Happiness bzw. das eben erwähnte subjektive Wohlbefinden von drei Faktoren abhängig ist:
1. den Genen,
2. den Lebenserfahrungen und
3. der inneren Einstellung.

> **! Neuro-agile-Tipp**
>
> Zu Happiness gibt es weitere Zahlen:
> - Etwa 50% der Zufriedenheit hängen von unseren Genen ab.
> - Etwa 10% hängen von äußeren Faktoren wie unserem Partner, Geld, Schönheit etc. ab.
> - Die restlichen 40% lassen sich verändern durch Maßnahmen wie ein Dankbarkeitstagebuch, das jeden Abend geführt wird. Wie stark der Einfluss des »Kopfes« auf unser Wohlbefinden ist und wie stark unsere Gesundheit davon abhängt, ist sehr lesenswert beschrieben im Buch »Warum Gedanken stärker sind als Medizin« der Ärztin Lissa Rankin.
>
> Diese 40% sind es wert, in diesem Buch weiterzulesen.

Für Ersteres können wir ja wohl nichts, Gene sind drin in uns, ob gut oder schlecht, werden bei der Geburt praktisch mitgeliefert und dann müssen wir damit klarkommen.

Zweiteres, die Lebenserfahrungen, können wir suchen, wir können uns aktiv in Situationen begeben, in denen wir Erfahrungen sammeln, über unseren bisherigen Tellerrand schauen und unser Erfahrungsspektrum erweitern können. Wir können uns an Themen, Herausforderungen und Probleme heranwagen, für die wir noch keine gefestigten Erfahrungen abgespeichert haben. Oder wir bleiben in unserer Komfortzone bereits gemachter Erfahrungen und fühlen uns da sicher und geborgen.

»Erfolg macht glücklich« oder »Glücklichsein macht erfolgreich«? 1

Ganz entscheidend ist in diesem Zusammenhang der dritte. o.g. Punkt, unsere innere Einstellung. Sie bestimmt auch unsere Fähigkeit, Erlebtes im Nachhinein zu analysieren, zu interpretieren und als neue und wertvolle Erfahrung abzuspeichern. Gerade dem Part des Interpretierens von Erlebtem auf Basis unserer inneren Einstellung fällt dabei eine sehr entscheidende Rolle zu, denn es liegt an uns, ob wir etwas als schlechte oder gute Erfahrung, als Reinfall oder Lernerfolg, als schmerzhaft oder lehrreich interpretieren. Die Welt ist immer schon Abbild unserer Wahrnehmung und der Interpretation gewesen, wir sind also selbst die Gestalter unseres Erfahrungsspektrums, mit dem wir unsere zukünftigen Erlebnisse und deren Einfluss auf unsere Happiness bestimmen werden. Die innere Einstellung wird vielfach deutlich unterschätzt, ist aber offensichtlich sehr bedeutend für unser Glück.

> **Goldene Management-Regel**
> Helfen Sie Ihren Mitarbeitern, Erfahrungen bewusst zu suchen, zu machen und das Positive darin zu finden. Initiieren Sie Lessons-learnt-Runden, sowohl für Einzelne als auch für Teams nach Erlebnissen (z.B. Projekten, Workshops, Trainings). Geben Sie nicht so leicht auf, wenn Sie einen »Negativ-Menschen« als Mitarbeiter haben. Ein stetiger Positiv-Virus steckt irgendwann an.
> Und trennen Sie sich konsequent von den allzu renitenten »Unglücklich-Enthusiasten«.

Äußere Faktoren, wie Haus, Auto etc., bei denen man sicher einen hohen Einfluss auf unser Wohlbefinden vermuten würde, sodass jedermann mit ganzer Kraft danach strebt, spielen laut der Studien eine nur sehr bescheidene Rolle.

Irgendwie hat man diese Ergebnisse gespürt. Insbesondere der Mammon, all die materiellen Dinge, nach denen wir streben und mit denen wir uns umgeben, kosten nicht nur Kraft bei dem Streben danach, sondern sie rauben uns auch während des Besitzes oft die Kraft, sich noch gut zu fühlen. O.k., auf einer schicken Yacht in den Sonnenuntergang zu segeln bei einem leckeren Drink, das kann uns schon mal glücklich machen. Aber meistens denkt man in dem Moment danach, wie man die nächste Rate aufbringen kann, ob im nächsten Hafen wohl ein bezahlbarer Liegeplatz vorhanden sein wird und dass der 20 Jahre alte Single Malt in der Bordbar von den Bagaluten-Gästen an Bord nicht immer mit Cola getrunken werden sollte.

Genauso entspannt und wahrscheinlich mit einem viel größeren Wohlbefinden würde man wohl auch auf einer Charteryacht den Moment verbringen, selig in den Sonnenuntergang segelnd, mit einem nur 12 Jahre alten Whisky im Glas (egal ob mit Cola oder Eis), wohl wissend, dass man den Kahn einfach abgibt, wenn das Ende des Urlaubs naht.

Gerne würde ich als Praktiker den Ergebnissen der obigen Metastudie noch ein paar mit GMV (Gesundem Menschenverstand) abgeleitete Thesen hinzufügen. Entscheiden Sie selbst nach dem Lesen, ob Sie meine Thesen unterstützen wollen.

Meine acht Thesen zu glücklichen Menschen lauten: Glückliche Menschen ...
1. ... sind produktiver, weil sie viel mehr Spaß am Arbeiten haben,
2. ... sind gesünder und fehlen dadurch weniger im Unternehmen,
3. ... stecken andere mit ihrem Glücklichsein an,
4. ... ziehen andere an, die auch glücklich bleiben wollen (beruflich insbesondere Bewerber und privat glückliche Freunde),
5. ... suchen das Positive, auch in schwierigen Situationen und bei schwierigen Menschen,
6. ... kämpfen für ihr Glück und geben sich nicht mit Mindestmaß zufrieden,
7. ... sind viel angenehmere Kollegen,
8. ... haben mehr Erfolg (siehe o. g. Metastudie)!

Diese Thesen leite ich aus meinen Beobachtungen aus der Praxis ab. Ich kann sie nicht wissenschaftlich beweisen, möchte sie aber gerne noch etwas anschaulicher belegen.

Während ich dieses Kapitel schreibe, habe ich gerade nicht das Gefühl zu arbeiten. Es strengt mich nicht an und die Seiten füllen sich schnell, weil mir das Thema und Bücherschreiben im Allgemeinen richtig viel Spaß bereiten. Müsste ich aber anstatt hier gemütlich im Garten am Laptop zu sitzen Rasen mähen, Unkraut jäten oder sonstige hobbygärtnerische Dienste leisten, würde sich jeder Handgriff in die Länge ziehen. Ein Gartenfreund könnte mir gar nicht zuschauen, ohne in Rage zu geraten. Genauso wenig könnte ich wahrscheinlich ihm über die Schulter schauen, wenn er sich an dem Verfassen eines Fachartikels versuchen würde, ohne daran Spaß zu haben. Spaß lässt Arbeit leichter und schneller und sicher besser von der Hand gehen. Dass ich diesen Spaß empfinde, hat viel damit zu tun, dass ich ein glücklicher Mensch bin, wozu ich mich im Vorwort geoutet habe, und weil ich lebe, was ich im zweiten Kapitel beschreibe.

Als im Personalmanagement häufig tätiger Consultant und Experte für HR-Controlling habe ich auch regelmäßig mit HR-Kennzahlen zu tun. Der Zusammenhang zwischen Mitarbeiterzufriedenheit und den Fehlzeiten ist dabei ein Klassiker. Man nennt das auch »intangible KPI-Ketten« (KPI = Key Performance Indicator), also Kennzahlen-Ketten, bei denen die Veränderung einer Kennzahl ein Warnsignal für die Veränderung einer anderen, mit dieser verbundenen Kennzahl bedeutet. Sinkt die Zufriedenheit von Mitarbeitern im

»Erfolg macht glücklich« oder »Glücklichsein macht erfolgreich«?

Rahmen von Messungen ab (z.B. bei Mitarbeiterbefragungen oder sog. Puls-Befragungen), dann ist abzusehen, dass bald auch die Fehlzeiten nach oben und Produktivitätskennzahlen nach unten gehen. Das sind »Naturgesetze des HR-Controllings«, die als Begründung meiner Thesen durchaus nutzbar sind.

Das Anstecken und das Anziehen von anderen glücklichen Menschen können Sie beruflich und privat erleben. Miesepetrige Menschen umgeben sich häufig mit ebensolchen und glückliche Menschen haben glückliche Freunde. Man selbst entscheidet sich schnell, ob man einer Einladung zu einer Party eines Bekannten folgt, wenn man sich noch an den »Trupp von Trauerklößen« oder an die »Spaßige Sausen-Truppe« der letzten Party erinnert. Man umgibt sich gerne mit seinesgleichen!

> **Anregung zum Glücklich-Bleiben** !
>
> In einem Training hat ein Teilnehmer zu dieser These geäußert, dass er so »dauerüberglückliche Typen«, die mit einem ständigen Grinsen und andauernden »Ich bin ja so glücklich«-Bekundungen durch die Flure schweben, so gar nicht ertragen kann und denen am liebsten mal das Grinsen aus dem Gesicht massieren würde. In der Diskussion haben wir dann aber schnell herausgearbeitet, dass es ihm dann gegen den Strich geht, wenn es ihm aufgesetzt und nicht authentisch vorkommt. Und das konnten alle Anwesenden und auch ich gut nachvollziehen.
> Eine unglaubwürdige »Glücklich-Maske« vor sich her zu tragen, kann nicht anstecken. Es muss wahres ehrliches Glücksgefühl sein und nicht zu dick aufgetragen werden, damit es eine positive ansteckende Wirkung entfaltet.
> **Tragen Sie selbst niemals »Ich bin ja so glücklich«-Masken, das macht nicht glücklich, sondern unglaubwürdig und es verdeckt nur das ungenutzte Potenzial zu echtem Glück!**

Beruflich erlebe ich das Anziehen glücklicher Menschen besonders bei Interviews mit Bewerbern. Wenn eine Führungskraft oder ein Vertreter der Personalabteilung zur Gattung »Glas ist immer halb leer« gehört, dann veranlasst das einen »Sonnenschein-Bewerber«, der sich gerade ein neues, hoffentlich angenehmeres, weil Happiness-unterstützendes berufliches Umfeld sucht, nach kürzester Zeit, seine Absage gedanklich schon mal auszuformulieren, auch wenn er noch gute Miene zum ernüchternden Spiel macht.

Umgekehrt würde ein glücklicher Manager im Bewerberinterview schnell spüren, ob er einen Dauer-Meckerer am Tisch hat, der bei jedem seiner vorherigen Unternehmen schnell und ausführlich die vielen Haare in der Suppe aufzählen kann. Die Absage ist gedanklich dann auch schon geschrieben.

> **! Goldene Management-Regel**
>
> Kommen Sie ausgeruht ins Bewerberinterview. Vermeiden Sie Stress im Vorfeld, indem Sie Ihre Termine und Ihre Arbeit so planen, dass Sie nicht ausgepowert und genervt, sondern ausgeruht und mit Energie ins Gespräch kommen.
> Ihre innere Einstellung sollten Sie vor einem Bewerberinterview positiv beeinflussen, indem Sie sich selbst klarmachen, dass Sie den Bewerber begeistern wollen und werden, sowohl für den Job, sich selbst als auch das Unternehmen: »Ich will diesen Bewerber!«

»Hans sucht Hänschen«, lautet ein Sprichwort, dass ich in meinen Interview-Trainings verwende. Und dies bedeutet nicht nur, dass Führungskräfte im Bewerber ihr eigenes fachliches Profil suchen (nur möglichst kleiner, damit man nicht durch seine eigenen Mitarbeiter in Gefahr gerät), sondern dass man auch seine eigene innere Einstellung zum Leben und der Welt im anderen sucht.

Ich habe zahlreiche Male in meinem Leben Menschen kennengelernt, die trotz schwieriger beruflicher oder/und privater Situationen eine positive Sprache verwendet haben, mit der sie nach dem Positiven gesucht, gefragt oder darüber gesprochen haben. Die nicht aufgegeben haben, trotz aller Unfairness des Lebens. Die darum gekämpft haben, wieder glücklich sein zu können. Solche Freunde oder Kollegen braucht man und sollte man haben, denn sie inspirieren einen und geben einem mit ihrem Vorbild Kraft, nach dem eigenen Glück zu suchen.

Mein Bruder Carsten ist so ein Mensch. Er hatte schon drei Jungs, bevor meine Lenden den Stammbaum der Familie Prieß um drei weitere erweiterten. Seinem jüngsten Sohnemann hat das Leben eine schwere Krankheit aufgebürdet und wer Kinder hat, weiß, wie leicht dies das Herz der Eltern brechen lässt. Aber ich habe ihn nie klagen gehört und ihn immer tapfer kämpfend gesehen, mit der Situation zum Wohle seines Sohnes konstruktiv umzugehen. Das Glück hat verschlungene Wege, dies ist nur einer davon.

> **! Neuro-agile-Tipp**
>
> Der Wissenschaftszweig, der sich zum Umgang mit widrigen Lebenssituationen etabliert hat, ist die Resilienzforschung. So haben Forscher z.B. untersucht, welche Faktoren dazu geführt haben, dass einige KZ-Überlebende diese schlimmen Ereignisse relativ unbeschadet überstanden haben (natürlich mit starken Wunden, sie waren aber nach diesem Erlebnis wieder in der Lage, am normalen Leben teilzunehmen und Vertrauen aufzubauen), während andere Menschen daran zerbrochen sind.
> Eine Messmöglichkeit für Widerstandsfähigkeit ist ein Versuch, bei dem man Menschen einem lauten Knall ausgesetzt hat. Die Länge des Augenschließens ist

> nach Untersuchungen des Psychiaters Martin Holtmann und seinem Kollegen, dem Neuropsychologen Manfred Laucht, ein Indiz, wie jemand die Schrecksekunde verarbeiten kann.
> Dazu zeigen bildgebende Verfahren, dass entspannte Menschen (die auf den Knall eher mit einer niedrigen Stressantwort reagiert haben) eine höhere Aktivität im linken präfrontalen Cortex aufwiesen, die gestressten eher im rechten.
> Stress ist also rechts, Entspannung links oben.

Die anderen Menschen, die nach ihrem Unglück streben, lassen Sie am besten nicht an sich ran (im Kap. 2.1 bezeichne ich solche Menschen als »Energie-Vampire« und gegen Vampire helfen bekanntlich Knoblauch, silberne Kugeln und Kreuze oder einfach ignorieren und aus dem Weg gehen; vielleicht schenken Sie ihnen dieses Buch, wenn noch nicht Hopfen und Malz verloren ist).

1.2 Glückliche Mitarbeiter als zentrale Managementaufgabe in Unternehmen

Aber was macht denn nun glücklich? Dazu hoffen wir Ihnen in den nachfolgenden Kapiteln Tipps zu geben, sodass Sie zu Ihrem ganz persönlichen Happiness-Zustand kommen werden. Und wie wir nun wissen: Happiness macht erfolgreich, also werden Sie obendrein auch noch leistungsfähig, denn Leistung macht sich am Erfolg und nicht an Bemühungen fest.

Hier wird das ganze Thema im höchsten Maße unternehmens- bzw. managementrelevant, weshalb wir immer wieder Brücken bauen werden durch Tipps für das Management. Denn erfolgreiche Mitarbeiter sind es doch wohl, die alle Unternehmen haben wollen. Je erfolgreicher die einzelnen Mitarbeiter, desto erfolgreicher am Ende das ganze Unternehmen. Vorausgesetzt natürlich, dass das Management mit all dem von den Mitarbeitern abgelieferten Erfolg auch sorgsam und weise umgeht und nicht durch mieses Management den Erfolg verspielt (dazu lesen Sie gerne unser Buch »Der erfolgreiche Manager«, Haufe 2017).

Glückliche Menschen sind nach der bisherigen Herleitung also die vornehmste Managementaufgabe! Über glückliche Menschen zu erfolgreichen Unternehmen zu kommen, das ist die Wirkungskette, die wir mit diesem Buch anstoßen wollen. Aber hätte ich Ihnen dies als ersten Satz in diesem Kapitel geschrieben, hätten Sie wohl mit dem Kopf geschüttelt und gefragt, was der Prieß geraucht hat, und gedacht, dass Sie davon gerne auch ein Pfeifchen probieren wollen. »Arbeit ist doch kein Ponyhof!«, hätte mancher wohl gesagt. Aber wer immer diesen Spruch zuerst geäußert hat, der hat vergessen, dass Arbeit auch nicht »bittere Realität« und völlige Abwesenheit von guten Eigenschaften eines Ponyhofes bedeuten muss.

Also lassen Sie uns für einen Moment mal annehmen, dass die Investition in Happiness von Menschen, und dabei meine ich explizit und ganz bewusst das gesamtheitliche Wohlbefinden von Menschen, nicht nur am Arbeitsplatz, sondern insbesondere im Privatleben eine sinnvolle Investition ist und einen hohen Return on Invest (ROI) hat. Der ROI ist nach der obigen Metastudie Lyubomirsky und Kollegen ja ein betriebswirtschaftlich signifikanter und messbarer. Und wenn meine aufgestellten Thesen nicht Ihre völlige Ablehnung fanden, sagt uns auch der GMV, dass Investitionen in das Wohlbefinden unserer Mitarbeiter als Wettbewerbsvorteil die Kasse klingeln lassen und die Konkurrenz den Staub glücklich und erfolgreich davoneilender Unternehmen schlucken lassen würden.

Und trotzdem werden die Argumentation und die Überzeugungsarbeit im Management, sich dem Glück ihrer Mitarbeiter zu widmen, keine leichte Übung. Das mag daran liegen, dass es insbesondere den Deutschen so schwerfällt, das Leben zu genießen. Das habe ich bei den Recherchen zu diesem Buch in einem Spiegel-online-Artikel[2] gelesen, bei dem eine Studie zitiert wurde. Der Artikel hatte die Überschrift »Deutsche können alles – außer genießen«. Trotz der florierenden Wirtschaft und der international vergleichsweise positiven Rahmenbedingungen scheint es den Deutschen schwerzufallen, den Erfolg zu genießen und auszukosten. In der dem Artikel zugrunde liegenden Studie des Marktforschungs- und Beratungsinstituts Rheingold kam heraus:
- 46 % der Menschen in Deutschland sagen, dass es ihnen angesichts von Stress im Alltag und dem Gefühl ständiger Erreichbarkeit immer weniger gelingt, etwas zu genießen.
- Bei den Jüngeren haben sogar 55 % das Gefühl, ihnen sei die Fähigkeit zum Wohlbefinden verloren gegangen.

Das Fazit der Forscher: »Das Genuss-Gen ist bei uns immer häufiger defekt – wir haben verlernt zu genießen« und »erst die Arbeit, dann das Vergnügen«. Dummerweise bleibt bei all der Arbeit das Vergnügen dauerhaft auf der Strecke. Im Kapitel 2.3 werde ich noch ausführlicher darauf eingehen, dass eine Trennung zwischen Arbeit und Vergnügen bzw. Work und Life totaler Oberunfug ist.

---

2 http://www.spiegel.de/wirtschaft/service/studie-zum-genuss-deutsche-haben-das-geniessen-verlernt-a-834461.html (zuletzt zugegriffen: 18.10.2017)

Nach meiner bisherigen Herleitung liegt der Verdacht nahe, dass uns das Bewusstsein fehlt, dass glücklich zu sein ein Erfolg an sich ist und dass wir dies nicht nur aktiv anstreben, sondern auch zulassen sollten. Dann kommt das Genießen des Erfolges ganz von selbst.

Bei meinen Recherchen stieß ich aber auch auf ein vielsagendes Foto, in dem zwei Wegweiser an einer Wegegabelung nach rechts den Weg zum Glücklich-Bleiben und nach links zum Rechthaben zeigten. Ohne diese These weiter auszubauen, möchte ich aber mutig annehmen, dass es Menschen, die danach streben, recht zu haben und zu behalten, im Leben an Happiness mangeln wird. Nur so eine These, die Sie gerne selbst bewerten sollten, ob sie auch für Sie Relevanz haben könnte.

1.3 Glücklich-Bleiben ist die Kunst!

Einen ganz wichtigen Aspekt möchte ich am Ende dieses ersten Kapitels noch beleuchten. Dieser hat eine große Auswirkung auf alles Nachfolgende. Vielleicht ist es auch eine Besonderheit, die wir in diesem Buch bewusst herausarbeiten und mit unseren Tipps unterstützen: **Glück liegt im Flügelschlag eines Augenblicks! Die Kunst im Leben ist es, glücklich zu bleiben!**

Abb. 1.1: Die Kunst ist es, glücklich zu bleiben!

Diese Kunst bzw. Kompetenz macht den Unterschied zwischen den kurzfristigen himmelhoch jauchzenden Menschen und denen, die langfristig auf hohem und stabilem Niveau Happiness empfinden. Sie ist eine Schlüsselkompetenz, eine Fähigkeit, die man erlernen kann und die man – wie einige andere Schlüsselkompetenzen (z.B. Zeit- und Projektmanagement, erfolgreiche Kommunikation) – hegen und pflegen muss. Denn sie bedeutet, dass man bei aller Volatilität im Leben, bei allen unwillkommenen Störungen des beruflichen und privaten Glücks, den Kurs in Richtung »Leben voller Happiness« beibehalten und nach Rückschlägen wieder aufstehen kann.

Mein persönliches Motto lautet dazu: »Warum fallen wir hin? Damit wir lernen, wieder aufzustehen!« (frei nach Batmans Vater in dem Film »Batman Begins«).

Die Schlüsselkompetenz Glücklich-Bleiben hilft mir auch, die Glücksmomente »zu konservieren« und als immerwährende Erinnerung und Quell des Glücks abzuspeichern.

Dazu ein persönliches Beispiel: Ich habe drei Kinder, alles wie bereits erwähnt Jungs. Kann keine Mädchen, ist genetisch einprogrammiert, so wie bei meinem Bruder, der hat auch drei Jungs. Als ich nach der Geburt meinen Erstgeborenen zum ersten Mal auf dem Arm hielt, da war dies ein Moment vollkommener Glückseligkeit, ein Moment, bei dem so etwas Unromantisches wie körpereigene Drogen (Dopamin) mein Gehirn durchfluteten und mich sowas von high machten, dass es mir egal war, dass ab diesem Tage die durchschlafenen Nächste nur noch halb so lang, der Euro nur noch 50 Cent wert und der zweisitzige Sportwagen (den ich übrigens nie besessen habe) nur noch ein ferner Traum als Pensionär sein würden. Und diesen Moment hatte ich gleich drei Mal. Zugegeben, beim dritten Mal (war ein Nachzügler, ich hatte geplant, dass ich durch wäre mit Nachwuchs) dachte ich mir noch während des drogengeschwängerten Moments, dass nun alles wieder von vorne losgeht: Windel wechseln, Schlaftraining, Pubskoliken statt Schläfchen machen, die Suche nach einem echten Fünfsitzer mit großem Kofferraum …

Die Kunst des Glücklich-Bleibens geht über diese glückseligen Momente hinaus und die Schlüsselkompetenz bewahrt einen davor, dass der Moment reinen Glücks vergessen und die Jahre danach nur von Mühsal und Ärger geprägt sind.

Und weil diese Kompetenz etwas mit persönlicher Entwicklung zu tun hat, mit Training und Coaching, deshalb interessiert es mich so sehr. Denn unglücklich zu sein ist kein Schicksal, das sind nach obiger Aufteilung in drei Bausteine nur die Gene. Mit dem Umgang mit Lebenserfahrungen und der Bewertung derselben auf Basis innerer Einstellung hat der Mensch einen ausreichenden Hebel in der Hand, er muss nur lernen, diesen umzulegen. Jedes Mal ein bisschen mehr und am Ende eben, soweit es die eigene Kompetenz zulässt.

1.4 Die beiden Hebel für Begeisterung, Top-Leistung und Erfolg in einer modernen Arbeitswelt!

Unter dem Gesichtspunkt, dass Glücklich-Bleiben eine Managementaufgabe ist, darf es den Unternehmen also nicht darum gehen, kurze Glücksmomente zu produzieren. Es muss um stetige Personalentwicklung des Einzelnen, z.B. durch nachhaltige Trainingsprogramme, und wie Sebastian Spörer in seinen Konzepten noch aufzeigen wird, um neuro-agile Konzepte im Rahmen der Organisationsentwicklung gehen.

Für das nachhaltige Glücklich-Bleiben der Mitarbeiter muss man zusätzlich kulturelle Rahmenbedingungen schaffen. Unternehmenskulturen fressen nämlich nicht nur Strategien zum Frühstück (vielleicht kennen Sie den Spruch: »Culture eats Strategy for breakfast«), sie fressen auch den Spaß an der Arbeit und saugen einem das Glück aus, wenn sie von negativen destruktiven Werten getragen werden (z.B. »Bei uns machst du nur Karriere, wenn du nach oben buckelst, nach unten trittst und nach rechts und links mobbst«). Top-Leistungen von Unternehmen brauchen also auch eine passende Unternehmenskultur, dies sollte das Management bedenken, wenn es die Wirkungskette »Glückliche Mitarbeiter lassen Unternehmen erfolgreich werden« zum Laufen bringen wollen.

Da wir uns in Zeiten der digitalen Transformation befinden und »4.0«[3] und die damit verbundenen vielfältigen digitalen Informationsmedien und Arbeitsmittel und -prozesse sowohl Segen als auch Fluch für die Menschen mit sich bringen, kommen moderne Konzepte für Glück, Leistung und Erfolg nicht ohne Methoden für ein erfolgreiches Management der Gefahren des »Digital Overloads« aus, deshalb ist dies expliziter Baustein in der Anleitung zum Glücklich-Bleiben. Allein der tägliche Mail-Tsunami besitzt die unbarmherzige

---

3 Industrie 4.0 steht als Stufe der Entwicklung übrigens für »Cyber Physical Systems«, was so viel bedeutet wie eine Vernetzung von Informationssystemen, mechanischen Komponenten und dem Menschen. Der Mensch, der mit seinen mobilen IT- und TK-Systemen von überall auf die Maschinen und Roboter zugreifen kann und diesen steuernde Impulse gibt, das Ganze auch noch in Echtzeit und mit schnell lernender Software, das ist Industrie 4.0. Fälschlicherweise denken manche, dass 4.0 »IT und Automation« bedeutet, das war aber 3.0, also schon längst Schnee von vorgestern.

Kraft, entstehende zarte Pflänzchen von Glück und Erfolg mit solcher Kraft wegzuspülen, dass dieses 4.0-Gefahrenpotenzial unabdingbarer Teil der Management-Strategie sein sollte.

> **! Goldene Management-Regel**
>
> Noch eine ganz wichtige Erkenntnis für all diejenigen, die in Personalentwicklungsmaßnahmen nur investieren wollen, wenn sie rein dienstlichen Nutzen stiften:
> Da der Mitarbeiter noch viel mehr Zeit im privaten Leben verbringt (siehe dazu auch den »Lebenszeitrechner« im Kap. 2.2.1), sollte ein Unternehmen sich nicht scheuen, mit den Investitionen, die es ins Glücklich-Bleiben tätigt, auch und ggf. sogar überwiegend privaten Nutzen zu stiften. Denn wer privat glücklich bleibt, kommt als glücklicher Mensch zur Arbeit. Glück darf also keine Grenzen kennen zwischen Privat- und Berufsleben. Der Mensch ist eine Ganzheit und viele unglückliche Mitarbeiter werden nicht bei der Arbeit unglücklich, sie werden und sind es zu Hause und kommen dann so zur Arbeit. Natürlich finden sie ausreichend Gründe, warum der Arbeitgeber an ihrem Dilemma schuld ist, und es ist müßig, dies widerlegen zu wollen. Effektiver wäre es, ihnen zu helfen, ganzheitlich, also auch und unbedingt privat glücklich zu bleiben.
> In einer Diskussion in einem Training kamen wir zu dem Schluss, dass der Zustand des Unglücklichseins deshalb so häufig im Berufsleben verortet wird, weil man dort leicht und schnell einen Schuldigen benennen kann, den Arbeitgeber. Im Privatleben müsste man ja meist sich selbst als Schuldigen erkennen, aber wer gibt schon gerne zu, dass er auf dem Weg zum Glücklichsein ganz persönlich versagt hat. War eine rhetorische Frage, Sie müssen also nicht antworten.
> **Deshalb investieren Sie in Unternehmen in die Kompetenz zum Glücklich-Bleiben Ihrer Mitarbeiter – privat und beruflich!**

Wir hoffen, dass Sie in den nachfolgenden Kapiteln reichlich Inspiration für Glück und Erfolg finden werden. Unser Herangehen basiert auf einem Modell, das ganz pragmatische Impulse mit neuesten wissenschaftlichen Erkenntnissen aus der Gehirnforschung und Methodenkompetenzen für das glückliche (Über-)Leben in einer digitalen Welt verbindet und zu nachhaltiger Top-Leistung und Erfolg führen wird (vgl. Abb. 1.2).

Entscheiden Sie beim Lesen selbst, ob Sie die Ideen, Tipps und Methoden für sich ganz privat, als Mitglied/Mitarbeiter oder Manager einer Organisation oder auch als Vertreter einer HR-Abteilung interpretieren und nutzen wollen. Am Ende Ihres Weges warten Top-Leistung, Begeisterung und Erfolg, dafür lohnt es sich doch loszugehen!

Die beiden Hebel für Begeisterung, Top-Leistung und Erfolg in einer modernen Arbeitswelt! 1

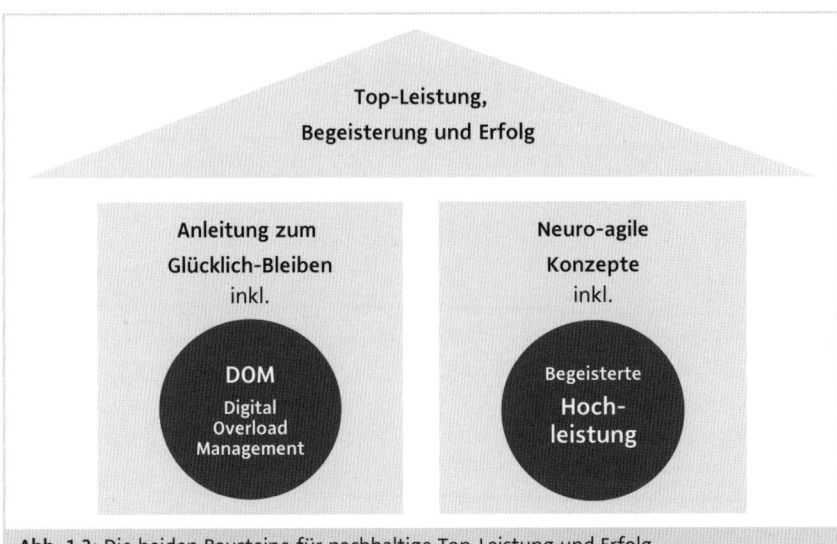

Abb. 1.2: Die beiden Bausteine für nachhaltige Top-Leistung und Erfolg

2 Anleitung zum Glücklich-Bleiben in einer dynamischen Welt

Von Arne Prieß

Wer in diesem Kapitel (oder in meinen Büchern) Esoterik geschmückt mit Religion und einer leckeren Prise Aberglauben erwartet, den muss ich enttäuschen und bitten, sich ein anderes Buch von einem Autor zu kaufen, der sich darauf versteht. Ich habe von solchen Themengebieten keinen blassen Schimmer.

Bevor ich beschreibe, was Sie erwarten können, muss ich mich noch outen: Ich bin ein richtig glücklicher Mensch!

Und das nicht mal eben kurz, sondern schon seit vielen Jahren. Klar, bei mir gab es im Leben auch so einige Schicksalsschläge: meine Mutter schon gestorben an Krebs, bevor sie mein heutiges Alter erreicht hatte, mein Vater gestorben, als der schöne Lebensabend gerade erst so richtig schön hätte werden sollen, unnütze Krankheiten im körperlichen Gebälk, berufliche Herausforderungen im Staatsdienst, in Konzernen und selbst gegründeten Unternehmen, reichlich Aufs und Abs und was das Leben eben so alles mit sich bringt, wenn man nicht in Reichtum und seidene Betten hineingeboren wird.

Deshalb ganz ehrlich und aus dem Innern gesprochen: Ich bin ein zutiefst glücklicher Mensch.

Und genau das ist die Quelle eines Modells, das ich Ihnen anbieten möchte. Ich habe es nach einem ganz tiefen und intensiven Blick in mich hinein und auf Basis unzähliger Beobachtungen anderer Menschen in mehr als 30 Jahren entwickelt. Dabei habe ich glückliche und unglückliche Menschen kennengelernt und mir »einen Reim« auf deren Befinden und die Gründe dafür gemacht.

Wer mich kennt und meine anderen Bücher gelesen oder Trainings und Vorträge von mir besucht hat, weiß, dass ich aus der Praxis für die Praxis denke und schreibe. In dieser Hinsicht könnte man vielleicht auch sagen, aus dem (wahren) Leben für das Leben. Nachfolgend erhalten also alle diejenigen eine Anleitung zum Glücklich-Bleiben, die wie ich tagtäglich im Kampfgeschehen von Business und Familie nach dem Überleben streben und dabei den ganz »normalen Wahnsinn« durchleben. Normale Menschen mit Verpflichtungen in Familie und Beruf sind meine Zielgruppe. Wer reich geerbt hat, von Beruf Sohn ist oder sein »Schäfchen im Trockenen« hat und auf Weltreise in Indien nach dem Glück auf transzendentaler Ebene sucht, hätte dieses Buch sicher auch gar nicht aus dem Regal genommen oder würde es spätestens nach diesem Intro weiterverschenken an die von normaler Mühsal Gebeugten.

> **!** **Neuro-agile-Tipp**
> Glück und Anstrengung sind nur scheinbare Gegensätze. Daher sind Ihre Mühen durchaus Dopamin wert, also den Glücksbotenstoff.

Wenn Sie sich also angesprochen fühlen, dann nehme ich Sie mit auf die Reise durch mein Modell. Dieses besteht aus fünf Schrauben, an denen wir auf den folgenden Seiten drehen werden. Jeweils drei Tipps liefern das Drehmoment und einige Tabellen zum Bearbeiten das Instrumentarium.

Ich werde entlang des Modells an verschiedenen Stellen »die Hose runterlassen« und anhand konkreter Beispiele aus meinem glücklichen Leben berichten. Dies soll die Bausteine des Modells konkreter und anschaulicher gestalten und Ihnen Inspiration zu Ihren eigenen Antworten geben.

Was erwartet Sie am Ende dieser Reise, was kommt heraus, wenn Sie alle Schrauben richtig gedreht haben? Ich hoffe, ein vergleichbares nachhaltiges Glücksgefühl und – der oben erwähnten Kette folgend – ebenso viel Erfolg, beruflich wie privat, wie es mir beschieden ist bzw. ich mir selbst erkämpft habe.

Die fünf Schrauben des Modells (s. Abb. 2.1) sind durchnummeriert und sollten in dieser Reihenfolge durchdacht bzw. gedreht werden. Die jeweils nachfolgenden Unterkapitel beinhalten 15 Tipps, die jeweils in der Überschrift zu lesen sind.

Abb. 2.1: Modell der »Anleitung zum Glücklich-Bleiben«

2 Verstehe, was Glück für dich bedeutet!

In zahlreichen Vorträgen und Trainings habe ich das Modell vorgestellt, das positive Feedback dazu hat mich ermutigt, es in einem Buch ausführlich zu beschreiben. Ich würde mich freuen, wenn auch bei Ihnen die Einfachheit und die Lebensnähe die gleiche positive Wirkung erzielen würden.

Wie im Vorwort angedeutet, ergänze ich das Modell mit Tipps für Unternehmen, um glücklichere Mitarbeiter zu haben. Wenn Sie verantwortlicher Manager oder Personaler eines Unternehmens sind, nehmen Sie diese Tipps mit ins Unternehmen. Sollten Sie das Buch für sich persönlich lesen wollen, so können Sie diese Hinweise überspringen. Es wäre aber auch möglich, den einen oder anderen Tipp an Ihre Top-Manager und die Personalabteilung weiterzugeben, vielleicht fällt der Samen ja auf fruchtbaren Boden und es entsteht ein Pflänzchen, von dessen Früchten Sie später selbst auch mal probieren können.

2.1 Verstehe, was Glück für dich bedeutet!

Zu Beginn unserer Reise zu Ihrem persönlichen Glück und Erfolg brauchen wir eine Analyse. Diese wird Ihnen helfen zu erkennen, was Glück für Sie ganz persönlich bedeutet.

Diese Startphase wird schwieriger, als Sie jetzt denken. Sie wären nicht der Erste, der ins Grübeln kommt und nach einem schwungvollen Start ins Stocken gerät. Mancher Coachee oder Trainingsteilnehmer von mir wusste gar nichts mit der Frage, was Glück für ihn bedeutet, anzufangen; andere gaben zu, keinerlei Eigenempfinden zu haben, wie sich Glücklichsein anfühlt, und versprachen, das nächste Mal, wenn sie glauben, glücklich zu sein, mal in sich hineinzufühlen und dieses Gefühl aufzuschreiben. Wieder andere fanden die Frage so abwegig, dass sie zugeben mussten, dass sie gar keinen Zugang zu einer potenziellen Beantwortung finden. Das alles passt m. E. zu den Ergebnissen der obigen Studie zum Thema Genussfähigkeit der Deutschen.

Ich vergleiche die Hilflosigkeit im Umgang mit der gestellten Frage gerne mit der Suche nach dem Gefühl von Liebe. Auf die Frage, ob man verliebt ist, kann man eigentlich nur antworten, wenn man es einmal war und sich daran erinnert, wie einem die »Hummeln im Bauch umherschwirrten«, wie man ganz unruhig wurde, wenn man an den auserwählten Menschen dachte, wie man zittrig wurde in Vorfreude auf ein Treffen und der Puls sich beschleunigte (so war es bei mir, vielleicht waren Ihre Empfindungen andere). Wenn man so etwas erlebt hat, kann man daraufhin einen Match mit seinen inneren Erfahrungen anstellen und sagen: »Jo, spielt sich gerade so ab, Hummeln, unruhig, zittrig, Puls beschleunigt, alles da, bin verliebt!« Das Zusammenseinwollen und die daraus entstehende Partnerschaft mit einem Menschen sind dann ein sichtbares Zeichen, ein Beweis für die zugrunde liegende Liebe.

Bei der Frage nach dem Glücklichsein ist es schwieriger. Wir haben ja keine rosarote Warnlampe auf dem Kopf, die im Falle von Glückswallungen leuchtet, sich dreht und mit Sirenenklang uns selbst und aller Welt verkündet, dass es gerade so weit ist: Ich bin glücklich!

»Sportsfreund Dr. Spörer« könnte natürlich messen, wie es gerade um den Dopaminspiegel im Gehirn steht, und Wohlbefinden verkünden, aber der Mann ist ja auch nicht immer verfügbar.

Definieren wir Glück doch einmal für einen Moment lang so:

> »Glück ist der schwerelose Zustand zwischen zwei Katastrophen.«
> Katja Lukic

Finde ich treffend beobachtet. Das Leben geht rauf und runter, wie bei einem Parabelflug stellt sich dann am höchsten Punkt ein Moment der Schwerelosigkeit ein, bei dem wir schweben wie im All und alle Last von uns weicht. Aber dieser Moment im Flugverlauf ist kurz und die wahre Welt hat uns mit all ihrem Gewicht schnell wieder.

Während man bei einem solchen Flug die Schwerelosigkeit spüren kann (manch einer übergibt sich gar vor Freude, oder aufgrund von Schwindel …?), ist es im Leben schwieriger, den Scheitelpunkt kurz vor dem Glück zu erkennen. Da es also nicht so einfach ist mit der Frage nach dem persönlichen Glück, versuchen wir uns nachfolgend über Leitfragen an die Rahmenbedingungen und die Auslöser Ihrer Happiness an dieses schwierig messbare glückselige Wohlbefinden heranzutasten.

> **!** **Anregung zum Glücklich-Bleiben**
> Bevor Sie die nachfolgenden Tipps und Leitfragen lesen, möchte ich Ihnen einen wichtigen Hinweis geben, den man auch mit schönen Zitaten vortragen kann:
>
> »Was immer geschieht, an uns liegt es, Glück oder Unglück darin zu sehen.«
> Anthony de Mello
>
> »Glück hängt nicht davon ab, wer du bist oder was du bist;
> es hängt nur davon ab, was du denkst.«
> Dale Carnegie

> Wichtig ist es demnach, das eigene Denken und die eigenen Interpretationen der Dinge in der Welt auf den Willen zum Glücklichsein zu trimmen. Das ist leider viel schwerer getan als gesagt. Aber vielleicht ermöglicht Ihnen die nachfolgende Reise einen differenzierteren Blick auf die und eine positivere Bewertung der Welt.

Nachfolgend sind die Unterüberschriften die Schrauben des Modells und die enthaltenen Unterpunkte die Tipps, die ich Ihnen als konkrete Drehmomente für die Schrauben gebe, drei pro Modellschraube.

2.1.1 Erkenne, wie du bist!

Für diese erste Aufgabe (»Glücklich-Bleiben-Schraube 1«) wäre es sicher am einfachsten, wenn Ihre Personalabteilung Ihnen eine intensive Selbstreflexion mittels eines systematischen Verfahrens ermöglichen würde. Dazu gibt es Produkte im Trainings- und Weiterbildungsmarkt, die sich seit vielen Jahren etabliert haben, von zertifizierten Trainern seriös eingesetzt werden und valide (also gültige und glaubhafte) Ergebnisse liefern. Die Kosten dafür bewegen sich i.d.R. im übersichtlichen Bereich (unter hundert bis wenige hundert Euro). Für dieses »Kleingeld« erhält man eine Innensicht, mithilfe derer man den Rest seines Lebens respektvoller mit seinen eigenen Präferenzen im Denken und Handeln umgehen kann. Also eine kleine Investition mit hohem Return on Invest.

Mit Verfahren wie z.B. Myers Briggs Typenindikator (MBTI), DISG, Insights, Golden Profiler oder Herman Dominanz Instrument (HDI), um nur ein paar zu nennen, kann man sich selbst systematisch reflektieren und versteht sein eigenes persönliches Profil viel besser als je zuvor. Natürlich gibt es ausreichend Meckerer, die an den Verfahren herumkritteln, aber für eine derart hilfreiche Erkenntnis auf dem Weg zum besseren Verstehen seiner selbst sollte man sich davon nicht abhalten lassen. Einer meiner Teilnehmer, ein von mir geschätzter Personalleiter eines High-Tech-Unternehmens, hat dazu Folgendes (sinngemäß) gesagt: Es ist ihm egal, was andere an dem MBTI zu kritisieren haben, allein dass es den Teilnehmern geholfen hat, über sich selbst und die Kollegen nachzudenken, hat schon einen erheblichen Nutzen im Selbstmanagement und einen respektvolleren Umgang untereinander gestiftet.

Ich selbst bin zertifizierter MBTI-Trainer und setze das Verfahren seit vielen Jahren in der Personalentwicklung von Fach- und Führungskräften ein. Bisher hat das auf der sog. Jungschen Funktionstypologie basierende Verfahren allen Teilnehmern ganz neue Einblicke in das eigene Denken und persönliche Verhalten gewährt und auch Teams einen viel wertschätzenderen Umgang mit den Unterschiedlichkeiten der zusammenarbeitenden Menschen ermöglicht.

An dieser Stelle habe ich nicht genügend Raum, um das Verfahren und das Modell des Schweizer Psychologen Carl Gustav Jung ausreichend zu erläutern, aber ich möchte Sie ermutigen, in Ihrer Personalabteilung einmal nachzufragen, ob man eines der seriösen Verfahren auf Kosten des Unternehmens im Rahmen seiner Personalentwicklung durchführen könnte. Meistens ist den Personalern der Mehrwert der Erkenntnisse aus der Selbstreflexion durchaus bewusst und sie sind bereit, eine Teilnahme an einem Verfahren zu organisieren.

Aber auch wenn Ihre Nachfrage abschlägig beantwortet werden sollte, steht Ihnen eine Nutzung privat natürlich ebenfalls zur Verfügung. Abrufen kann das jeder, muss dann aber auch die Kosten selbst tragen.

Der Einsatz lohnt sich aber ganz sicher, denn wenn man erst einmal für sich verstanden hat, welche Dinge man gerne tut, weil man dafür Präferenzen in sich trägt, und welche Aufgaben und Pflichten man nur unter Aufbringung zusätzlicher Energie erfüllen wird, dann kann man sich sein Leben lang beruflich und privat gezielter die persönlichen Wirkungsfelder suchen. Andere Themenfelder, die außerhalb der Präferenzen liegen, kann man meiden oder sich bewusster Methoden und Wissen aneignen, um besser damit klarzukommen.

Anhand meines eigenen MBTI-Profils möchte ich Ihnen die Erkenntnisse und damit die Kraft einer solchen Selbstreflexion erläutern: Ich bin ein sog. ESTJ-Typ, d.h., dass ich

- ein extravertierter Mensch bin (deshalb das E für Extraversion),
- der mit seinen Sinnen die Umwelt wahrnimmt (deshalb S für Sensing, also wahrnehmen),
- die Information analysiert und kopfgesteuert (deshalb T für Thinker)
- am liebsten schnell entscheidet, was zu tun ist (deshalb J für Judger) und sich für die Umsetzung der Entscheidung einen ordentlichen Plan macht, den er am liebsten genau so umsetzt.

Das Profil ist natürlich stark verdichtet und auf die vier Buchstaben bzw. Dimensionen meines Profils fokussiert. Und man kann es sogar noch weiter verdichten auf einen Buchstaben, nämlich das T, also Thinker. In den meisten Situationen führt mich mein Kopf durchs Leben, das ist meine sog. »Dominante Funktion«, so eine Art Pilot, der mein Flugzeug, also mich, hauptsächlich steuert. Alles zusammen mündet dann in einem sog. »Typie«, das ist bei meinem Profil der »Effiziente Organisator«. Wenn Sie jemanden suchen, der aus Chaos Struktur macht, der pragmatisch, geradlinig und logisch an die Sache rangeht und zupackend organisiert, dann bin ich Ihr Mann, habe sogar noch Riesenspaß dabei, ist ja mein Ding. Da lebe ich richtig auf und Arbeit fühlt sich gar nicht nach einer solchen an, mehr nach Spaß und Happiness eben.

Jedes der 16 Profile, die es im MBTI gibt, hat aber auch seine »offenen Flanken«. Bringen Sie mich als Berater in ein Umfeld, in dem alle am liebsten über ihre Gefühle sprechen, man zwar Ziele gerne definiert, aber irgendwie kein Engagement aufbringt, um diese nachhaltig zu erreichen, wo man Pläne zwar haben will, aber dann 1.000 Gründe findet, warum man diese dann doch nicht umsetzen kann. In einer solchen Umgebung könnte ich mich nicht allzu lange aufhalten, ohne dass meine Batterien in die Knie gehen.

Mit diesem kleinen Ausflug in eines von vielen Persönlichkeitsverfahren möchte ich die Reise in Ihr Inneres anregen und einen möglichen Weg aufzeigen. Wenn die Anwendung eines solchen Verfahrens aber aus Kosten- oder anderen Gründen nicht zur Debatte steht, dann nutzen Sie die nachfolgenden Leitfragen, um sich selbst auf die Spur zu kommen.

2.1.1.1 Finde deine Energie-Quellen und bewahre sie!

Als Energie-Quellen bezeichne ich Situationen, Rahmenbedingungen, Umgebungen, Aufgaben und Personen, die Ihnen mehr Energie geben als nehmen. Das heißt, Sie fühlen sich kraftvoller, wenn die Energie-Quellen zur Verfügung stehen, Arbeit macht mehr Spaß, das Leben fühlt sich leichter an und Sie beenden gestärkt statt ermattet Ihre Pflichten.

Sicher werden Sie anhand der nachfolgenden Leitfragen Ihre Antworten und damit Ihre Energie-Quellen herausfinden. Tab. 2.1 ist dazu da, die Antworten direkt zu notieren. Scheuen Sie sich nicht, das Buch zur Dokumentation Ihrer Antworten zu nutzen, aber verwenden Sie vielleicht erstmal einen spitzen Bleistift, vielleicht sind Ihre ersten schnellen Antworten bei intensiverem Nachdenken nicht die letzten.

Die nachfolgende Liste der Leitfragen soll nicht abschließend sein, ist aber bewusst kurz gehalten und adressiert m.E. starke und naheliegende Energie-Quellen, die man recht schnell identifizieren kann. Führen Sie die Liste gerne fort, am Ende zählt die Transparenz über möglichst viele Energie-Quellen, die Sie aktiv aufsuchen, auswählen und wie auch immer nutzen können, um Ihre »inneren Batterien« aufzuladen. Von diesen können Sie dann zehren für ein Leben in Happiness.

Um es anschaulicher zu gestalten, lege ich Ihnen aus meiner Selbstreflexion auf drei Fragen meine jeweiligen Antworten offen und gebe Hinweise für Ihre Suche nach Antworten; dies inspiriert Sie vielleicht auf der Suche nach Ihren persönlichen Antworten (bitte nicht als Selbstdarstellung werten, aber ohne Beispiele wäre der Vorgang der Selbstreflexion m. E. zu theoretisch).

- **Welche Menschen liebe ich nach mir selbst am meisten?**
  Bei mir ist es meine Familie (meine Frau und meine drei Jungs). Das scheint eine profane Antwort und vielleicht etwas platitüdenhaft, ist bei mir aber so. Ich möchte Sie aber ermutigen, genau nachzudenken, bevor auch bei Ihnen — falls Sie eine haben — die Antwort »meine Familie« steht. Wie heißt es so schön, Familie kann man sich nicht aussuchen, deshalb muss Familie nicht automatisch Liebe bedeuten. Es können auch andere Menschen außerhalb der Familie sein, denen man eine intensive Zuneigung entgegenbringt, die einen mit Kraft und Wohlgefühl belohnen.

> **Anregung zum Glücklich-Bleiben**
>
> Ja, Sie lesen richtig: »nach mir selbst« steht in der Frage. Wenn Sie sich nicht selbst am meisten lieben, wird es nichts mit dem persönlichen Glück. Wenn Sie nur für das Glück anderer arbeiten, bleibt Ihr eigenes auf der Strecke! Es ist also nicht nur legitim, sich selbst zu lieben, sondern Voraussetzung für ein glückliches Leben. Wer sich selbst nicht liebt, sich verachtet oder gar hasst, wird versuchen wollen, sich zu zerstören. So jemand braucht psychologischen Beistand, da wird ein Buch nicht ausreichen.

- **Welche Menschen geben mir Kraft und laden meine Energiebatterien auf?**
  Bei mir sind es einige wenige ausgewählte Freunde, die — bei den leider viel zu seltenen Treffen — Quelle von Freude und Inspiration sind. Ich nutze jede Chance zum Wiedersehen und halte den Kontakt. Würde ich diese Freundschaften vernachlässigen, verlöre ich wichtige Happiness-Spender und würde mich selbst schädigen.
  Klar, Freunde sind eben die Menschen, die auf lange Sicht übrig bleiben unter den Bekannten, mit denen man sich weiter trifft, während man andere gerne aus den Augen verlieren kann, weil man die Treffen mit ihnen nicht genossen hat und sie am Ende nicht vermissen wird.

> **Neuro-agile-Tipp**
>
> »Einsamkeit macht krank« – diese Binsenweisheit kann inzwischen als wissenschaftliche Tatsache betrachtet werden. Zwischenmenschliche Nähe wirkt mindestens genauso stark auf die körperliche Verfassung wie Ernährung, Bewegung oder Rauchen.
> Um hier nur eine Studie zu zitieren: Bei 3.000 Senioren wurde festgestellt, dass ein gutes soziales Netz bedeutet, 2,5 Jahre länger zu leben im Vergleich zu sozialem Rückzug. Diese Studie steht nur stellvertretend für eine Reihe von Untersuchungen mit dem gleichen Ergebnis:
> Einsamkeit macht krank!

2 Verstehe, was Glück für dich bedeutet!

Auch einige meiner beruflichen Kontakte wurden zu Freunden, weil ich gemerkt habe, dass da mehr Verbindung besteht als nur Business. Meist verlor ich diese durch den Wechsel zu freundschaftlichen Kontakten sogar als Kunden, wahrscheinlich aus Gründen der Governance (keine Geschäfte mit Freunden). Dies habe ich aber gerne akzeptiert, weil Happiness-Energie mir wichtiger ist als Umsatz.

Als ich mir vor längerer Zeit diese Leitfrage gestellt habe, wurde mir sehr deutlich, wie viel Kraft ich aus dem Beisammensein mit diesen Freunden schöpfe, insbesondere wenn ich diese privat einlade und mich intensiv mit ihnen beschäftigen kann. Also nicht die großen Partys, bei denen man die ganze Zeit nur als Gastgeber bei der Versorgung mit Speis und Trank umhereilt, sondern die kleinen Kreise, die Zeit für Gespräche mit dem Einzelnen ermöglichen.

Die Gretchenfrage ist: Was tut man dafür, dass man mit diesen wichtigen Menschen zusammenkommt? Meine Antwort: Ich habe neben einem Kochclub auch noch einen Herrenclub gegründet. Während die erste Runde mit vier Pärchen nach vereinbarten Kochregeln nette Abende liefert, ist die zweite eine reine Herrenriege, die nach Blindverkostung des »Wassers des Lebens« (die übersetzte Bedeutung von »Whisky«) inkl. Bewertung und Beschreibung des Genusses den Raum für einen Austausch unter Gentlemen bietet. Es kommen also lukullische Genüsse mit mentalen zusammen, was will man mehr.

Einen kleinen Kreis meiner ehemaligen Offizierskameraden treffe ich einmal jährlich. Die Treffen sind wiederkehrende Rituale, bei denen wir uns um unsere Freundschaft, den Zusammenhalt und ihren Fortbestand bemühen. Über die Jahre hat sich einer dieser Menschen als ein besonders seelenverwandter Mensch herausgestellt. Ein wertvoller Mensch mit Werten, die ich schätze und teile. Mit diesem versuche ich, sooft mich die Wege in seine Region führen, Kontakt zu halten und treffe mich mit ihm abends auf ein Guinness. Ich habe diese Zeit am Ende eines anstrengenden Tages, nach dem mancher lieber in seinem Hotelbett die Füße hochlegt, nie bereut, fällt der wohlverdiente Schlaf eben kürzer aus. Auch er schneidet sich die Zeit raus, weil es auch ihm offensichtlich wichtig ist, den Kontakt zu pflegen. So spenden wir uns gegenseitig Happiness-Energie.

- **Wenn man Sie beamen könnte, aber nur an einen Ort, welcher wäre das?**
  Stellen Sie sich vor, es wäre mittlerweile technisch möglich zu beamen, das gute alte »Scotty beam me up« aus Star Trek (für die Nicht-Trekkies: Das Versenden des Körpers in einzelnen Molekülen über weite Entfernungen hinweg ersetzt das langwierige Reisen), aber leider jeden Menschen nur an einen Ort. Man dürfte sich also einen einzigen Ort aussuchen, zu dem man jederzeit gebeamt werden könnte. Welcher Ort wäre das für Sie? Wo haben Sie sich so wohlgefühlt, wo sind Ihre Batterien in kürzester Zeit prallvoll geworden, allein durch die Kraft des Ortes, durch die Magie, die der Ort für Sie ganz persönlich ausstrahlte?

Bei mir sind das die »Cliffs of Moher« an der Westküste Irlands. Eine majestätisch hohe Klippenküste, so hoch, dass die sturmgepeitschten Wellen am Fuße nur eine ferne Erinnerung sind; eine Kante, so hoch, dass an ihrem Fuße Menschen und Schiffe nur kleine Randbemerkungen der Welt sind (googeln Sie mal Bilder dazu). Wenn ich da oben sitze, pustet mich der atemberaubende Anblick dieses Naturspektakels so was von durch, dass ich anschließend von lästigen Gedanken befreit und regelrecht geerdet bin. Lass mich da sitzen und einfach nur in die Gegend schauen.

Suchen Sie sich Ihren Platz in der Welt, der eine ähnliche Kraft für Sie besitzt, und stellen Sie sich vor, dass Sie, wenn Ihnen alles zu viel wird, Scotty einen wunderbaren Moment lang genau dahin beamen würde. Schließen Sie kurz die Augen und stellen Sie sich den Ort vor oder schauen Sie sich auf Ihrem Smartphone Bilder dieses wunderbaren Ortes an. Dieser kleine mentale Ausflug kann bereits einen Push in Ihre Batterien geben. Und wenn das Leben mal einen größeren Schub erfordert, dann planen Sie für den nächsten Urlaub eine Rückkehr an diesen Ort ein. Die Vorfreude, die Anwesenheit und die nachhallenden Erinnerungen sind ein längerer Quell innerer Happiness für Sie.

- **In welchen Situationen spüre ich mich voller Power?**
In meinem Privatleben sind es die Stunden hinter dem Steuer einer Segelyacht, idealerweise mit kräftigem Wind, blauem Himmel und zügig dahinfliegenden weißen Wolken am Himmel. Da kann ich stundenlang stehen, ohne müde zu werden. Manchmal wundere ich mich glatt, warum ich seit Stunden nicht auf der Toilette war, ist irgendwie nicht nötig, schwitze ich wohl raus am Steuer.

Beruflich darf ich von mir behaupten, dass ich ganz viele Situationen habe, bei denen ich mehr Kraft bekomme als verbrauche. Wenn ich z. B. einen Vortrag halte, lädt das meine Batterien kräftig auf, sodass ich am liebsten weiterreden würde. Meinen Kunden sage ich bei Buchung eines Speaker-Einsatzes gerne: Es ist mir egal, wie lang, können Sie sich aussuchen, der Preis ändert sich nicht. Die wissen ja nicht, dass mir diese Situation nebenbei den Tank mit Happiness füllt.

> **Neuro-agile-Tipp**
> Das Tolle an unserem Gehirn ist die Fähigkeit, sich Zustände vorstellen zu können, ohne dass diese real in dieser Situation vorliegen. Wir können uns nur durch Vorstellung in diese Power-Situation bringen.

Schauen Sie gleichermaßen breit auf Ihre Situationen und entdecken Sie die privaten und beruflichen Spielflächen, die mehr Vergnügen als Arbeit bedeuten, und versuchen Sie, möglichst oft in diese Situationen zu kommen.

Verstehe, was Glück für dich bedeutet! **2**

Abb. 2.2: Ausgewählte Beispiele des Autors für private und berufliche Energie-Quellen (Segeln, Speaker-Einsätze, Herrenclub)

Meine Energie-Quellen

Energie-Quellen (Leitfragen)	Ihre ehrlichen Antworten
Welche Menschen liebe ich nach mir selbst am meisten?	
Welche Menschen geben mir Kraft und laden meine Energiebatterien auf?	
Wenn man Sie beamen könnte, aber nur an einen Ort, welcher wäre das?	
In welchen Situationen spüre ich mich voller Power?	
Welches Essen schmeckt mir am meisten?	
Was trinke ich am liebsten?	
Welchen Film sehe ich am liebsten, welche Musik höre ich am liebsten, welches Buch lese ich gerne mehrfach?	
Welche *beruflichen* Aufgaben lassen mich aufleben? (Was kann ich beruflich richtig gut?)	

Energie-Quellen (Leitfragen)	Ihre ehrlichen Antworten
Welche *privaten* Aufgaben lassen mich aufleben? (Was kann ich privat richtig gut?)	
Was macht mich stolz?	
Ihre Fragen:	

Tab. 2.1: Energie-Quellen erkennen

Wenn Sie Ihre Selbstreflexion geschafft haben, können Sie die Ergebnisse folgendermaßen für die Steigerung Ihres Happiness-Pegels nutzen:

- Ein allgemeiner Tipp vorneweg: Sorgen Sie dafür, dass Sie möglichst oft die entdeckten Energie-Quellen nutzen können, um Ihre inneren Batterien aufzuladen! Nicht zufällig, sondern bewusst, oft und intensiv!
- Nehmen Sie häufiger Kontakt zu den Menschen auf, die Ihnen wichtig sind, bereinigen Sie offene Konflikte mit diesen Menschen, drücken Sie Ihre Zuneigung aus und pflegen Sie die Beziehung inniger und mit mehr Engagement. Wägen Sie aber auch einmal ab, wie viel Zeit Sie mit den Menschen verbringen, die »oben auf der Liste stehen«. Falls es viel weniger ist, als Ihnen lieb ist, dann ändern Sie den Zeiteinsatz, es liegt auch an Ihnen selbst, mit wem Sie sich wann treffen. Wann hatten Sie zuletzt Kontakt zu Ihren besten Freunden? Schon länger her? Dann rufen Sie noch heute bei ihnen an und verabreden Sie sich!
- Schaffen Sie sich auch regelmäßige Räume und Routinen für ein Wiedersehen, dann fällt es Ihnen leichter, den Kontakt zu halten. Ob es nun ein Koch-, Wein-Tasting-, Grill- oder sonstiger privater Club ist, Hauptsache, es bringt Sie zusammen. Schaffen Sie Anlässe, dann ergeben sich die energiereichen Happiness-Momente öfter und die Batterien werden gar nicht mehr leer!
- Bringen Sie sich öfter in Situationen, die Ihnen Kraft geben. Wenn Sie Einfluss auf die Frequenz haben, dann nutzen Sie diesen und schrauben die Frequenz nach oben. Aber in jedem Fall kosten Sie die Situationen intensiver aus. Lassen Sie die Momente nicht einfach an sich vorbeirauschen. Kosten Sie aus, genießen Sie und lassen Sie diese in Momenten der Ruhe nachwirken.
- Ich habe es mir z. B. angewöhnt, nach erfolgreichen Einsätzen als Speaker und Trainer die Rückfahrt erst mal eine Zeit lang ohne Musik oder sonstige Ablenkung zu bestreiten und über den positiven Verlauf, das Feedback der Teilnehmer und die erlebten Situationen und das damit verbundene Gefühl nachzudenken. Damit festigt sich das Wohlgefühl und spendet noch einmal zusätzliche Energie.

2.1.1.2 Finde deine Energie-Vampire und vermeide sie!

Leider gibt es nicht nur die Happiness-Spender, sondern auch reichlich Energie-Vampire. Diesen Begriff habe ich bewusst gewählt, denn jeder kann sich gut vorstellen, was sich dahinter verbirgt. Es sind Menschen, Situationen, Rahmenbedingungen, Aufgaben etc., die einem die kostbare Energie absaugen, ebenso wie Vampire am Hals ihrer Ofer das Blut aussaugen.

Meine Energie-Vampire

Energie-Vampire (Leitfragen)	Ihre ehrlichen Antworten
Welche Menschen – beruflich und privat – nerven mich und saugen mir meine Energie raus?	
Welche Situationen – beruflich und privat – stressen mich am meisten und ziehen mich energie- und motivationsmäßig nach unten?	
Welche *privaten* Rahmenbedingungen stören mich am meisten?	
Welche *beruflichen* Rahmenbedingungen stören mich am meisten?	
Was verursacht bei mir körperliches Unbehagen (z.B. Hitze, Lautstärke, wenig Schlaf, viele Leute auf engem Raum, aufdringliche Menschen)?	
Die eine Wunschfrage: Wenn ich eine Sache in meinem Leben ändern dürfte, was wäre das?	
Was bedeutet die Antwort für Ihr zukünftiges Leben, was leiten Sie daraus ab?	
Welche *beruflichen* Aufgaben empfinden Sie als Spaßbremsen? (Was kann ich beruflich nicht so gut?)	
Welche *privaten* Aufgaben empfinden Sie als Spaßbremsen? (Was kann ich privat nicht so gut?)	
Ihre Fragen:	

Tab. 2.2: Energie-Vampire erkennen

Ich gehe davon aus, dass Sie ausreichend warmgelaufen sind nach der Übung mit den Energie-Quellen und ich keine Beispiele aus meinem Leben mehr liefern muss, damit Sie in Schwung kommen.

Auf die Frage, was gegen die Energie-Vampire schützt, würde ich nun auch gerne filmgetreu Knoblauch, geweihte Silberkugeln oder spitze Holzpflöcke antworten. Aber das wäre natürlich Quatsch (wobei, ein Holzpflock genau ins Herz ...) und natürlich nicht hilfreich. So wie es gilt, die Energie-Quellen so oft es geht zu nutzen, so ist wohl der beste Rat, die Energie-Vampire wo und wann immer möglich zu vermeiden. Das geht vielleicht nicht vollständig, aber jede einzelne Vermeidung verringert schon mal den »Blutverlust«. Nach dem Motto »Gefahr erkannt – Gefahr vermieden – Gefahr gebannt!« ist schon mal viel gewonnen. Also gehen Sie Ihren Energie-Vampiren aus dem Weg, ändern Sie Ihr Leben an den Ecken, wo Vampire lauern, soweit Sie Einfluss darauf haben. Es ist Ihr Blut, das abfließt, also schützen Sie die Adern aktiv, warten Sie nicht auf Professor van Helsing, der wird nicht kommen und Sie beschützen!

> **Goldene Management-Regel**
>
> Die beiden obigen Selbstreflexionen können Führungskräfte auch mit ihren Mitarbeitern im Rahmen von Feedback- und Personalentwicklungsgesprächen moderieren, dann natürlich stärker auf den Businesskontext bezogen. Eine solche Analyse bietet sich an, wenn man den Mitarbeiter als kraftlos und wenig leistungsfähig empfindet und dies nicht nur auf fachliche Kompetenzmängel zurückzuführen ist.
> Die Ergebnisse aus dieser »moderierten Selbstanalyse« stellen dann die Business-Energie-Quellen und -Vampire dar und sind hilfreiche Ausgangspunkte für eine Optimierung der Energiebilanz als Mitarbeiter.
> Die Personalabteilung könnte sicher ebenfalls entsprechende Selbstanalysen im Rahmen der Personalentwicklung von Mitarbeitern unterstützen. Bei einer vorliegenden Vertrauensstellung der Personaler würde sich der Mitarbeiter zusätzlich öffnen, was gegenüber der eigenen Führungskraft nicht immer geschieht, insbesondere wenn sie zu den Energie-Vampiren gehört. Dies ist regelmäßig der Fall, denn in der Rolle der Führungskraft ist stets das Potenzial, Energie zu saugen, enthalten. Führung ist nun mal ein echt schwieriger Job.[4]

---

4 Wer diesen besser machen möchte, dem sei unser erstes Buch »Führung mit dem Omega-Prinzip« empfohlen.

2.1.2 Respektiere dich, wie du bist, aber entwickle dich auch weiter!

Nachdem der erste Tipp Ihnen hoffentlich eine intensive Selbstreflexion abgefordert hat, müssten Sie wissen, wo und wann Sie Happiness-Energie erhalten und wo sie abfließt. Sie können sich »versöhnen« mit Ihren persönlichen Ecken und Kanten und sollten sich akzeptieren und so lieben, wie Sie sind. Lächeln Sie ruhig ab und zu mal über sich selbst, wenn Sie sich so erleben, wie Sie sich reflektiert haben. Das nimmt dem Kampf mit sich selbst im Leben so manchen »scharfen Zahn«.

Nun denken Sie vielleicht, dass ab hier nichts mehr zu tun wäre, aber da muss ich Sie enttäuschen. Der zweite Tipp fordert Sie zwar auf, sich selbst zu respektieren, aber er hat einen kleinen Zusatz: Sie sollten sich auch weiterentwickeln. Dabei geht es nun nicht darum, alle persönlichen Ecken und Kanten rund zu schleifen, bis Ihre persönliche Kontur durch jedes Loch flutscht. Aber es geht darum, den Erfordernissen des Lebens und Ihren Mitmenschen etwas entgegenzukommen und Ihr Profil an den Stellen mit Eigenschaften zu erweitern bzw. zu verändern, wo Sie aufgrund Ihrer Ecken und Kanten im Türrahmen des Lebens stecken bleiben und Probleme für sich selbst und andere verursachen würden.

Das gilt natürlich insbesondere im Berufsleben, wo uns die schnelle Entwicklung von Arbeitsmitteln, -technik und -prozessen permanent herausfordert, um nicht den Anschluss an die Entwicklung der Rahmenbedingungen zu verpassen. Aber auch privat sollten Sie an sich arbeiten, wenn Sie dadurch erreichen können, mit sich selbst und Ihrer Umwelt besser auszukommen und damit auch erfolgreicher und glücklicher zu werden bzw. zu bleiben.

Ein kleines und simples Beispiel dazu aus meinem Leben. Mit den Jahren hatte ich mir etwas Speck auf die Rippen gefuttert. Nicht dass ich dick gewesen wäre (wer will das schon gerne beim Blick in den Spiegel zugeben), aber die sportliche Figur aus jungen Jahren mit Sixpack, sichtbaren Rippen und Muskeln war in Richtung »Pummelbär« mit Rundungen und Bugwulst mutiert. Nun hätte ich mir einreden können, dass dies nun mal der Lauf der Zeit ist und ich eben gerne lukullischen Genüssen fröne, hätte die nächste Anzugsgröße gekauft und alles wäre paletti gewesen. Aber an dieser Stelle habe ich mich dazu entschieden, mich nicht mit dem Pummelbär zu versöhnen, sondern mit ein paar einfachen Regeln wieder in ein erträgliches, zwar meinem Alter entsprechend mit Zugeständnissen versehenes, aber ansehnlicheres Körpermaß zurückzukehren.

Gesagt, getan, neues Jahr, neue »gute Vorsätze« und ab Jahreswechsel hielt ich mich an ein paar selbst definierte Regeln. Zu meinem Geburtstag im Juli hatte ich dann zehn Kilo abgenommen und mein schriftlich definiertes (das ist wichtig bei solcherlei Selbstmanagement-Vorgaben) Zielgewicht erreicht, passte wieder in elegante Anzüge und Hemden und konnte mir wieder auf die Schuhe schauen, ohne mich nach vorne beugen zu müssen (die Herren unter Ihnen wissen, was gemeint ist: Ab einem bestimmten Alter wächst man ja nach vorne und nicht mehr nach oben). Nun versuche ich dieses neu gewonnene »Gardemaß« zu halten, indem ich meine Ernährung ausgewogen und auf weniger Kohlenhydrate und Kalorien ausgerichtet habe. Ich beachte die Regeln konsequent weiter, aber nun in abgemilderter Form (ich will ja nicht mehr abnehmen, sondern das Gewicht halten).

Dieses einfache Beispiel soll eines zeigen: Manchmal muss man sich aufraffen und sich unversöhnlich zeigen mit seinen eigenen »liebenswerten Eigenschaften«. Man muss sich auch mal zwingen können, nicht unerbittlich, aber möglichst diszipliniert und konsequent. Das gute Gefühl danach, wenn man sich selbst zum Positiven verändert hat, ist ein Lohn, der zur Happiness beiträgt! Kleiner Nebeneffekt des obigen Beispiels ist, dass die Knochen und Gelenke dank des verringerten Gewichts deutlich entlastet sind und kaum noch zwicken.

An dieser Stelle will ich Ihnen keine wissenschaftlich bewiesenen Ernährungs- und Diätratschläge unterbreiten, das ist nicht mein Fachgebiet (das kann Kollege Spörer sicher viel besser), mir geht es bei diesem Beispiel ausschließlich um das Selbstmanagement.

Deshalb bitte ich alle Diät-Experten um Nachsicht bzgl. meiner profanen Ratschläge. Mir geht es nur darum zu zeigen, dass man mit dem Wissen, das man besitzt, sich selbst mutig und nachhaltig managen kann. Jeder weiß, dass das Körpergewicht i.d.R. dadurch abnimmt, dass man weniger Kalorien aufnimmt, als man verbraucht. Wenn diese Gleichung dagegen immer auf ein dickes Plus hinausläuft, wird man dick, so einfach hat das der Körper geregelt (von Krankheiten des Stoffwechsels mal abgesehen).

Meine aus dieser einfachen Erkenntnis abgeleiteten »Regeln« werden dem einen oder anderen Diät-Apostel da draußen, der insbesondere mit dazugehörigen Büchern und teuren einzunehmenden Ersatz- und Zusatzmitteln das Abnehmen propagiert, »nach neuesten wissenschaftlichen Erkenntnissen völlig falsch« vorkommen, aber bei mir hat es geholfen und ich fühle mich gesund und pudelwohl mit meinem schlankeren Körper. Meine zehn für mich sehr wirksamen Regeln lauten:

1. Keine Süßigkeiten und wenig Kohlenhydrate nach dem Frühstück essen, insbesondere aber beim Abendessen (da lieber reichlich Gemüse knabbern),
2. wenig Fett (also keine leckeren Fleisch- und Fisch-Salate mit viel Mayonnaise aufs Brot, Sahnesoßen möglichst weglassen, nur mageres Fleisch, viel Fisch essen),
3. keine Knabbereien beim Fernsehen,
4. keinen Alkohol am Abend, dafür lieber einen leckeren Tee,
5. viel Wasser trinken und wenn man Hunger verspürt, ein großes Glas warmes stilles Wasser trinken (oft hat man Durst und interpretiert es als Hunger),
6. nur einmal den Teller füllen, keinen Nachschlag nehmen, langsam essen,
7. wenig Zwischenmahlzeiten, und wenn doch, dann nur mit Obst/Gemüse,
8. früh ins Bett gehen und ausreichend schlafen (kleiner Nebeneffekt: Man ist abends weit weg vom Kühlschrank und den üblichen Verpflegungsschubladen, in die man wegen eines späten Hüngerchens gerne noch mal reingreift).
9. Einmal pro Woche (Samstagmorgen) wiegen und das Gewicht mit Kommastelle notieren; und geduldig bleiben, denn was langsam runtergeht, kommt auch nicht so schnell wieder. Man kann sich auch nicht in drei Wochen abhungern, was der Körper über Jahre als stille Reserven eingelagert hat. Sie sollten sich ein Zielgewicht definieren, damit Sie nicht in einen Abnehmrausch verfallen. Wenn das Gewicht erreicht ist, versuchen Sie um diese Zahl +/- ein bis zwei Kilo zu pendeln.
10. Und die beste Regel: Samstags (oder an einem anderen »Lieblingswochentag«) und bei Feiern sind alle Regeln aufgehoben!

Stellen Sie für sich eigene Regeln auf, die nötig sind, um Ihr vorher definiertes und schriftlich festgehaltenes Ziel zu erreichen.

Wenn sich das Gewicht dann wieder in normalen Bahnen bewegt, fällt einem auch etwas Sport viel leichter, was dem Wohlbefinden sicher auch guttut. Man kann wieder Treppen steigen statt Rolltreppe fahren, man kann das Auto mal stehen lassen und den Roller nehmen, geht dann alles viel leichter.

Da Abnehmen ja nur ein Beispiel für die unzähligen Möglichkeiten ist, sich selbst weiterzuentwickeln, benötigen Sie noch eine wirksame Selbstentwicklungsmethode, die Sie beruflich und privat für alle möglichen Fälle nutzen können. Gerne würde ich Ihnen dazu das »Stärken-Schwächen-Pendel« schmackhaft machen.

Dieses basiert auf dem »Werte- und Entwicklungsquadrat« von Friedemann Schulz von Thun[5], das ich modifiziert und aus dem ich ein eigenes Modell weiterentwickelt habe: das Stärken-Schwächen-Pendel, das ich seit Jahren verwende und in der Ausbildung vermittle. Es wird von meinen Trainingsteilnehmern und Coachees verstanden und hilft an konkreten Schwächen anzusetzen und sich selbst gezielte Entwicklungsschübe zu geben.

Der Ausgangspunkt ist eine zunächst ungewöhnlich klingende, aber bei näherer Betrachtung außerordentlich logische Definition von Schwäche:

Eine Schwäche ist die Übertreibung einer Stärke!
Was sich zunächst einmal etwas komisch anhören mag, ist erfahrungsgemäß fast immer schlüssig und obendrein auch ein wunderbarer positiver, weil stärkenorientierter Einstieg in die persönliche bzw. berufliche Weiterentwicklung.

Das Positive an diesem Modell ist, dass in den meisten Fällen eine tatsächlich vorhandene Stärke durch Übertreibung zu einer empfundenen Schwäche mutiert. Und Stärken zu erkennen und diese wertzuschätzen, ist ein richtig gutes Mittel zur Stärkung des Selbstvertrauens. Sich aber zusätzlich sensibel dafür zu zeigen, dass jede Stärke, mit der man zu dick aufträgt, zur eigenen Schwäche werden kann, ist ein ausgezeichnetes Mittel, das Selbstreflexions- und Selbstmanagement-Vermögen zu stärken.

Damit der Wirkungsmechanismus klarer wird, hier ein paar Beispiele, in denen übertriebene Stärken zu Schwächen werden: Bei Übertreibung wird ...
- ... starkes Selbstbewusstsein zu Arroganz
- ... hohe Genauigkeit bei der Arbeit zu Pingeligkeit
- ... Harmoniestreben zur Kritiklosigkeit
- ... systematisches planvolles Arbeiten zu Inflexibilität
- ... ein Visionär zu einem Fantasten ohne Bodenhaftung
- ... einer, der andere wertschätzt, zum Schleimer und »A...-Kriecher«

Allein zu erkennen, dass man seine Stärken angemessen und nicht übertrieben einsetzen sollte, würde schon einiges verbessern. Wenn man sich selbst (oder eine Führungskraft oder ein Personalentwickler zu einem) beispielsweise sagen würde: »Ich schätze an mir, dass ich Visionen für die Zukunft habe, aber ich muss aufpassen, dass ich das nicht übertreibe und für andere wie ein abgehobener Fantast rüberkomme!«, dann wäre doch ein guter Anfang gemacht und

---

5 F. Schulz von Thun: »Miteinander reden 4: Fragen und Antworten«, Reinbek: Rowohlt 2007, S. 49–76

ich (oder meine berufliche Führungskraft) könnte mich etwas bremsen. Meine Stärke würde als solche weiter erhalten bleiben und besser zur Geltung kommen.

Im Folgenden kommen aber auch noch sog. »Ko-Stärken« ins Spiel, die man im Sinne persönlicher Weiterentwicklung ausbilden müsste, damit die Übertreibung ausbleibt.

Vorher möchte ich aber den modellkritischen Lesern unter Ihnen noch etwas den Wind aus den Segeln nehmen: Ja, nicht bei allen Schwächen klappt diese Herleitung! Aber ich würde schätzen, dass ca. 80% aller Schwächen auf übertriebene Stärken zurückgeführt werden können.

Natürlich gibt es auch Schwächen, die man schon sehr drehen und wenden müsste, damit das Modell darauf anwendbar wäre. Hier zur Auflockerung zwischendurch ein paar heikle Fälle: Ich schätze an mir, dass ich …
- … einen natürlichen Umgang mit meinem Körper pflege, aber ich muss aufpassen, dass ich nicht müffle wie ein Iltis.
- … einen flexiblen Umgang mit der Wahrheit pflege, aber ich muss aufpassen, dass ich nicht lüge, dass sich die Balken biegen.
- … meine Freiheit im Denken und Handeln verteidige, aber ich muss aufpassen, dass ich beim Stehlen, Mobben und sonstigen Gesetzesbrüchen nicht erwischt werde.

Sie merken schon, manches Fehlverhalten ist einfach ein solches und kann nicht durch die Rückführung auf eine vermeintliche Stärke schöngeredet werden.

Also zurück zum ernst gemeinten Modell für Ihre Weiterentwicklung. Die Anwendung geschieht wie folgt:
1. Man benennt seine **Schwäche,**
2. führt sie zurück auf eine tatsächlich **vorhandene Stärke**, die man übertrieben hat,
3. sucht nach einer **Ko-Stärke**, die einem dabei helfen kann, das Übertreiben der Stärke zu verhindern,
4. und definiert **konkretes Verhalten** und Situationen, die der Ko-Stärke Ausdruck verleihen.
5. Man definiert das Risiko der Übertreibung der neu zu entwickelnden Ko-Stärke mit einer **Ko-Schwäche**.
6. Dies geschieht eher der Vollständigkeit halber, um darauf hinzuweisen, dass neue Verhaltensweisen mangels Erfahrung ebenfalls übertrieben werden können. Es ist schon schwierig genug, Ko-Stärken zur Verhinderung der Stärken-Übertreibung zu entwickeln, verwenden Sie daher nicht zu viel Energie darauf, auch noch die Übertreibung der Ko-Stärken zu verhindern.

Stärken-Schwächen-Pendel

Motto:
Die Übertreibung einer **Stärke** ist eine **Schwäche**!

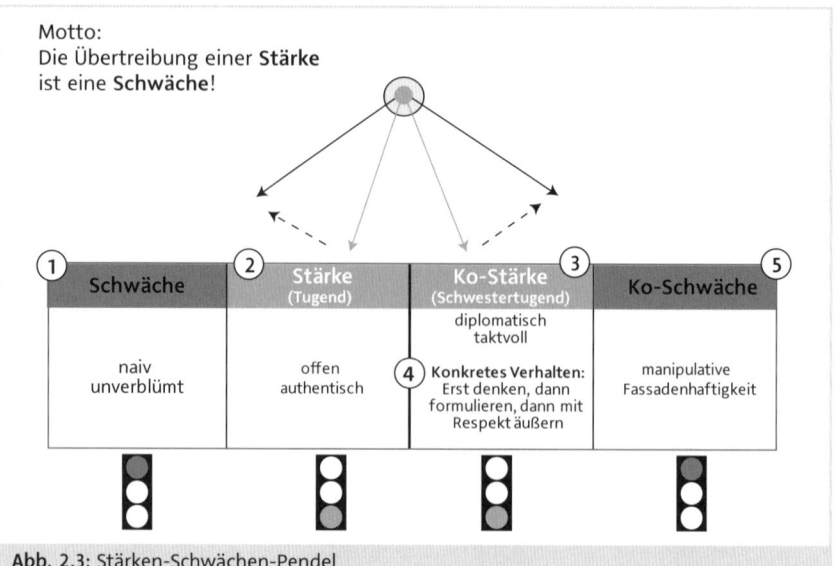

(1) Schwäche	(2) Stärke (Tugend)	(3) Ko-Stärke (Schwestertugend)	(5) Ko-Schwäche
naiv unverblümt	offen authentisch	diplomatisch taktvoll (4) **Konkretes Verhalten:** Erst denken, dann formulieren, dann mit Respekt äußern	manipulative Fassadenhaftigkeit

Abb. 2.3: Stärken-Schwächen-Pendel

> **!** **Anregung zum Glücklich-Bleiben**
>
> Ein häufig gemachter Fehler bei der Anwendung des Modells ist der, einfach das Gegenteil der übertriebenen Stärke als Ko-Stärke zu definieren. Also z. B. einer Harmonie die Disharmonie oder Streitsucht gegenüberzustellen. Oder dem Selbstbewusstsein die Selbstkritik.
> **Wählen Sie die zu erlernende Ko-Stärke so, dass sie ein Verhalten ermöglicht, das das »Pendel der Stärke« nicht in den übertriebenen Bereich ausschlagen lässt.**
> In der farbigen Originalgrafik des Pendel-Modells steht die Ampel bei den Stärken 2 und 3 auf Grün, bei den Schwächen bzw. übertriebene Stärken auf Rot.

Zum ersten Mal kennengelernt habe ich den Zusammenhang von Stärke und deren Übertreibung als Schwäche übrigens in jungen Jahren. Eine Führungskraft erklärte mir, warum ich bei den Lehrgängen, die ich im Rahmen meiner Ausbildung absolvierte, in den ersten Wochen bei den anderen Lehrgangsteilnehmern schnell als »der arrogante Prieß« unten durch war. Er hätte mir ja einfach an den Latz knallen können, dass ich eben ein arroganter Schnösel und deshalb selbst schuld bin. Das hätte mir aber nicht geholfen und ich hätte es vor allem auch nicht angenommen, weil ich ja aus meiner Sicht so ein »Mordsmolli« war.

Die glücklicherweise gut geschulte Führungskraft erklärte es mir wie folgt: »Herr Prieß, Sie haben für Ihr Alter ein ungewöhnlich starkes Selbstbewusstsein. Aber Ihnen fehlt noch die Fähigkeit, dieses angemessen einzusetzen,

2 Verstehe, was Glück für dich bedeutet!

und so übertreiben Sie es oft und tragen zu dick auf. Genau dies bewerten Ihre Lehrgangskollegen als Arroganz. Ich würde Ihnen empfehlen, etwas Bescheidenheit an den Tag zu legen. Reden Sie nicht darüber, wie toll Sie sind, beweisen Sie es einfach durch Taten, dann werden Sie sehen, dass statt ablehnender Arroganz-Kritik ein Respekt vor der Leistung entsteht.«

Seinem geschickt vorgetragenen Rat hörte ich geduldig zu, begann er doch mit einer Stärken-Rückmeldung, die ich gerne für mich in Anspruch nahm. Die von ihm geforderte Bescheidenheit war in meinem Modell die Ko-Stärke, die ich noch (reichlich) zu lernen hatte. Er versprach mir, zu meinem Verhalten in den nächsten Wochen regelmäßig Feedback zu geben. So hatte ich eine Allianz, die mir nicht nur Richtung für meine Weiterentwicklung, sondern auch noch Hilfestellung für die Entwicklung einer neuen Tugend gab.

An ein paar Beispielen aus konkreten Coachings möchte ich das Konzept noch nachvollziehbarer erklären (vgl. Abb. 2.4). Auch hier ist die Tabelle immer von links nach rechts zu befüllen.

> **Anregung zum Glücklich-Bleiben**
>
> Haben Sie den Mut, sich zu hinterfragen. Wie heißt es so schön: Niemand ist perfekt und niemand muss perfekt sein. Aber es wäre sich selbst und den Mitmenschen gegenüber respektlos, wenn man in seinem IST-Status verharrte.
> **Erkennen Sie Ihr Potenzial und entwickeln Sie es stärkenorientiert weiter nach dem Motto: »Stärken stärken und deren Übertreibung mildern!«**
> Suchen Sie sich Allianzen, die Ihnen dabei helfen, Ihr Pendel im »grünen Bereich« zu halten. Das kann privat ein Freund oder der Ehepartner sein, beruflich können es Kollegen oder eine Führungskraft sein. Letztere würde es (wenn es sich um gute Führung handelt) als ein Zeichen guter Selbstreflexion und Mut zur eigenen Weiterentwicklung interpretieren, wenn Sie über Ihre Schwächen und deren Verhinderung nachdenken. Also keine Angst vor dem Austausch darüber!

Schwäche	Stärke	Ko-Stärke	Ko-Schwäche
Vernachlässigung von kritischen Fakten zugunsten der Beziehungen, »Harmoniesucht«	empathisch, einfühlsam, harmonisch, ruhig	Analytik für Fakten, Sachorientierung **Konkretes Verhalten:** **Regel 1:** Nicht auf jeden Meckerbock aufspringen! **Regel 2:** Bei Problemen/Konflikten erst die Frage stellen: »Was sind die Fakten, was ist auf der Sachebene los?« Erst dann die Empathie einschalten?	gefühllos, empathielos

Schwäche	Stärke	Ko-Stärke	Ko-Schwäche
überorganisiert, überstrukturiert	organisiert, strukturiert	Flexibilität und Spontanität **Konkretes Verhalten:** Freiraum für Unerwartetes lassen (im Kalender), »Terminblöcke mit sich selbst«	planlos
Wirkung: zu distanziert, Informationen nicht preisgeben, zurückhaltend im Management-Team, nicht Teil des Management-Teams sei	Selbstständigkeit, Eigenständigkeit Vertrauen als Wert	Aktiver kollegialer Austausch und Einbindung der Management-Team-Kollegen, Info über Ergebnisse **Konkretes Verhalten:** Bei regelmäßigen Management-Team-Meetings aktiven Rat anbieten und einholen; öfter Feedback anbieten; möglichst in Präsenztreffen kommunizieren, bis Vertrauen stärker aufgebaut ist	zu viel Austausch, Verlust der Eigenständigkeit, unsicher im eigenen Handeln
unentschieden und undurchsichtig (was ist die eigene Meinung, was die Entscheidung?)	Diplomatie, Vermittler von Kompromissen unter Gesichtswahrung aller	Klarheit der Formulierungen (bis zu einer Grenze, bei der Gesichtswahrung noch möglich ist) **Konkretes Verhalten:** Am Ende Frage stellen an Gesprächspartner, ob Ihre Meinung/Entscheidung klar geworden ist? Fragen, ob das Sachproblem durch einen Kompromiss gelöst werden kann?	eigenen Kopf durchsetzen, zu meinungsstark
zu starkes und proaktives Absichern, zu großer Verteiler	will faire und gerechte Beurteilung der Leistung für sich und andere	Vertrauen, dass auch andere fair und gerecht beurteilen wollen **Konkretes Verhalten:** Kritik »weicher« vortragen und somit eigene Mentalität zurücknehmen. Sätze wie: »Ich gehe davon aus, dass auch Ihr …«	im Ausnahmefall wird falsch beurteilt, nachträgliche »Verteidigung« nötig
»Cover my ass«, insb. bei vermuteter Kritik tarkes und proaktives Absichern, zu großer Verteiler	gut vorbereitet, insb. bei Vorahnungen bzgl. Kritik	Dinge verstärkt »überlesen« **Konkretes Verhalten:** Versuchen, destruktive Kritik bzw. auch Inkompetenz versuchen lächelnd zu ignorieren bzw. an verantwortliche übergeordnete Führungskraft verweisen	sich zu sehr in das »Schneckenhaus« zurückziehen

Abb. 2.4: Beispiele aus Coachings für die Anwendung des Stärken-Schwächen-Pendels

> **Goldene Management-Regel** !
>
> Als Führungskraft sollten Sie Ihre Mitarbeiter stärkenorientiert bei ihrer Entwicklung unterstützen. Steigen Sie doch mal mit dem Stärken-Schwächen-Pendel in das Gespräch ein und finden Sie dann heraus, mit welcher Ko-Stärke die bereits vorhandene Stärke »gebändigt« werden kann. Ihr Mitarbeiter wird es Ihnen danken und der Aufwand für die Entwicklung ist meist viel geringer!
>
> Aber haben Sie auch den Mut, Schwächen klar und direkt anzusprechen, wenn ein stärkenorientierter Einstieg nicht gelingt. Eine viel zu häufig geübte Praxis ist es bei Führungskräften, die Mängel nur durch die Blume zu vermitteln und dann mangels Klarheit keine Änderung beim Mitarbeiter zu bewirken.
>
> Für das konstruktive Feedbackgeben, bei dem der Feedbackempfänger »das Visier oben lässt« und zuhört, empfehle ich Ihnen wärmstens den sog. »Feedback-Burger« mit folgenden Bausteinen:
> 1. Einstieg: mit Stärken-Schwächen-Pendel (wenn sinnvoll)
> 2. Wahrnehmung: neutrale Beschreibung des wahrgenommenen Verhaltens
> 3. Wirkung: Bewertung des wahrgenommenen Sachverhalts
> 4. Wunsch: Beschreibung des zukünftig gewünschten Verhaltens, was bei Einstieg mit Stärken-Schwächen-Pendel die Ko-Stärke ist

2.1.3 Lass dir nicht von anderen sagen, was dich glücklich macht, finde es selbst heraus!

Mit diesem dritten Tipp möchte ich Ihnen Mut machen, Ihren eigenen Weg zum Glücklich-Bleiben herauszufinden. O.k. und ja, das ist anstrengender. Einfacher und schneller wäre es, sich einen Guru zu suchen und auf dessen Botschaften zu hören. Sicher findet sich für jeden Geschmack ein Buch mit wohlmeinenden Antworten auf die Fragen des Lebens. Da gibt es reichlich Ratgeber, wie man schlank und gut aussehend (um mein eigenes Beispiel oben aufzugreifen), erfolgreich und geliebt und eben glücklich wird. Und ruck, zuck ist man ein Abbild des Autors bzw. Ratgebers. Man rennt ins Fitness-Studio, lässt sich vom Personal Trainer den erfolgreichen Weg zu einem »Sixpack in drei Wochen« erklären, kauft für Unsummen irgendein Pulver, das man anrühren und trotz Widerwillen zu sich nehmen soll, statt sich ganz schnöd einfach nur ausgewogen zu ernähren, oder folgt den Lehren eines meditierenden Anführers auf die höchste Stufe irdischen Glücks.

Verstehen Sie mich nicht falsch, für manch einen mag dieser Weg der richtige sein. Aber für all diejenigen, die auf dem ganz normalen Schlachtfeld beruflicher und privater Anforderungen ihre Frau bzw. ihren Mann stehen müssen, bringen diese fremdbestimmten Entwicklungspfade meist nur einen zusätzlichen Druck und rauben ihnen die letzte Happiness-Energie, insbesondere wenn die hochgesteckten Ansprüche nicht erfüllt werden und die Pfunde und der dicke Bauch allzu schnell wieder zurückkommen.

Wirklich sinnvoll sind Ratgeber nur, wenn sie Methoden vermitteln, seinen ganz persönlichen Weg zu finden und zu gehen. Übrigens sind es ja nicht nur die genannten Ratgeber, auf die man hören und durch die man schnelles Lebensglück erreichen könnte. Vielmehr sind es nur allzu oft die gut gemeinten Ratschläge von Freunden, Familie und Bekannten, die ihre eigenen Antworten auf die Fragen dieser Welt gerne als unanfechtbare Weisheiten bei anderen platzieren möchten.

Das ist durchaus menschlich, denn unser Kommunikationsverhalten dient nicht zuletzt auch der Beeinflussung anderer. Wir erzählen vom letzten Kauf irgendeines neuen Schnickschnacks und belegen argumentativ die Sinnhaftigkeit des Kaufs, um anderen aufzuzeigen, wie gut die eigene Kaufentscheidung war. Wenn sich der andere davon überzeugen lässt und den Schnickschnack ebenfalls kauft, fühlen wir uns bestätigt. Fazit: Wir kommunizieren unter anderem, um zu beeinflussen.

Nur selten findet man Menschen, die anderen helfen wollen, um ihren eigenen Weg und ihre eigenen Antworten zu finden. Dazu gehören eine Coaching-Attitüde und am besten auch etwas Methodengeschick, private »Möchtegern-Berater«, die das nicht mit dem professionellen Coaching-Hintergrund tun, der dafür notwendig ist, sind diesbezüglich wenig hilfreich.

> **!** **Anregung zum Glücklich-Bleiben**
> Bei der Beantwortung der obigen Frage: »Welche Menschen geben mir Kraft und laden meine Energiebatterien auf?« haben Sie ggf. genau solche Menschen benannt, die bewusst oder unbewusst im Gespräch Ihr Glück und Ihre Fähigkeit, Ihren Weg zu finden, unterstützen. Menschen also, denen es nicht darum geht, ihre eigenen Weisheiten durchzusetzen und zu Lebensweisheiten anderer zu machen. Solche begabten Zuhörer und Wegzeiger sollten Sie deshalb auch als persönliche Mentoren nutzen.

Ein zusammenfassendes Motto für diesen Tipp folgt einem Zitat von Karl Böhm:

»Glücklichsein ist ein Maßanzug. Unglückliche Menschen sind jene, die den Maßanzug eines anderen tragen wollen.«

Besser kann man es kaum formulieren! Schneidern Sie sich also Ihren ganz persönlichen Glücklich-Bleiben-Maßanzug und tragen Sie nicht die abgewetzte Klamotte irgendeines anderen!

2 Verstehe, was Glück für dich bedeutet!

Als kleine Sicherungsmechanismen zur Einhaltung dieses Tipps möchte ich Ihnen empfehlen:

- Die **»Devil's Advocate«-Frage**: Wenn Sie die Fragen vom ersten Tipp (s. Kap. 2.1.1) beantwortet haben, dann gehen Sie noch einmal Ihre Antworten durch und spielen Sie den »Devil's Advocate« mit der Prüffrage: »Was und wer hat mich bei der Antwort beeinflusst?« Nicht selten streben wir danach, den Vorbildern von Eltern und sonstigen Autoritäten gerecht zu werden, wenn wir unsere eigene Meinung (glauben zu) artikulieren. Als soziale Wesen folgen wir Trends und sozialen Erwartungen. Und genau hier beginnt das Unglück, das wir gar nicht bemerken, weil wir ja glauben, unseren eigenen Motiven zu folgen.
Dazu eine kleine Anekdote: Als Kind hat mich mein Vater mehr oder minder gezwungen, mit ihm segeln zu gehen. Als Jugendlicher wollte ich aber eigentlich lieber mit meinen Freunden beim Fußball abhängen. Aber Papa ließ nicht locker und ich musste mit. Versüßt hat er es mir, indem ich einen Freund zum Mitsegeln einladen durfte und abends der Ausgang deutlich länger gewährt wurde als zu Hause. Wenn ich aber weiter oben wahrheitsgemäß antworte, dass ich hinter dem Steuer einer Segelyacht Happiness-Energie tanke, und diese Antwort nun hinterfrage, muss ich für mich klären, ob die Liebe zum Segeln mit den Erwartungen meines Vaters zu tun hat. Ich stelle dabei fest, dass mein Vater zwar mein Ausbilder beim Erlernen des Segelhandwerks war, die eigentliche Liebe zum Segeln aber durch die See selbst entstand und mich heute tatsächlich glücklich macht.

- Die **Bestandsprüfung**: Während Ihrer Selbstreflexion sollten Sie sich immer fragen, wie lange Ihre Energie-Quellen schon zu Ihrem persönlichen Glück beitragen. Wenn sie erst seit Kurzem wirksam bzw. erst kürzlich auf der Liste erschienen sind, sollten Sie hinterfragen, was der Anlass dazu war. Kommen Sie dabei zu dem Schluss, dass es sich um einen auf irgendeinem äußeren Trend beruhenden Impuls handelt, würde ich empfehlen, noch einmal nachzudenken, ob dieser Ihnen wirklich und authentisch entspricht. Vielleicht ist es tatsächlich der Ruck, den es brauchte, um Sie glücklicher zu machen. Vielleicht ist es aber auch Ausdruck einer geschickten Manipulation und verleitet Sie nur, zum Glück desjenigen beizutragen, der Sie manipuliert hat.

Ich hoffe, dass unsere Ausführungen in diesem Buch bei der Gratwanderung zwischen der manipulierenden Beeinflussung und einer hilfreichen Unterstützung beim Selbstmanagement des eigenen Glücks nicht allzu oft in Richtung Beeinflussung abrutschen. Wenn dies von Ihnen aber doch einmal so empfunden wird, dann bitte ich an dieser Stelle um Nachsicht. Der obige Grat ist leider auch ein verdammt schmaler und oft unwegsamer obendrein.

2.2 Nimm dein Leben in die Hand, bevor es andere für dich tun!

»Wenn man ein glückliches Leben führen will, sollte man überhaupt erst mal sein Leben führen.« Mit diesem etwas provozierenden Motto möchte ich das Drehen an dieser zweiten Schraube zum Glücklich-Bleiben beginnen.

Viel zu häufig wird man fremdbestimmt durchs Leben getrieben. Privat folgt man den Anforderungen, die sich im familiären Umfeld stellen. Der Tag beginnt bei vielen schon im Morgengrauen, damit die Kinder pünktlich zur Schule und/oder Kita kommen, und nachmittags hetzt man von der Arbeit, um sie wieder abzuholen. Zwischendrin treibt einen der Arbeitgeber vor sich her mit Aufgaben, Pflichten und Projekten. Und wenn dann endlich mal Freizeit (kommt übrigens von »freier« Zeit) anstünde, kommen noch zahlreiche Mails rein, deren Beantwortung nicht bis morgen warten kann. Oder die sozialen Medien melden sich mit einem »Pling«-Stakkato, weil irgendwie alle glauben, dass sie endlich mal wieder ihre »Freunde« mit mehr oder weniger wichtigen »Ich-lebe-auch-noch-und-habe-was-mitzuteilen«-Botschaften erfreuen müssten. Wer keine Kinder hat, der muss natürlich seine Monatsbeiträge im Fitness- und sonstigen Freizeitclubs abarbeiten, man bezahlt ja nicht dauernd und geht dann nicht hin. Und eh man sich versieht, ist der Tag wieder rum und am nächsten Morgen beginnt das Ganze wieder von vorne. Wo bleibt da eigentlich mein Leben, werden sich manche fragen. Gute Frage! Antwort: Sie haben es aus der Hand gegeben! Mein Rat: Holen Sie es sich zurück!

> **Neuro-agile-Tipp**
>
> Es ist extrem spannend, einmal genauer hinzuschauen, wie Medienkonsum unsere Konzentration und unser Wohlbefinden beeinflusst. Weil vieles dazu in den folgenden Kapiteln zu finden ist, an dieser Stelle nur ein Buchtipp: »Digitale Demenz« von Manfred Spitzer[6].

2.2.1 Du hast dein Leben in der Hand, wenn du Herr über deine Zeit bist!

Mit diesem Tipp möchte ich Ihnen eine Erkenntnis anbieten, die ich mir im Laufe meiner Beschäftigung mit solchen elementaren Lebensthemen erarbeitet habe: Man hat sein Leben in der Hand, wenn man seine Zeit – so weit wie

---
6 M. Spitzer: Digitale Demenz. Wie wir uns und unsere Kinder um den Verstand bringen. München: Droemer Knaur, 2012.

irgend möglich – selbst managen kann. Natürlich kann man nur in beschränktem Maße Herr über seine Zeit werden, denn das Leben besteht nun einmal in einer Gemeinschaft zum Teil aus Regeln. Schulen und Kitas, Unternehmen und Geschäfte, alles hat seine Öffnungszeiten und man kann diese nur begrenzt umgehen.

Aber es gibt Möglichkeiten, sich mehr Flexibilität für sein eigenes Zeitmanagement zu erstreiten. Das fängt bei flexibleren Arbeitszeiten, Home-Office und Mobile Work im Berufsleben an und hört bei Online-Einkauf auf, der 24 Stunden am Tag und sieben Tage die Woche möglich ist.

An dieser Stelle wäre ich versucht, Ihnen mein ganzes Wissen über Zeitmanagement anzubieten, aber das würde heißen, den Umfang des Buches zu sprengen. Ich kann also an dieser Stelle nur empfehlen, mal einen Blick in unser zweites Buch »Zeit- und Projektmanagement« zu werfen.

Aber einige wenige Bausteine daraus möchte ich Ihnen zur Konkretisierung dieses Tipps in komprimierter Form zur Verfügung stellen:

- **Zeitmanagement ist im Wortsinn zunächst einmal totaler Quatsch**: Zeit lässt sich nicht managen, zumindest nicht auf diesem Planeten. Selbst wenn Sie mit Lichtgeschwindigkeit durchs All fliegen könnten, würden Sie allenfalls am stetigen Fluss der Zeit naschen. De facto müssen wir zur Kenntnis nehmen, dass Zeit unerbittlich verrinnt. Sie gleitet Ihnen durch die Finger wie trockener Sand. Zeit muss hier und jetzt genutzt werden, denn Sie können sie in keine Batterie einspeisen und wieder rausholen, wenn Ihnen der Sinn danach steht. Sie können auch nicht – seien Sie noch so reich – in den Supermarkt gehen und eine »Dose Zeit« einkaufen. Würde man Zeit nachkaufen können, wenn »die Zeit gekommen ist«, würde man den letzten Cent zusammenkratzen, um noch mal nachzutanken. Was würden Sie zahlen für eine »Zeit-Fernbedienung«, mit der Sie in den schönsten Momenten Ihres Lebens auf Pause, nach schönen Momenten auf Rückspulen und bei ekligen oder langweiligen Momenten auf Vorspulen drücken könnten?
  Als Fazit ergibt sich aus dieser Erkenntnis, dass man sich selbst managen muss, wenn es um die sorgsame Verwendung seiner Zeit geht. Deshalb ist **Selbstmanagement** wahrscheinlich der bessere Begriff, um zu beschreiben, um was es geht. Aber wir wollen keine Wortklauberei beginnen und haben unser Buch ja auch mit dem bekannteren Label »Zeitmanagement« versehen.

> **! Anregung zum Glücklich-Bleiben**
>
> Wenn Sie Herr über Ihr Leben werden wollen, müssen Sie sich von so vielen zeitlichen Zwängen befreien wie möglich. Und Sie müssen lernen, sich selbst zu managen in der sorgsamen Verwendung Ihrer kostbaren Ressource Zeit!
> Die Methoden dazu werden unter dem Begriff »Zeitmanagement« beschrieben.
> Da Zeit aber unaufhörlich und gnadenlos verrinnt, muss man lernen, sich diszipliniert selbst zu managen, indem man kleine und große Ereignisse in dem Moment glücksfördernd nutzt, in dem sie eintreten. Ein Warten auf die »goldenen Zeiten«, in denen man dann zu genießen beginnt, bedeutet nur, sein Leben vor sich her zu schieben und sich das Glück zum gegebenen Zeitpunkt zu verwehren.

- **Zeit ist endlich**: Wenn man jung ist, denkt man, dass man alle Zeit der Welt hat. Wenn man etwas älter wird, hat man den Großteil des Lebens ja noch vor sich, weil man denkt, dass einem Krankheit und Unfall nichts anhaben können; und wenn man dann in fortgeschrittenem Alter einmal nachdenkt, fällt man erschrocken vom Hocker, weil statistisch gesehen ja nur noch ein viel kleinerer Teil der Lebenserwartung vor einem liegt.
Eine kleine Anekdote aus meinem Leben soll die Endlichkeit der Zeit anschaulich machen: Mein Vater starb mit 75 Jahren an schwerer Lungenkrankheit. Seinen ansehnlichen Wohlstand, den er sich als Maurermeister in vielen Jahren harter Arbeit erstritten hatte, konnte er mit seiner Lebensgefährtin nicht mehr genießen, denn die jederzeit mitzuführende Drei-Liter-Sauerstoffflasche verwehrte ihm »Jux und Dollerei auf Reisen«, weil nach drei Stunden die Flasche leer war. Sein Herz musste Schwerstarbeit leisten, um genügend Blut durch die nur noch schwach arbeitende Lunge zu pumpen.
Nach seinem Tod richteten die Logenbrüder meines Vaters eine Abschiedsfeier aus, die einem festen Logen-Ritual folgte. Einer seiner engsten Logenbrüder wiederholte in seiner Rede mehrfach ein Logen-Motto: »Memento mori« (oder in seiner Langform »Memento moriendum esse!«) — »Gedenke des Todes« bzw. »Bedenke, dass du sterben musst!«. Ursprünglich war dies eine im religiösen Kontext als Ermahnung gedachte Aufforderung, sich ständig bewusst zu sein, dass man sich für sein Leben und seine Taten im Jenseits wird verantworten müssen. Für den modernen, ständig von Zeitnot getriebenen Menschen hat dieses »Memento mori« eine andere Bedeutung: Die Zeit und damit das Leben ist endlich und wir haben die Verantwortung dafür, was wir damit anfangen, ob wir unsere Zeit sorgsam und respektvoll einsetzen oder irgendwie in den Tag hineinleben und uns am Ende fragen, ob das jetzt alles war.
Und da hinter Ihnen nicht wie bei einem römischen Cäsaren ein Sklave steht und Ihnen das Motto ins Ohr flüstert, sollten Sie es regelmäßig selbst tun!

- »Memento moriendum esse!« (»Memento mori«)
- »Bedenke, dass du sterben musst/sterblich bist!«

Abb. 2.5: Memento mori – an die Begrenztheit des Lebens erinnern

Ich habe zum Zwecke der Verdeutlichung dieser »Memento mori«-Erkenntnis mal einen »Lebenszeitrechner« gebastelt. Wenn man einmal davon ausgeht, dass man 80 wird, was nach statistischen Lebenserwartungstabellen für Männer sportlich (78,4 Jahre) und für Frauen machbar (83,4 Jahre) wäre[7], dann ergibt sich eine erschreckend überschaubare Zahl von 693.504 Stunden. Als ich diese Zahl zum ersten Mal in der Tabelle sah, habe ich die Formeln noch mal überprüft. Mir schien diese Zahl viel zu klein angesichts meines Gefühls, dass man ja irgendwie sehr viel Lebenszeit hat, zwar begrenzt, aber eben doch reichlich.

Zieht man dann noch die Stunden ab, die bereits verbraucht sind aus diesem plötzlich vorstellbaren und gar nicht so großen Ozean an Stunden, verbleibt ein noch viel kleinerer Stunden-Pool; je nachdem wie alt Sie sind, verbleibt auch nur eine Stunden-Pfütze (bei mir verbleiben schlappe 250.000 Stunden). Mich hat diese Zahlenspielerei einerseits erschreckt, andererseits aber auch mit gehörigem Respekt vor der Zeit und ihrer Bedeutung im Zusammenhang mit einem glücklichen Leben versehen.

Der Lebenszeit habe ich mal die Arbeitszeit gegenübergestellt. Wenn man mal konservativ eine 40-Stunden-Woche nach Ausbildung oder Studium bis zu einem (sicher angesichts des demografischen Wandels und seiner Auswirkung auf die Rentensysteme nicht einzuhaltenden) Ruhestand mit 65 Jahren hochrechnet, kommt man auf recht übersichtliche ca. 80.000 Stunden Arbeitszeit, also gemessen an der Gesamtlebenszeit eine eher geringe Anzahl an Stunden.

---

7   Quelle: Statista 2017; Statistik der Entwicklung der Lebenswartung bei Geburt in Deutschland nach Geschlecht in den Jahren 1950 bis 2060 (in Jahren). Dabei wird allerdings das Geburtsjahr in die Zukunft gerechnet. Die Werte gelten für im Jahr 2015 Geborene. Wäre man wie ich 1966 geboren, wäre die statistische Lebenserwartung ca. 67 Jahre. Durch gute Ernährung und durch fortschreitende medizinische Versorgung ist dieser Wert heute (hoffentlich) zu niedrig angesetzt.

Angesichts dieses Zahlenverhältnisses würde ich mal mutig die These wagen, dass man in seinem Privatleben im Vergleich zum Arbeitsleben deutlich mehr Zeit hat, glücklich oder unglücklich zu werden.

Als Berater und Trainer darf ich aus Erfahrung sagen, dass viele Menschen ihre persönliche Unzufriedenheit meist ihrem »bösen Arbeitgeber« zurechnen, denn dieser ist in ihren Augen ja ein willkürlicher Schuldiger, der schnell ausgemacht und genauso schnell und leicht angeprangert ist. Manch einer vergisst dabei, dass er eigentlich zu Hause sein Unglück gefunden hat und dieses nur täglich mit zur Arbeit bringt.

Die entscheidenden Fragen angesichts dieser zahlenbasierten Erkenntnis über Zeit sind:

- **Was habe ich mit der Zeit bisher angefangen und wie hat sich das in puncto persönlicher Happiness ausgezahlt?**
  Meine persönlichen Antworten auf diese Frage haben mich versöhnt mit meinem Leben und ich konnte nicht klagen. Wie sieht es bei Ihnen aus?
- **Was will ich mit dem Restbestand meiner Zeit anfangen** und was werde/will ich tun, damit ich, wenn die Pfütze der Zeit vertrocknet ist, zurückschauen und voller Stolz sagen kann: »War 'ne geile Zeit, schade, dass es vorbei ist, aber es hat sich mehr als gelohnt!«

> **! Goldene Management-Regel**
>
> Diese Regel hatte weiter oben bereits ihren Platz, aber da sie so wichtig ist, darf sie sich gerne wiederholt einschleichen in meine Ausführungen: Eine Investition in Personalentwicklung mit einer starken oder sogar überwiegenden Auswirkung auf das private gesamtheitliche Lebensglück ist schon angesichts der Zahlenverhältnisse von Lebens- und Arbeitszeit eine mit hohem Return on Invest. Wenn ein Mitarbeiter lernt, in seinem Leben auch privat glücklich zu werden und zu bleiben, kommt er glücklicher zur Arbeit und kann resistenter den beruflichen Energie-Vampiren entgegentreten, vollen Happiness-Batterien sei Dank!

2 Nimm dein Leben in die Hand, bevor es andere für dich tun!

Lebenszeit	
Stunden/Tag	24
Stunden/Woche	168
Stunden/Monat	722
Stunden/Jahr	8.669
Stunden bei Lebenserwartung	80 — 693.504
	Alter
schon abgelaufen	50 — 433.440
Restzeitbudget	260.064

Arbeitszeit		
Stunden/Tag	8	
Stunden/Woche	40	
Stunden/Monat	172	
Stunden/Jahr	2.064	
minus 40 Tage Urlaub/Feiertage	-320	
Stunden/Jahr ohne Urlaub/Feiertage	1.744	
Arbeitsjahre	45	z.B. nach Ausbildung mit 20 bis 65 = 45
Arbeitsstunden im Leben	78.480	

Abb. 2.6: Lebens- und Arbeitszeitrechner

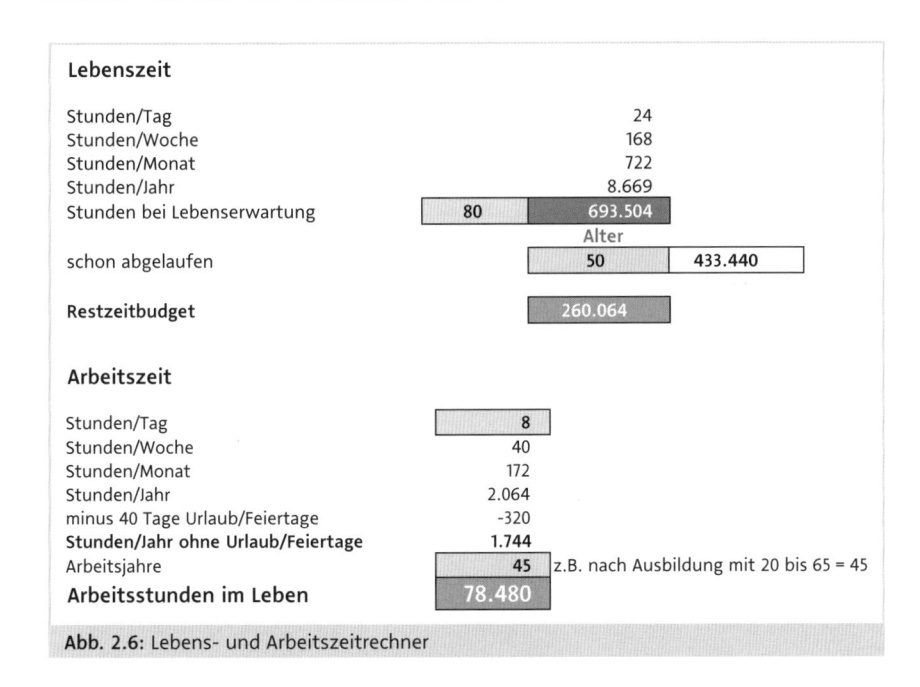

In einem Buch über Zeitmanagement hat ein Autor mal eine witzige Aufstellung vorgenommen, was wir wohl so mit unserer Lebenszeit machen. Nach dieser sicher nicht mehr aktuellen Statistik verbringen Menschen ihre Lebenszeit wie folgt[8]:

- 4 Tage für Schuhe zubinden
- 2 Monate für Sex
- 2,5 Monate für Küssen
- 3 Monate für Zähneputzen
- 3,5 Monate für Verkehrsstaus
- 6 Monate für Warten vor Ampeln
- 6 Monate für Sport
- 6,5 Monate für Anziehen (Männer)
- 8 Monate für Briefe öffnen und lesen
- 9 Monate für Anziehen (Frauen)
- 1 Jahr für die Suche nach verlorenen oder verlegten Gegenständen
- 1,5 Jahre für Waschen, Baden, Rasieren usw. im Badezimmer
- 2 Jahre für Gartenarbeiten
- 2 Jahre für Telefonate
- 3 Jahre für Konferenzen, Meetings, Besprechungen
- 3,5 Jahre für Fernsehen (ab 20 Jahre)

---

8 M. Beyer: Optimales Zeitmanagement. Düsseldorf: Econ 1995, S. 161f.

- 3,5 Jahre für Lesen (Bücher, Zeitungen usw.)
- 5 Jahre für Warten bei Behörden, Zahnarzt, Kasse usw.
- 5,5 Jahre für Haushalt (Waschen, Bügeln, Putzen)
- 10 Jahre für Theater, Kino, Restaurant
- 16,5 Jahre für Arbeit
- 22 Jahre für Schlafen

Wenn Sie sich diese Liste durchsehen, wird Sie vielleicht verwundern, wie viel kostbare Zeit ein Mensch allein für die Organisation des Lebens (z. B. die Körperhygiene) und profane Tätigkeiten (z. B. Haushalt) braucht, die notwendig sind, um das Leben einfach am Laufen zu halten. Die Dinge des Lebens, die uns vielleicht wirklich wichtig und erstrebenswert erscheinen, kommen im Vergleich möglicherweise zu kurz. Und doch müssen sie sein, wenn wir unser Leben nicht in Dreck und heimischem Chaos verbringen wollen. Aber die Zeit geht ab von unserem begrenzten Zeitreservoir.

> **Neuro-agile-Tipp**
> Und es ist aus neuro-biologischer Sicht erschreckend, wie wenig Zeit wir demnach mit Sex und Sport verbringen, den Tätigkeiten, die für eine Neubildung von Nervenzellen wichtig sind.

Da diese Liste aus einem schon älteren Buch stammt, würde ich angesichts der zunehmenden Digitalisierung des Privat- und Berufslebens Tätigkeiten hinzufügen und andere ersetzen:
- 2 Jahre für Internetsurfen
- 2 Jahre für Chatten/soziale Medien/Mails schreiben etc.

Ob diese Beschäftigungen andere oben genannte ersetzen, also z. B. zu Lasten vom Lesen oder Telefonaten gehen oder on top dazukommen, weil die statistische Lebenserwartung zunimmt, sei mal außer Acht gelassen und ist sicher auch von jedem Einzelnen abhängig. Ich wage aber zu behaupten, dass zwischenmenschliche Kontakte an Qualität abnehmen durch die digitale Form der Kommunikation und Chancen auf Glücksmomente zwischen Menschen einer Vereinsamung während der »4.0-Kommunikation« weichen. Mit dem Kapitel zum Digital Overload Management (s. Kap. 2.4.3) möchte ich mich dem Druck, der durch exponentiell zunehmende digitale Kommunikation und Information entsteht, noch genauer widmen.

> **Anregung zum Glücklich-Bleiben** !
>
> **Sparen Sie Zeit bei der Organisation Ihres Lebens!**
> Durchleuchten Sie mal Ihre Routinetätigkeiten. Vielleicht entdecken Sie zeitraubende Tätigkeiten, die Sie anderweitig regeln könnten. Wenn z.B. das Haushaltsbudget eine Putzhilfe oder die Kosten für Wasch- und Bügelservice hergäbe, wäre dies im Vergleich zu der kostbaren Lebenszeit, die man anderweitig mit höherem Glücksfaktor nutzen könnte, eine verdammt sinnvolle Investition. Überlegen Sie auch, ob die gewohnten Rituale verändert werden könnten. Wer nicht samstags Wartezeit wie alle anderen an der Supermarktkasse oder in der Schlange zum Autowaschen verbringt, sondern unter der Woche, der kommt sicher schneller zum Ziel und spart sich Zeit für angenehmere Beschäftigungen.
>
> **Machen Sie regelmäßig private und berufliche Kehraus-Aktionen!**
> Entschlacken Sie regelmäßig Ihren Haushalt und Ihren Arbeitsplatz, denn was nicht da ist, muss auch nicht bewirtschaftet werden.
> Ich nenne das bei mir »jährlicher Kehraus«: Einmal im Jahr gehe ich durchs Haus und sortiere alles aus, was ich schon ewig nicht mehr gebraucht und angefasst habe. Alles »Tüddelkram«, der Platz braucht, aufgeräumt, sortiert, abgestaubt werden muss und sonstwie Zeit und Nerven kostet. Manch einer bringt solcherlei Hausrat zu wohltätigen Einrichtungen (z.B. Altkleidersammlung, Tafel), die daraus noch Nutzen ziehen können, andere schmeißen es einfach weg. Ich nehme einmal jährlich im Sommer am örtlichen Flohmarkt teil und verhökere so viel wie möglich an Menschen, die sich für ein paar Euros Freude mit nach Hause nehmen wollen oder denen es einfach Spaß macht, am Sonntag über den Flohmarkt zu bummeln und für wenig Geld Nützliches oder Sinnloses zu erwerben.
> Da mein ältester Sohnemann sich 10% vom Umsatz als Zusatztaschengeld verdienen will, ist die Aktion mittlerweile auch ein schöner Vater-Sohn-Event.
> Beruflich nehme ich mir immer als letzte Maßnahme vor der Weihnachtspause einen Kehraus aller Unterlagen vor und räume mein Büro auf. Von vorgeschriebenen Aufbewahrungsfristen mal abgesehen kommt immer eine Menge unnötiger Papier- und Dateien-Ballast zusammen, der dem Schredder oder Datenmülleimer überantwortet wird. Ich lösche auch manche ungenutzten Apps von meinem Smartphone, die sich so über das Jahr angesammelt haben und den Speicher meines Gerätes belegen, ohne Nutzen zu stiften.
> Die besinnliche Jahreswechselzeit und der Start ins neue Jahr fühlen sich dann mental viel leichter an als mit all den »unnötig mitgeschleppten Sandsäcken«.

Der nächste Tipp soll Ihnen etwas helfen, Ihren wertvollen und leider begrenzten Restbestand an Zeit mit mehr Ziel und Plan zu verwenden.

2.2.2 Definiere, was du erreichen möchtest, und kämpfe dafür!

Ich bin in Vorbereitung eines Vortrags zu dem Thema Glücklich-Bleiben bei meiner Recherche auf einige witzige Spruchbänder gestoßen. Einen, den ich m. E. bei Pinterest gefunden hatte, lautete wie folgt:

> »Welche persönlichen Ziele haben Sie? – Feierabend!
> Äh …, ja … und langfristig gesehen? – Wochenende!«
> Unbekannt

Ziemlich kurzfristig gedacht, aber es ist auch schnell zu überprüfen, ob man seine Ziele erreicht hat. Feierabend und Wochenende kommen ja öfter mal. Als Lebensziele geben solche Kurzfristigkeiten allerdings keinerlei Kraft und Orientierung.

Da ich ja regelmäßig in Coachings auch »tiefer einsteige« in die Ursachen für Schwierigkeiten im beruflichen und privaten Leben, kann ich aus Erfahrung sagen, dass mangelnde Ziele einer der Hauptgründe für die Schwierigkeiten sind.

Zwei meiner Lieblingszitate sollen Sie motivieren, Ihr Glück in der Zukunft, genauer gesagt in den Zielen, die Sie erreichen wollen, zu suchen:
- »Wer nicht weiß, wohin er will, dem ist kein Wind recht!«[9]
- »Wenn ein Mensch keinen Grund hat, etwas zu tun, so hat er einen Grund, es nicht zu tun.«[10]

Wenn Sie sich einmal Zeit nehmen würden zu überlegen, was in Ihrer persönlichen Zukunft erreicht sein müsste, damit Sie sich glücklich fühlen könnten, dann haben Sie nicht nur Orientierung, sondern obendrein auch Motivation für Ihr Handeln. Ziele setzen Dopamin im Gehirn frei und dass dieses »high und glücklich« macht, wird in Kap. 3 noch ausführlicher beschrieben.

Haben Sie sich umgekehrt keine Gedanken gemacht, was Ihre Ziele sind, dann können Sie nie überprüfen, ob Sie angekommen sind. Sie haben also immer das Gefühl, dass Ihnen etwas fehlt, dass es offene Wünsche gibt, die Ihrem Leben den Anschein der Unvollständigkeit geben. Unglücklich sein ist die normale Reaktion auf dieses Gefühl. Es fehlt Ihnen Motivation, den Kampf um Ihr Glück zu beginnen. Erst Ziele für das Leben geben Ihnen Motivation, denn sie liefern gute Gründe

---

9 Wilhelm von Oranien, König von England, Schottland und Irland, 1650–1702.
10 Walter Scott, schottischer Dichter, 1771–1832.

dafür, die Schlagzahl zu erhöhen und die berufliche und private Extrameile zu gehen.

Vielleicht erreichen Sie sogar irgendwann durch Zufall oder beim Herumeiern im Leben das, was Sie in einem Moment des Bewusst-drüber-Nachdenkens als Ziele benannt hätten. Und im schlimmsten Falle erkennen Sie gar nicht, dass es nun Zeit für Happiness ist, und schon ist der Moment des potenziellen Glücks vorbei.

Und wenn Sie es doch erkennen, dann bleibt zu bedenken, dass mit vorheriger Definition Ihrer Ziele viel mehr Effektivität in Ihrem Handeln möglich und damit viel weniger Zeitaufwand nötig gewesen wäre. Effektivität bedeutet »Wirksamkeit auf Ziele«, dazu muss man aber eben diese überhaupt erst kennen. Seine kostbare Lebenszeit effektiv zu nutzen, ist angesichts der weiter oben erkannten Begrenztheit der Lebensstunden sicher weise.

Also nehmen Sie sich die Zeit, Ihre beruflichen und privaten Ziele zu definieren. Unterscheiden Sie dabei auch die Zeitachse, denn »Feierabend« und »Wochenende« sind zu nah, um danach zu streben.

Meine Empfehlung ist daher, definieren Sie Ihre Ziele »zurückgerechnet«:
1. Welche Vision will ich beruflich und privat in ca. 10 Jahren erreichen?
2. Was will ich beruflich und privat in den nächsten 3 bis 5 Jahren erreichen?
3. Was will ich bis Ende dieses Jahres beruflich und privat erreichen?

Nutzen Sie dazu die nachfolgende Leertabelle.

Um Ihnen ein Gefühl zu geben, wie plausible Ketten aus der Vision zurückgerechnet aussehen können, hier einige einfache Beispiele (von rechts nach links lesen):

Meine Ziele aus der Vision zurückgerechnet

dieses Jahr (taktische Ziele)	in 3 bis 5 Jahren (strategische Ziele)	in ca. 10 Jahren (Vision)
beruflich		
• Ein eigener Weiterbildungsplan wurde zusammen mit dem bestehenden Arbeitgeber definiert und das eigene fachliche und methodische Profil hat erste Impulse in die definierte zukunftsfähige Richtung erhalten. • Bestehende Konflikte mit der eigenen Führungskraft und Kollegen wurden gelöst. • Ein Zwischenzeugnis mit einer sehr guten Bewertung wurde zum Ende des Jahres ausgestellt.	Die Neuorientierung ist mit einem erfolgreichen Bewerbungsverfahren für eine inhaltlich ansprechende Aufgabe gelungen. Das Gehalt hat sich dadurch um 10% gesteigert, das tägliche Wohlbefinden um 100%! Die Arbeit erfolgt in einem modernen Umfeld.	Arbeit bei einem »guten Arbeitgeber« in der Region mit max. 60 Minuten täglicher An-/Abreise mit einer abwechslungsreichen und zukunftssicheren Aufgabe
privat		
• Gezielter Nachhilfeunterricht ist für die Kinder arrangiert und hat Früchte getragen. • Die Empfehlungen der jährlichen Vorsorgeuntersuchung wurden konsequent umgesetzt, die empfohlene Gewichtsreduzierung erreicht, regelmäßiges Rückentraining wurde fester Bestandteil des Wochenablaufs. • Für die Verringerung der Schuldenlast wurde ein maximaler, aber nicht erdrückender Tilgungsplan definiert.	• Die anstehenden Schulabschlüsse bei den Kindern sind erreicht. • Bestehende gesundheitliche Probleme sind durch gesündere Lebensgewohnheiten verringert. • Die Immobilie wurde wie geplant anteilig abgezahlt.	Ein ausgewogenes und glückliches Familienleben mit viel Zeit für den Partner und die Kinder in der eigenen Immobilie wurde erreicht.
Ihre Themen:		

Tab. 2.3: Definition eigener Lebensziele auf der Zeitachse

Wichtig an den Ketten ist, dass sie einerseits konkrete Ziele beinhalten, dass sie andererseits aber auch flexible Handlungen ermöglichen. Ziele sollten dabei so formuliert werden, als ob sie schon eingetreten wären, daher die Verwendung der Vergangenheitsform (»wurde … erreicht, ist … gelungen«). So wird sichtbar, was am Ende eines Weges erreicht werden soll, das Zielfoto wird erkennbarer. Jede Zielformulierung wie »tue dies, mache jenes« ist eine Handlungsableitung und kein Ergebniszustand in der Zukunft. Das ist der Unterschied zwischen Maßnahmen und Zielen, das eine wird getan, um das andere zu erreichen. Sich selbst führen heißt, mit sich selbst Ziele zu vereinbaren. Genauso muss auch Führung von Mitarbeitern aussehen: Eine Führungskraft vereinbart Ziele (die Technik dazu nennt man »Management by Objectives«) mit seinem Mitarbeiter und lässt bei der Maßnahmenfestlegung Gestaltungsspielraum.

Lassen Sie sich bei der Definition Ihrer Vision ruhig durch hochgesteckte Wünsche leiten. Zu allgemein wäre es zu definieren, dass man ein glücklicher Mensch sein möchte. Dies ist natürlich Ziel dieser Anleitung insgesamt, das ist das »Metaziel«. Aber es braucht an dieser Stelle mehr, um zu wissen, wie die Zukunft aussehen müsste, um darin sein Glück zu finden. Es braucht Zwischenziele, es braucht »Leuchttürme des Glücks«, auf die man zusteuern kann im Nebel und Dunst des täglichen Lebens.

Die strategischen Ziele sind große Meilensteine auf dem Weg zur Vision, an deren Erreichung man nachhaltig und beharrlich arbeiten muss. Die taktischen Ziele sind kleine Puzzlestücke, die man unterwegs einsammeln muss, für die man sich heute, morgen, nächste Woche, im nächsten Monat und im nächsten Quartal konkrete Maßnahmen vornehmen muss. Diese kann man sich natürlich leichter vorstellen, aber auch die weiter in der Zukunft liegenden Zwischenziele müssen sich vor dem eigenen geistigen Auge ausgestalten, damit man sie zumindest schemenhaft vor sich hat. Umso näher man ihnen dann kommt, desto klarer wird das Bild dafür.

> **Anregung zum Glücklich-Bleiben**
>
> Aber denken Sie auch immer daran, dass ein Ziel ohne einen konkreten Maßnahmenplan nur ein Wunsch bleibt! Wenn Sie im Beruf gewohnt sind, für die Erreichung von Jahreszielen einen Businessplan zu erstellen, wenn Sie als Projektmanager gewohnt sind, mit Projektstruktur- und Aktivitätenplänen das Projekt zum Ziel zu führen, dann müssen Sie dieses Vorgehen eigentlich nur noch auf das Privatleben übertragen. Dieses kommt nämlich bei der Planungsarbeit naturgemäß zu kurz. Das Privatleben passiert eben, während man im Beruf um ein Gelingen deutlich mehr bemüht ist. Das muss sich ändern, wenn Sie ein ganzheitlich glücklicher Mensch werden wollen!

> **Goldene Management-Regel**
>
> Auch wenn ggf. Ihre internen Mitarbeitergesprächsprozesse in Jahresscheiben funktionieren, sollten Sie mit Ihrem Mitarbeiter über seine mittel- und langfristigen Ziele sprechen und ihn ermutigen, mal viel weiter in die Zukunft zu denken. Gelingt Ihnen eine solche Zukunftsorientierung und dann eine plausible Rückrechnung auf strategische und taktische Ziele, dann gelingt Ihnen ein erfolgreicher Beitrag zum Glücklich-Bleiben und, wie wir bereits wissen, zum Erfolgreichsein.
> Sie verstehen mit dieser Vorgehensweise viel mehr von den persönlichen Energie-Quellen Ihres Mitarbeiters und könnten diese aktiv anzapfen. Sie können konkrete Entwicklungsmaßnahmen und -pfade festlegen und Sie könnten dem Mitarbeiter immer wieder dabei helfen, seine Zwischenerfolge zu erkennen, wenn Ziele erreicht wurden. Vielleicht bleibt dadurch der Mitarbeiter viel länger im Unternehmen, nicht nur im Sinne von ewiger Betriebszugehörigkeit, sondern von einem längerfristigen und hohen Beitrag zum Unternehmenserfolg.
> Sollte sich in Ihrem Unternehmen die gewünschte Lebensplanung nicht ermöglichen lassen, dann wäre es weise, den Blick des Mitarbeiters auch über die Grenzen des Unternehmens hinaus zu ermöglichen. Das gelingt dann gut, wenn ein solcher langfristiger und unternehmensunabhängiger Blick stets Bestandteil Ihres Denkens ist. Allerdings sollten Sie auch beachten: Wenn Sie damit ganz überraschend um die Ecke kommen, wird der Mitarbeiter den Verdacht hegen, dass Sie ihn nur loswerden wollen. Dann stellt er ggf. auf »bockig« und erkennt die Chancen eines solchen Blicks nicht. Das wäre dann für ihn und das Unternehmen hinderlich. Denn ein Mitarbeiter, der nur am Platz verharrt, anstatt zu einer passenderen Option zu wechseln, wird ein unglücklicher Tropf, der wenig Leistung bringt und andere mit in seinen Demotivationskeller zieht.
> Sollte dieses Vorgehen also im Einzelfall eine Nachbesetzung eines nach seinem Glück suchenden und deshalb weiterziehenden Mitarbeiters erzwingen, dann erkennen Sie als Manager darin Ihre Chance, jemanden zu finden, für dessen Lebensweg zum Glück Ihr Unternehmen genau das richtige Umfeld anbieten könnte.

Für den Fall, dass Sie bei der Definition Ihrer Ziele nicht so recht in Schwung gekommen sind, möchte ich Ihnen eine wirkungsvolle Anregung geben. Dazu muss ich Sie bitten, sich einmal kurz in eine sicher dramatische und todtraurige Situation zu versetzen: Sie waren beim Arzt und dieser teilt Ihnen überraschend mit, dass Sie wegen einer unheilbaren Erkrankung nur noch ein Jahr zu leben haben. Plötzlich ist das restliche Zeitreservoir aus der weiter oben vorgenommenen Restlebenszeitberechnung futsch und hat sich auf einen verdammt übersichtlichen Zeitraum reduziert.

Was wollen Sie mit dieser begrenzten Zeit anfangen? Was ist Ihnen wirklich wichtig, welches Ziel gilt es noch zu erreichen? Was wäre Zeitverschwendung, was wäre so lohnenswert, dass ein Teil der begrenzten Ressource Zeit dafür eingesetzt werden soll?

Diese »Was-wäre-wenn«-Frage verhilft Ihnen zu einem anderen Blickwinkel und ggf. mehr Ernsthaftigkeit in der Zieldefinition.

2 Nimm dein Leben in die Hand, bevor es andere für dich tun!

Wenn Menschen auf dem Sterbebett gefragt werden, was sie gerne anders gemacht hätten in ihrem Leben, sagen viele: »Ich hätte mehr Zeit mit den Menschen verbringen sollen, die ich liebe!« Deshalb achten Sie bei Ihren persönlichen Zielen auch darauf, ob Sie solche definiert haben, in denen die von Ihnen geliebten Menschen vorkommen, und ob Sie genügend Zeit für diese Ziele eingeplant haben! Auf dem Sterbebett ist die Erkenntnis, dass Sie reichlich Ziele erreicht, dabei aber Ihre Liebsten vernachlässigt haben, leider zu spät.

Ein dringender Rat zum Schluss: Belassen Sie es nach der Definition Ihrer Ziele nicht bei »guten Vorsätzen«, denn gute Vorsätze sind nur die Versprechen, die Sie sich selbst gegeben und stetig gebrochen haben.

Wenn Sie sich bei den nachfolgenden drei Ausreden im Zusammenhang mit Ihren Zielen wiederfinden, sollten Sie die weiteren Anregungen aufmerksam lesen:
- Meine Ziele für das kommende Jahr sind die Ziele vom letzten Jahr, die ich mir bereits im vorletzten Jahr vorgenommen hatte, aber irgendwie nicht dazu kam, weil mir die Ziele aus dem Jahr davor noch im Kopf rumgeisterten.
- Das Einzige, was an meiner To-do-Liste noch fehlt, sind die Haken.
- Ich wollte dieses Jahr 10 Kilo abnehmen. Fehlen also nur noch 13. (Gefunden bei »Go feminin«)

Wenn Sie zwar schmunzeln mussten, sich aber ertappt fühlten, haben Sie wenigstens geschmunzelt und Ihr Gehirn hat ein bisschen Dopamin ausgeschüttet – auch schon mal was wert. Aber beachten Sie die folgende Anregung zum Glücklich-Bleiben trotzdem aufmerksam.

> **Anregung zum Glücklich-Bleiben**
> Begraben Sie vergangene »gute Vorsätze«, setzen Sie ganz neu an und erstellen Sie Ihre persönliche Zieltabelle für die restliche Zukunft, denn in dieser verbringen Sie den Rest Ihres Lebens!
> Definieren Sie einen jährlichen Zeitpunkt (bei mir immer die Zeit zwischen Neujahr und Arbeitsbeginn bzw. Urlaubsende), um sie zu überprüfen, leiten Sie Maßnahmen ab und setzen Sie diese konsequent um. Kämpfen Sie für sich und Ihr Glück um das Erreichen dieser Ziele. Geben Sie nicht auf, denn aufgeben ist keine Option. Aufgeben heißt, dem Unglück die Tür zu öffnen und Frust im Leben zu Tee und Gebäck einzuladen. Und belohnen Sie sich bei Erreichen von Zwischenzielen auch mal selbst. Mit einem Urlaub, einem Schmuckstück (bei mir ist es meist eine weitere Uhr für meine Sammlung), einem Wellness-Wochenende oder was immer Ihnen sonst im Gedächtnis bleiben und Sie eine Zeit lang an den Zwischenerfolg erinnern wird und/oder Ihnen die Gelegenheit zum Auskosten des glücklichen Gefühls gibt.

Dieser Hinweis baut mir eine gute Brücke zum nächsten Tipp.

2.2.3 Genieße dein Leben – jeden Tag und überall!

Können Sie noch genießen? Erkennen Sie noch die schönen Momente im Leben, über die man sich freuen kann und auch sollte?

Bevor Sie reflexartig mit einem Ja antworten, fragen Sie sich bitte, wann Sie sich das letzte Mal »wie Bolle« über etwas gefreut haben, was das war und wie lange Sie von dem Gefühl der Freude gezehrt haben.

Die wichtigsten beiden Erfahrungen, die ich zum Genießen gemacht habe, lauten:

1. **Man muss sich Zeit nehmen für das Genießen.** In der Hektik des Alltags gehen Momente des Glücks unter, sie werden durch Zeitdruck und den Versuch, irgendwie alles auf die Reihe zu kriegen, verdeckt und verschleiert, sodass man sie überhaupt nicht erkennt. Wenn dann einer den Tagesbericht hört und fragt: »Und, da hast du dich doch bestimmt gefreut wie ein Schneemann im Eisschrank, oder?«, dann denkt man, hätte ich gerne, habe es aber weder bemerkt, dass ich Grund zum Glücklichsein hatte, noch hatte ich Zeit zum Freuen. Aber wie genießt man dann – bei all der Schnelllebigkeit? Das ist die Gretchenfrage!
Dazu Tipps: Der Moment zum Innehalten muss nicht lang sein, ein paar Minuten reichen schon, besser als nichts. Sie können sich z.B. fragen, ob Sie Ihr Ziel jetzt als erreicht ansehen, oder Sie können Umstehende einbinden (»Schau mal, ist das nicht ein schönes Ergebnis?«), damit geben Sie einem unverhofften Moment etwas Länge und Bewusstheit.
Man kann den Moment des Glücklichseins auch bewusst einbauen (sozusagen »Glücklichsein mit Ansage«), wenn man z.B. im Vorfeld eines gut vorbereiteten Vorhabens (Event, Party, Workshop, Präsentation etc.) einen Erfolg annimmt. In einem solchen Fall sollten Sie bereits den Moment der potenziellen Freude im Vorhinein einplanen. Nehmen Sie sich das besinnliche Ausklingenlassen nach einem Besuch von lieben Freunden vor, planen Sie es ein und sinnen Sie, nachdem der letzte Gast sich für den tollen Abend und das leckere Essen bedankt hat und gegangen ist, diesem privaten »Erfolg im Freundeskreis« bei einem letzten Glas Wein noch etwas nach. Terminieren Sie eine Abschlussbesprechung oder ein Abschlussdinner mit Kollegen nach einem beruflichen Event fest ein. Tritt der erhoffte Erfolg ein, kosten Sie ihn gemeinsam aus, tritt er nicht ein, nutzen Sie ihn zum »Wundenlecken« und zum Lessons-learnt-Moment, machen Sie so aus einem vermeintlichen Rückschlag zumindest noch einen Lernerfolg! Wie auch immer Sie es gestalten, gehen Sie bewusst und mit Zeit an die Sache mit den glücklichen Momenten heran!

> **Neuro-agile-Tipp**
> Für die Experimentierfreudigen: Freuen Sie sich auch bei Nicht-Erfolg. Es gibt Unternehmen, die eine Wall of Shame errichtet haben. Das ist Zeichen einer Fehler- und Scheiternkultur, die unserem Gehirn signalisiert: Das Leben hier ist auch witzig und toll, selbst wenn Projekte scheitern.

2. **Man muss sich konzentrieren auf das Glücklichsein!** Vermeiden Sie Ablenkungen und »Nebenbei-Handlungen«, die oft durch unsere ganzen digitalen Equipments hervorgerufen werden. Legen Sie also iPad und alles sonstige I-Gedöns weit weg, machen Sie den Fernseher aus und genießen Sie mal ohne Ablenkung. Ihre Lieblingsmusik ist erlaubt, aber alles, was die Ratio (Zeitung lesen, Tagesschau-App durchlesen, Fernsehsendungen zuhören, ansehen und verstehen wollen etc.) benötigt, stört! Schmecken Sie Ihr Lieblingsessen mal wieder, lassen Sie sich den leckeren Wein mal wieder auf der Zunge zergehen, nehmen Sie Ihren (großen oder kleinen) Schatz mal wieder nur um des Kuschelns willen in den Arm. Denken Sie mal über Ihre persönliche Zielerreichung nach, und nur über diese – ohne mit einem Ohr am Weltgeschehen zu hängen, weil irgendwo eine Bombe explodiert ist. An seinem Lieblingsort zu verweilen (sei es am Urlaubsort oder auf Ihrem Lieblingssessel zu Hause), ohne über die anstehenden Herausforderungen nachzudenken, in der Gegenwart zu leben und zu genießen, ohne in diesem Moment an die Zukunft zu denken, das gehört zum wirklichen Genießen!

> **Anregung zum Glücklich-Bleiben**
> In der Gegenwart leben und genießen? Wie passt denn das zusammen mit dem vorherigen Tipp, der dazu anleitete, seinem Leben Ziele und Ausrichtung auf die Zukunft zu geben? Die Zukunft, in der sich doch das restliche Leben abspielen soll, das soll doch den Blick einnehmen.
> **Nein, beides muss sein! Zukunft und Gegenwart im Einklang!**
> An die Zukunft denken, diese mit Zielen vorzeichnen und darum kämpfen, dass sie sich so entwickelt, wie man es benötigt, um darin ein glücklicher Mensch zu sein. Dann aber unterwegs alle glücklichen Momente, die sich durch Zufall oder durch harte Arbeit an der Erreichung der eigenen Ziele ergeben, auskosten, darin etwas verweilen, die Happiness-Energiebatterien aufladen und dann gestärkt den Weg in die Zukunft weiterbeschreiten.
> Das erinnert mich etwas an ein Kinderbuch, das ich meinen Kindern unzählige Male vorgelesen habe. Darin suchte ein Kamel nach der Zukunft, in der weder Hunger noch Kälte das Glück trüben und alles wunderbar ist. Erkennen soll es die Zukunft, wenn es mit jemandem an einem paradiesischen Ort zusammenlebt, mit dem es viel gemeinsam hat. Also verlässt es seinen besten Freund, den Esel, und versucht sich mit der Speikobra, einem edlen Ross und einem buckligen Mann. Die erkannten Gemeinsamkeiten führen aber nicht zu der erhofften rosigen Zukunft und so sitzt es traurig in einer paradiesischen Oase. Erst der weise Marabu führt das Kamel dann

> wieder mit dem Esel zusammen, mit dem es schon immer ein zwar arbeitsames, aber auch glückliches Leben in tiefer Freundschaft geführt hat, ohne es zu erkennen.

Das ständige Austarieren von Widersprüchen, wie hier zwischen dem Ausrichten auf die Zukunft und dem Genießen der Gegenwart, beschreibt eine der wichtigsten Kompetenzen des Glücklich-Bleibens, die sog. Ambiguitätstoleranz[11]. Sie beschreibt in kurzen Worten die Fähigkeit, sich mit Widersprüchen zu arrangieren und trotz mancher Ungewissheiten mit sich und seinem Leben im Reinen zu sein. Man muss diese Widersprüche dabei nicht aufheben, man muss sie nur akzeptieren und positiv interpretieren.

Stellen Sie sich also mutig solchen Widersprüchen und Sie werden zunehmend lernen, Ihr Leben zu genießen, jeden Tag ein bisschen mehr. Auch wenn das Leben unzählige Wiedersprüche für Sie bereithält, mit dem Anwachsen Ihrer Ambiguitätstoleranz werden Sie stärker und halten diese besser aus. Treffen Sie also täglich im Wissen um und in Abwägung der Widersprüche Ihre unzähligen großen und kleinen Entscheidungen und finden Sie Kompromisse für Ihr Handeln. »Ja, ich würde jetzt gerne meine geliebten Kinder zu Bett bringen und Ihnen noch eine gute Nachtgeschichte vorlesen, aber ich würde auch gerne eine Runde um den Block joggen, um mich zu entspannen.« – »Ja, ich würde jetzt gerne dieses Meeting bis zum Ende begleiten und meine Impulse setzen, aber ich habe versprochen, noch einzukaufen, damit wir im Familienkreise ein besinnliches Abendessen durchführen können und nicht wieder mit Dosenfutter das Mahl bereiten müssen.«

All die kleinen Abwägungen, bei denen etwas auf der Strecke bleiben wird, sollten Sie nicht daran zweifeln lassen, dass Ihr tägliches persönliches Glück zu finden ist. Sie sollten sich den Widersprüchen mutig und selbstbewusst stellen, Ihre Abwägung vornehmen, Ihre Entscheidung treffen und diese vertreten. Ein Leben in Selbstzweifel führt nicht zum Glück und frisst die Happiness-Energien auf, bis die Batterien leer sind.

---

11 Nach Wikipedia bedeutet Ambiguitätstoleranz die Fähigkeit, mehrdeutige Situationen und widersprüchliche Handlungsweisen zu ertragen. Das Wort setzt sich zusammen aus den lateinischen Begriffen »ambiguitas« (= Zweideutigkeit, Doppelsinn) und »tolerare« (= erdulden, ertragen). Deshalb spricht man auch von Unsicherheits- oder Ungewissheitstoleranz. Ambiguitätstolerante Menschen sind in der Lage, Widersprüchlichkeiten, kulturell bedingte Unterschiede oder mehrdeutige Informationen, die schwer verständlich oder sogar inakzeptabel erscheinen, wahrzunehmen, ohne darauf aggressiv zu reagieren oder diese einseitig negativ oder positiv zu bewerten.

> **Goldene Management-Regel** !
>
> Nehmen Sie Ambiguitätstoleranz in Ihren Unternehmens-Kompetenz-Katalog mit auf als eine der Erfolgskompetenzen in »modernen Zeiten«. Lassen Sie Ihre Trainer in den dazu passenden Trainings (Zeit- und Selbstmanagement, Führung, Projektmanagement, Moderation etc.) die Kompetenz thematisieren und üben und gestalten Sie eine Kultur der mutigen Abwägung und Entscheidung insbesondere von Ambiguitäten, bei denen private und berufliche Themen im Widerspruch stehen. Nur wenn Mitarbeiter eine erlaubende Kultur erleben, in der auch private Bedürfnisse bei der Entscheidung berücksichtigt werden dürfen, ja sogar sollen, gelingt ihnen der tägliche Ritt auf des Messers Schneide zwischen beruflichem und privatem Leben!

2.3 Finde dein Glück in allem, was du tust – vergiss Work-Life-Balance!

Als der Begriff »Work-Life-Balance« Eingang in das Denken und den Sprachgebrauch von Menschen in Unternehmen fand, hat er einen außerordentlich wertvollen Beitrag geleistet. Die Unternehmen begannen sich darüber Gedanken zu machen, dass Mitarbeiter neben bzw. nach der Arbeit auch noch einen legitimen Anspruch auf Leben haben und dass eine Balance zwischen Arbeit und Leben von Nutzen für die langfristige Motivation und damit Leistungsfähigkeit ihrer »Ressource Mensch« ist.

Der Begriff wurde schnell nachhaltig in Mitarbeiterbindungskonzepte aufgenommen und die Unternehmen mit solchen Konzepten machen Werbung im Rahmen ihres Personalmarketings und Employer Brandings. Sie positionieren sich so als attraktive Arbeitgeber, bei denen »Life« nicht zu kurz kommt. Insbesondere die Vertreter der jüngeren Generationen Y und Z sprechen darauf an, sind sie doch mit einem mutigen Anspruch an Selbstverwirklichung aufgewachsen.

So weit, so gut, herzlichen Dank liebe »Work-Life-Balance«, für diesen »Türöffner« in Sachen Lebensqualität.

Zerlegen wir nun einmal den Begriff in seine semantischen Einzelteile (und ich weiß, dass ich maßlos übertreibe zur Verstärkung der beabsichtigten Botschaft dieses Kapitelintros):

- Auf der einen Seite finden wir die Work, die Arbeit, man möchte direkt hinterherschieben: Mühsal und Zwang, allein dem Broterwerb dienlich, ein notwendiges Übel, dem man sich stellen muss, damit die Familie zu den Mahlzeiten nicht am Daumen lutschen und sich nicht unter dem Sternenzelt in eisiger Nacht in den Schlaf zittern muss.

- Auf der anderen Seite das Life, das Leben, das der eigentliche Zweck des menschlichen Daseins ist, das selig und glücklich macht und nach dem sich jede Faser eines Menschen sehnt. Der Grund, warum wir morgens aufstehen, zu dem wir leider aber erst kommen, nachdem wir den ersten Teil dieser Gegenüberstellung endlich hinter uns gebracht haben.

Sie wissen, worauf ich hinauswill: Der einst außerordentlich hilfreiche Begriff, dem ich seine wegweisende Kraft nicht absprechen möchte, manifestiert nach meiner obigen Interpretation eine m. E. völlig falsche Grundhaltung. Danach findet das Leben nicht bei der Arbeit statt, es liegt auf der anderen, sonnigen Seite des Flusses, über die man über die Brücke des Lebens täglich morgens und abends gehen muss.

Manche Menschen mögen das auch genauso empfinden, aber das liegt nur daran, dass sie auf dem Weg ihres Lebens unglücklicherweise falsch abgebogen sind und nun, da Arbeit tatsächlich nur Mühsal und unzählige Stiche in das Herz der Lebensmotivation bringt, den Mut und die Energie nicht aufbringen, daran etwas zu ändern. Sie durchleiden die Arbeit und suchen täglich mit selektiver Wahrnehmung Gründe, die Arbeit als notwendiges Übel zu empfinden, dem sie Schlag 17 Uhr entfliehen wollen.

Sollten Sie dies auch so empfinden, dann lade ich Sie ein, die nachfolgenden Tipps gut durchzulesen und sie zu beherzigen. Sie sind Ihres Lebens und damit Glückes Schmied, Ihr Leben ist viel zu kostbar, als dass Sie einen – wie oben berechnet – immerhin ansehnlichen Zeitanteil in energiezehrende Arbeit investieren.

Für all diejenigen, denen Arbeit auch Energie und Zufriedenheit beschert: Gut gemacht, weil im Leben immer richtig abgebogen!

Kommen wir zurück zum Begriff »Work-Life-Balance« und seiner wie angedeutet zweiteilenden Antipoden-Wirkung. Ohne den Semantik-Ideologen spielen zu wollen, würde ich mir wünschen, dass wir nur noch von »privatem und beruflichem Leben« sprechen. Diese kleine Feinheit in der Wortwahl hat den Vorteil, dass das Leben beiden Seiten zugeordnet werden kann. Und genau da liegt auch der Schlüssel zum Glücklich-Bleiben. Auch in der Arbeit sollte möglichst viel Erfüllung zu finden und zu schöpfen sein.

Es gibt ein schönes chinesisches Sprichwort: »Achte auf deine Gedanken, sie sind der Anfang deiner Taten!«

Soll heißen, die eigenen Gedanken, die auch durch die eigenen Worte beeinflusst werden, bewusst oder unbewusst, leiten mich bei meinem Handeln.

2 Finde dein Glück in allem, was du tust – vergiss Work-Life-Balance!

Sobald Sie sich von der altgedienten Work-Life-Balance verabschiedet haben und Ihre Lippen nur noch »berufliches und privates Leben« formen, stellen Sie für sich sicher, dass Ihr Leben nicht nur »zu Hause«, sondern eben auch und, wenn Sie die nachfolgenden Tipps ernst nehmen, ganz besonders bei der täglichen Arbeit stattfindet. Sie gehen mit einem offenen Blick auf die Suche nach Erfüllung in der Arbeit, in Ihrem Beruf (das Wort hat auch mit Berufung zu tun; dazu mehr im ersten der drei nachfolgenden Tipps).

Diese neue Formulierung und die damit verbundene Änderung in der Grundhaltung trägt m. E. auch der durch die Digitalisierung veränderten Arbeitswelt Rechnung. Die digitalen Kommunikationsmedien bieten eine viel flexiblere Arbeitsweise, frei von den Zwängen und Grenzen von Büros und Unternehmensinfrastruktur können wir heute am See sitzen, auf dem Laptop Konzepte entwickeln und Telefonkonferenzen mit Kollegen in der ganzen Welt durchführen. Wir können unsere Kinder pünktlich aus der Kita holen, mit ihnen bis zum Schlafengehen Zeit verbringen, um dann noch ein Stündchen auf der Couch ein paar Mails wegzuarbeiten. Die 4.0-Arbeitswelt ist eine flexible und mobile, in der privates und berufliches Leben verwobener sein werden – mit all den Vorteilen, aber auch allen Nachteilen, mit Licht und mit Schatten, die es zu managen gilt. Harte Linien und Mauern zwischen beruflich und privat werden durch die Urgewalt der Digitalisierung weggewischt. Dazu mehr im Kapitel über »Digital Overload Management« (Kap. 2.4.3).

2.3.1 Suche dir Jobs und Aufgaben, die dir Spaß machen!

Wenn du deine Berufung zum Beruf machst,
dann arbeitest du nicht, dann lebst du!
Michael Flatney, bekannt als »Lord of the Dance«

Sicher gibt es viel mehr Künstler, die von ihrer Berufung kaum die Miete zahlen können, als solche, die um die Welt reisen und die Zuschauerränge mit ihrem Talent füllen. Nicht jede Berufung ist der Ausgangspunkt eines Lebens in Wohlstand, aber ist Wohlstand zwangsläufig der Ausgangspunkt eines glücklichen Lebens? Erinnern Sie sich an die vielen Studien, von denen ich zu Beginn des Buches berichtet habe. Materieller Wohlstand ist weder eine Garantie noch ein Fundament für Glück. Gleichwohl werden wir so erzogen und leiten auch unsere Kinder dazu an, bei der Berufswahl lieber auf »Nummer sicher« zu gehen, damit statt »brotloser Kunst in glücklicher Armut« ein sicheres Einkommen der Lohn der Arbeit wird. Aber genau da beginnt unsere Reise in eine berufliche Laufbahn mit Endstation »Frust im Job«.

Folgen Sie Ihren Präferenzen in Ihren beruflichen Orientierungsentscheidungen. Sollten Sie in jungen Jahren dieses Buch lesen, nehmen Sie sich Zeit, noch einmal in sich reinzuschauen, wofür Ihr Herz schlägt. Mit der obigen Analyse Ihrer Energie-Quellen oder einem Persönlichkeitsverfahren wie dem MBTI (Myers Briggs Typenindikator; vgl. Kap. 2.1.1) können Sie Ihren Präferenzen nachspüren. Sie zeigen Ihnen auf, was Sie gerne machen und wo Sie deshalb Stärken entwickeln werden. Nun gilt es, die passenden Aufgabenfelder dazu zu finden. Die Frage muss dann sein, welches Berufsbild allgemein solche Aufgaben beinhaltet bzw. welche konkreten Stellen das gewünschte Aufgabenspektrum zumindest überwiegend abfordern.

Natürlich bauen Unternehmen Jobs nicht um die Menschen und deren Suche nach der Erfüllung ihrer Berufung herum, aber man kann nach möglichst hoher Passung mit den eigenen Wünschen suchen. Wer sich nicht einmal die Mühe für eine solche Suche macht, der wird eben in dem Job landen, der gerade zur Verfügung stand.

Wenn Sie nicht mehr am Anfang Ihrer Berufslaufbahn stehen, sondern bereits in Ihrem Job etabliert und Ihre Aufgaben schon längere Zeit die gleichen sind, dann sollten Sie mal einen Happiness-Check zu Ihren aktuellen Aufgaben machen. Das Vorgehen ist dabei ganz einfach und folgt meiner ASLAN-Methode (wie der Name des weisen Löwen aus den »Chroniken von Narnia« des irischen Schriftstellers C. S. Lewis, geschrieben zwischen 1939 und 1954):

1. **A**ufgaben auflisten (z.B. aus Ihrem Stellenprofil)
2. **S**paßfaktor einschätzen: Fragen Sie sich »auf einer Skala von 0 bis 100, wie viel Spaß bringt mir die jeweilige Aufgabe, 100 ist dabei das Maximum. Dann potenzieren Sie den Wert mit der Zeit, die Sie mit der jeweiligen Aufgabe anteilig im Monat verbringen. Dadurch ergibt sich eine gewichtete Betrachtung. Miniaufgaben mit Frustfaktor kann man dann getrost unter »no problem« verbuchen. Hauptaufgaben mit Frustpotenzial jedoch müssen angegangen werden.
3. **L**owlights kenntlich machen: Welche drei gewichteten Aufgaben machen mir am wenigsten Spaß und rauben mir deshalb meine Happiness-Energie?
4. **A**bhilfe schaffen: Sprechen Sie mit Ihrer Führungskraft, ob die Lowlight-Aufgaben ggf. im Team anders verteilt werden könnten oder ob Maßnahmen der Erleichterungen, z.B. IT-gestützte Rationalisierung, oder Personalentwicklungsmaßnahmen zur schnelleren oder besseren Erledigung dieser Aufgaben denkbar sind. Letzteres ist oft äußerst hilfreich, denn man mag Aufgaben deshalb häufig nicht, weil man sie einfach nicht gut kann. Und wenn die Aufgaben nicht anderweitig im Team verteilbar sind, könnte man an der eigenen »Kompetenzschraube« drehen. Das Motto dahinter ist: Was man besser kann, geht einem leichter von der Hand!

5. **N**achkontrolle: Prüfen Sie nach einiger Zeit, ob der Job nun angenehmer geworden ist und ob der Happiness-Faktor insgesamt gestiegen ist.

Damit habe ich Ihre Aufmerksamkeit zunächst nur auf Ihre Aufgaben gelenkt. Natürlich können auch Rahmenbedingungen und Menschen in Ihrem beruflichen Kontext die Auslöser Ihres Unglücks sein. Für diese gilt im Grunde die gleiche ASLAN-Methode:

- Welche Rahmenbedingungen im Beruf fördern auf einer Skala von 0 bis 100 Ihre Happiness (z.B. flexibles Office = 80, Großraumbüro = 10)? Der Rest folgt den restlichen ASLAN-Schritten.
- Welche Menschen (Führungskraft, Kollegen, Partner, Schnittstellen) fördern auf einer Skala von 0 bis 100 Ihre Happiness usw. – Sie kennen das Spiel jetzt.

In diesem Zusammenhang muss ich auch, ohne den Führungskräften allzu sehr auf die Füße treten zu wollen, eine Botschaft ins Spiel bringen, die ich in meinen vorherigen Büchern vertreten habe: »Mitarbeiter verlassen nicht Unternehmen, sie verlassen Führungskräfte!«

Dieses leider seit vielen Jahren gültige »Naturgesetz der Mitarbeiterbindung« bedeutet für die obige Analyse, dass der Beziehung zur eigenen Führungskraft in der Happiness-Analyse eine besondere Bedeutung zukommt. Ich möchte Ihnen an dieser Stelle Mut machen, Ihrer Führungskraft ein ehrliches Feedback zu geben, wenn diese im Verlauf der ASLAN-Methode auf einem Top-3-Platz der Lowlights landet.

Ich habe als verantwortlicher Personaldirektor zahlreiche sog. »Exitinterviews« mit Mitarbeitern geführt, die dem Unternehmen den Rücken gekehrt haben. Bei vom Unternehmen ungewollter Fluktuation ist dies sinnvoll und deckt die Frustfallen im Unternehmen auf. Leider hat sich das obige Naturgesetz hier immer wieder als Hauptgrund für die Kündigungen herausgestellt. Erschütternd fand ich aber, dass die meisten der verloren gegangenen Mitarbeiter auf die Frage, ob sie ihren gescholtenen Führungskräften mal ein entsprechendes Feedback gegeben haben, dies verneinten. »Hätte eh nichts genützt« war die häufige Begründung, aber wer weiß das schon. Und welche Führungskraft kann sich verbessern, wenn man ihr nicht ab und zu mal eine Chance dazu bietet, indem man erkannte Mängel ehrlich anspricht. Man muss ja nicht gleich mit dem Vorschlaghammer kommen. »Ich würde noch engagierter und motivierter für Sie arbeiten, wenn Sie sich etwas mehr so oder so verhalten würden!« ist m.E. ein ausreichend klares Feedback und zeigt in eine positive Zukunft der Zusammenarbeit. Mein Rat an Sie: Trauen Sie sich, vielleicht werden Sie positiv überrascht!

Wenn die ASLAN-Methode aufzeigt, dass der überwiegende Teil Ihrer Aufgaben Ihnen täglich den Spaß an der Arbeit verdirbt, dann sollten Sie einen Schritt weitergehen. Dann ist Optimierung des Aufgabenspektrums in Ihrem aktuellen Job nicht ausreichend, Sie benötigen dann eine einschneidendere Veränderung. Dazu gibt es üblicherweise zwei Optionen:

- **Option A: Jobwechsel innerhalb des Unternehmens.** Sprechen Sie mit Ihrer Führungskraft und Ihrer Personalabteilung, ob es im Unternehmen andere Jobs gibt, in denen Sie Ihre Präferenzen besser einbringen können. Voraussetzung dafür ist aber, dass Sie sich in Ihrem Unternehmen grundsätzlich wohlfühlen. Ist dies nach genauerer Reflexion nicht gegeben, dann sollten Sie Option B vorziehen.
- **Option B: Job- und Unternehmenswechsel.** Dies bedeutet Mut, da Sie gleichzeitig Anker lichten und eine neue Bucht ansteuern müssen. Solche Veränderungen sind immer mit einem gehörigen Kraftaufwand und auch mit Ängsten verbunden, das ist völlig menschlich und nachvollziehbar. Trotzdem sollten Sie die Anstrengungen nicht scheuen, denn es geht um ein glückliches Leben für den Rest Ihrer verbleibenden Zeit und dafür sollte man »aus dem Quark kommen« und nicht aus Bequemlichkeit in einer unbefriedigenden Situation verharren. Sie werden auch durch mehr Erfolg belohnt werden, wie ich weiter oben ja bereits dargelegt habe.

Meine Erfahrung sagt mir, dass beruflich unglückliche Menschen viel zu lange die Option B vermeiden und viel zu lange in ihrem Unglück ausharren. Irgendwann haben diese Menschen sich mit ihrem Unglück offensichtlich arrangiert und die Veränderung würde mehr Kraft kosten als der tägliche Frust. Aber diese Rechnung geht auf lange Sicht nicht auf, weil der Frust nicht aufhört und sich auch auf das Privatleben überträgt und dann zu einem »unglücklichen Leben auf ganzer Linie« führt. Der Vorgang eines Wechsels hat aber in der Regel ein absehbares Ende und danach kann es auf Dauer wieder super laufen mit dem Glücklich-Bleiben.

> **! Goldene Management-Regel**
> Führen Sie mit beruflich unglücklichen Mitarbeitern aktiv Gespräche über eine Optimierung des Aufgabenspektrums, wie in Option A beschrieben. Tun Sie das lieber früher als später. Solange der Mitarbeiter sich noch nicht zu tief in sein Unglück reingebohrt hat, kann er noch die Kraft aufbringen, um Kompromisse in seinem Aufgabenspektrum zu schließen im Sinne einer Ambiguitätstoleranz (ich akzeptiere ein »paar Kröten« in meinem Aufgabenspektrum oder bin bereit, ein paar neue Aufgaben zu übernehmen, obwohl ich Veränderungen scheue).
> Wo noch Kraft und überwiegend Spaß an den Aufgaben vorhanden ist, lässt sich ein optimierter und auch ein neuer interner Weg einschlagen. Ist aber erst ein gewisser Punkt auf dem Weg in die berufliche Frustration überschritten, beginnt

meist eine Reise in Richtung konfliktreicher Trennung. Denn das berufliche Unglück führt ja meist auch zu schlechterer Arbeitsleistung, die irgendwann einfach nicht mehr ausreicht, um eine Erfüllung der arbeitsvertraglichen Pflichten zu erkennen. Seien Sie deshalb ein aktiver und mutiger Partner für die betroffenen Mitarbeiter. Ich habe in den von mir dergestalt unterstützten Fällen nach einiger Zeit vom Mitarbeiter in fast allen Fällen einen Dank ausgesprochen bekommen, da sie im Nachhinein zugeben mussten, dass der nachdrücklich angeratene Wechsel ihnen einen positiven Ruck für ihr Leben gegeben hat.

Auch Option B kann der Arbeitgeber anregen. Natürlich ist das eine Gratwanderung, weil der Mitarbeiter ggf. vermutet, dass die Unterstützung seiner Personalentwicklung außerhalb des Unternehmens eine verkappte einseitige Trennung ist. Dies geschieht insbesondere, wenn sich bereits Frust auf beiden Seiten, also auch beim Arbeitgeber aufgebaut hat. Wenn die Personalabteilung es aber fair und konstruktiv angeht und ggf. auch ein kleines Budget für eine Neuorientierungsberatung (i.d.R. mit Newplacement bezeichnet) durch einen Karrierecoach spendiert, kann dies ein rechtzeitiger Schritt in Richtung glückliches Leben bei dem betroffenen Mitarbeiter sein.

Das Budget ist im Übrigen gut angelegt, denn ein Mitarbeiter, der solcherlei Unterstützung zugunsten seines beruflichen Lebensglücks erfährt, wird über das Unternehmen gegenüber den ehemaligen Kollegen, anderen Interessierten im Netzwerk und (dank Arbeitgeberbewertungsportalen in sozialen Medien) darüber hinaus eine positive Meinung äußern. Man darf so eine positive Mundpropaganda nicht unterschätzen.

Zugegeben, nicht jeder kann dem eingangs zitierten Ruf nach Berufung folgen und der »Lord of the Was-immer-Sie-mit-Leidenschaft-tun-möchten« werden; das Leben fordert einem auch vieles ab, was man sich nicht aussuchen kann. Aber ich hoffe, dass die obigen Anregungen Ihrer Suche nach mehr Erfüllung im Job etwas Hilfestellung geben konnten.

2.3.2 Wenn dir das Angestelltenkorsett zu eng wird, mache dich selbstständig!

Viele Menschen kennen beruflich nur das Angestelltendasein, mit all seinen Vorteilen, aber eben auch mit seinen Nachteilen. Sie genießen es, Teil einer Organisation und eines Teams zu sein; sie sind dankbar, dass es Kollegen gibt, die dafür sorgen, dass die Kasse voll genug ist, damit ihr Gehalt pünktlich auf dem Konto eingeht. Sie müssen sich um keine Infrastruktur und Administration kümmern und sie haben einen Chef, der ihnen sagt, wo es langgehen soll, und die Verantwortung trägt, wenn es nicht so läuft, wie die Unternehmensleitung es sich vorstellt.

Aber sie sind auch genervt, wenn ebenjener Chef dauernd fordert, dies und jenes besser zu machen, wenn Kollegen nerven, weil sie etwas benötigen oder weil ihnen einfach irgendeine Laus über die Leber gelaufen ist und sie dann ihren Frust an ihren Kollegen auslassen. Und wenn der PC und das ganze sonstige Equipment-Gedöns nicht perfekt laufen und der zuständige Service dafür nicht schnell genug »in die Puschen« kommt, dann sind sie zusätzlich genervt. Insgesamt genügend Potenzial, frustriert zu sein statt happy.

Was sie aber am meisten nervt, ist, dass sie Aufgaben haben, die sie nicht nach eigenen Vorstellungen gestalten können. Und wenn selbst ein Wechsel des Arbeitgebers in diesem Punkt nicht geholfen hat, weil auch dieser die Aufgaben nicht um die eigenen Lieblingstätigkeiten herumbauen konnte oder wollte, dann wäre der richtige Zeitpunkt erreicht, mal über eine Selbstständigkeit nachzudenken.

Ich bin zum Zeitpunkt dieses Buchprojektes mit fast 5.000 Xing-Kontakten vernetzt und nehme dabei eine ansteigende Anzahl von Wechseln meiner Kontakte in die Selbstständigkeit wahr. Nach meiner Wahrnehmung gibt es einen langsam, aber stetig ansteigenden Prozentsatz meiner Business-Kontakte, die über die Änderung ihrer Jobinformationen ihren Schritt in die Selbstständigkeit verkünden.

Für diesen Schritt mag es mehrere Gründe geben, die nachgenannten höre ich am häufigsten:
1. **Aktive Selbstverwirklichung:** Die Wechsler sind aus den oben genannten Gründen als Angestellte frustriert und wagen deshalb aktiv den Schritt, um sich selbst besser verwirklichen und wieder glücklicher sein zu können.
2. **Kündigung:** Sie sind beruflich »aus der Kurve geflogen« durch eine Kündigung und
    a) nehmen dieses Ereignis zum Anlass, sich einmal ganz anders beruflich aufzustellen oder
    b) finden keine Neuanstellung und versuchen deshalb, die Selbstständigkeit als eine weitere Alternative für den Broterwerb zu nutzen.

Es ist eigentlich auch egal, was der Anlass ist, sich selbstständig zu machen. Unabhängig vom Grund muss man diesen Schritt professionell angehen, um wirklich glücklich und erfolgreich zu werden. Keine Option ist es, diesen Wechsel dilettantisch anzugehen, denn dann wird man eine kräftige Bauchlandung hinlegen und reumütig in die Angestelltenabhängigkeit zurückkehren.

Natürlich kann die Selbstständigkeit auch eine von mehreren beruflichen Phasen darstellen, sie muss nicht für die Ewigkeit geplant oder beibehalten werden, sondern kann als ein ganz normaler beruflicher Schritt geplant werden, dem dann als nächster Schritt auch wieder eine Angestelltenphase folgen kann. Solcherlei »flexible Lebensläufe« werden sicher zunehmend der Normalfall sein.

Trotzdem sollte man den Schritt in die Selbstständigkeit gut vordenken, planen und dann sein Möglichstes tun, damit er nicht nur einen Beitrag zum Lebensunterhalt, sondern auch zum persönlichen Glück leistet.

Falls Sie diesen Schritt wagen wollen, weil Ihnen trotz »stetigen Bemühens« die Happiness als Angestellter nicht mehr gelingen will, lesen Sie bitte meine kurze Anleitung, die beschreibt, wie Sie an dieses vielleicht wichtigste Projekt Ihrer bisherigen beruflichen Laufbahn herangehen sollten. Nicht beschreiben möchte ich hier die Gründung und den Aufbau eines Unternehmens mit Mitarbeitern, da das ein wirklich komplexes Vorhaben mit vielen Beteiligten ist. Ich beschränke mich in meinen weiteren Ausführungen auf eine Selbstständigkeit für ehemalige Angestellte oder Handwerker, in der Sie selbst der Leistungserbringer sind, was immer Ihre Leistung sein soll.

> **Anregung zum Glücklich-Bleiben**
>
> Zwei wichtige Erfahrungen aus der Praxis möchte ich Ihnen sehr früh für Ihre weiteren Überlegungen mit auf den Weg geben:
> 1. **Die Freiheitsfalle:** Sie machen sich selbstständig, weil Sie endlich bei allem, was Sie tun, frei sein wollen? Leider falsch gedacht, denn auch ein Freelancer ist nicht wirklich frei in seinem Handeln und seinen Entscheidungen! Er ist in hohem Maße abhängig von seinen Kunden, die bekanntermaßen immer König sein wollen. Völlig frei ist man also nicht in der Frage, für wen man und was man arbeiten möchte. Am Ende des Monats müssen genug Umsatz und Gewinn in der Kasse sein, um den Lebensunterhalt zu bestreiten. Da gilt es manchmal auch, die Hacken zusammenzubeißen und die Zähne zusammenzuschlagen (oder war es umgekehrt?), wenn weder der Kunde in seinem Verhalten noch sein Bedarf Ihren Wunschvorstellungen entsprechen.
> 2. **Das tatsächliche Portfolio vs. geplante Wunschthemen:** Oft ist es das »Brot-und-Butter-Geschäft«, das den größten Teil der Zeit eines Freelancers einnimmt. So mancher hat den »Traum vom Leben als Coach« einer ausgewählten Zielgruppe zu speziellen Themen als den Kern seines Portfolios auf seiner Website beschrieben und verbringt dann tatsächlich die meiste Zeit mit Themen und Aufgaben, die er früher in seinem Angestelltendasein verrichtet hat und von denen er sich eigentlich verabschieden wollte.
> Ein Beispiel dazu: Eine ehemalige Mitarbeiterin von mir wollte in ihrer Selbstständigkeit männliche Jugendliche bei der Berufsorientierung coachen. Das hatte sie bei ihren Söhnen erfolgreich getan und sah sich angesichts einer potenziell großen Zielgruppe mit diesem Thema gut positioniert. Nach meiner Wahrneh-

mung wurde diese Leistung aber nicht wie erhofft ausreichend nachgefragt, sodass sie sich wieder ihren »originären Themen« in der Personalmanagement-Beratung widmete. Kunden bezahlen eben gerne für nachweisbare Erfahrungen und Können, seltener aber für die Traumthemen des Freelancers, die ihn einstmals in die Selbstständigkeit trieben.

Betreiben Sie deshalb die Analyse der potenziellen Nachfrage für Ihre »Traumthemen« entsprechend des im Folgenden aufgeführten Leitfragenkatalogs intensiv und realistisch, zu optimistische Annahmen fliegen einem später um die Ohren, wenn die Umsätze ausbleiben.

Bitte bedenken Sie auch bei der Analyse der Nachfrage, dass private Kunden für die eigene Weiterentwicklung geizig sind. Unternehmen als Kunden sind da deutlich zahlungskräftiger und -williger.

3. **»Schweinezyklus als Interimer«**: Gerade als Berater ist es verführerisch, längere Engagements bzw. Mandate bei Kunden anzunehmen. Das sichert über einen längeren Zeitraum die Auslastung, geht aber meistens deutlich zu Lasten des Tagessatzes und fordert dem interimistisch eingesetzten Berater zumeist genau die frustrierende Tagesarbeit in genau den ungeliebten Rollen ab, die er in seiner Selbstständigkeit eigentlich vermeiden wollte. Das Umfeld solcher Einsätze ist meistens »toxisch«: zu viel Arbeit, hohe Frustration und Fluktuation der Mitarbeiter, unklare Strukturen, politische Intrigen und eine unsichere Zukunft. Das alles kann als Herausforderung angesehen werden, es geht aber auch an einem Externen nicht spurlos vorüber, wenn man Teil des Systems wird und wie ein interner Mitarbeiter ins Geschehen involviert ist. Dass man nicht auf der Payroll steht, sondern als Externer eine Rechnung schreibt, ändert an dem entstehenden miesen Gefühl nichts. Und die Kunden erwarten natürlich, dass man als Externer alles Negative an sich abperlen lässt und ohne Rücksicht auf Überstundenbezahlung kräftig reinhaut.

Mit einem langfristigen Einsatz ist aber auch verbunden, dass man seine Marketing- und Vertriebsaktivitäten zwischenzeitlich für neue Aufträge bei neuen oder Bestandskunden vernachlässigt. Dadurch entsteht dann der sog. Schweinezyklus, der die Phasen der Überlastung mit anschließenden Phasen der ausbleibenden Mandate beschreibt (immer zu viel oder zu wenig zu tun).

Eine Lösung für dieses Problem könnte sein, das Mandat zu begrenzen (z.B. vier Tage die Woche), damit Zeit für die Dauerpflichten im Marketing und Vertrieb verbleibt. Eine andere Alternative sind zugekaufte Leistungen durch eine virtuelle Assistenz (s. Abb. 2.7), mit der man Aktivitäten in seinem Namen parallel zu seiner Arbeit im Mandat vereinbart. So bleibt man im Markt am Ball, ohne seine eigene Auslastung verringern zu müssen.

Da Kunden oft eine schnelle Unterstützung suchen und nicht auf das Ende eines laufenden Mandats warten können oder wollen, kann man nicht immer einen nahtlosen Übergang der Mandate hinbekommen. Um diesem Problem zu begegnen, sollte man immer auch ein Spektrum von Projektaufgaben anbahnen, die mehr Vorlauf haben und am Anfang ggf. auch mit weniger Zeiteinsatz voranzutreiben sind. So kann man ein neues Mandat parallel zum Laufenden anschieben und hat dann sofort zu tun, wenn das alte Mandat ausläuft.

2 Finde dein Glück in allem, was du tust – vergiss Work-Life-Balance!

Nun aber zu meiner Anleitung für die Vorfeldanalyse einer potenziellen Selbstständigkeit. Natürlich können Sie sich anstelle einer Bearbeitung der nachgenannten Fragen auch gleich einen versierten Coach einkaufen oder an Gründerseminaren teilnehmen. Das wäre in einer späteren Phase sogar weise, weil ich mit meinen folgenden Leitfragen natürlich nur eine grobe Hilfe bzw. Orientierung bieten kann und ein erfahrener Ratgeber darüber hinaus noch viel tiefer mit Ihnen einsteigen und den Plan für den Erfolg detailliert mit entwerfen kann. Als Einstieg hier nun meine Leitfragen als Checkliste (s. Tab. 2.4). In dieser können Sie sich Notizen machen und eine Einschätzung durch Ankreuzen der jeweiligen Einschätzung vornehmen:
1. Passt: Dafür bin ich gut geeignet/vorbereitet, das kriege ich hin.
2. Zweifel: Das könnte in die Hose gehen, wird nicht leicht.
3. No-Go: Gar nicht mein Ding, da brauche ich Hilfe, das muss ich mir zukaufen.

Wenn Sie diese drei Fragen-Cluster mit der abgebildeten Checkliste abgearbeitet haben, dann liegen Ihnen ausreichend Erkenntnisse vor, auf deren Basis Sie entscheiden können, ob eine Selbstständigkeit grundsätzlich infrage kommt. Und es wäre völlig legitim und richtig, dies zu verneinen, wenn Sie zu viele Zweifel oder No-Gos angekreuzt haben. Nicht jeder ist zum Freelancer geboren. Wenn Sie den Mut haben und auch ein kleines finanzielles Polster, können Sie sich natürlich auch trotz Zweifel einfach mal trauen und es ausprobieren. Aber folgenden Rat möchte ich Ihnen mit auf dem Weg geben:

Versuchen Sie es richtig oder gar nicht! Halbgare Versuche sind zum Scheitern verurteilt!

Es kann ein etwas einfacherer Weg in die Selbstständigkeit sein, in Abstimmung mit seinem Arbeitgeber zunächst den Angestelltenvertrag auf Teilzeit zu reduzieren und mit der restlichen Zeit sanft, aber stetig seine Selbstständigkeit voranzutreiben. Bei manchem klappt dieses Vorgehen, oft habe ich es aber auch scheitern sehen, da man auf zwei Hochzeiten gleichzeitig tanzen muss und beides parallel nicht so recht klappen will. Genau das meine ich mit halbgaren Versuchen. Manchmal ist es eben motivierender und nachdrücklicher, sein Schiff zu verbrennen, wie es einst Cortés tat, wenn man eine neue Welt erobern möchte.[12]

---

12 Der spanische Eroberer Hernán Cortés soll nach seiner Landung in Mexiko 1519 alle Schiffe seiner Flotte verbrannt haben, um sich und seinen Männern den Rückzug unmöglich zu machen. Sie hatten keine andere Möglichkeit, als wie von Cortés geplant in das wohlhabende Aztekenreich vorzudringen und es, als dessen König Montezuma militärisch Widerstand leistete, zu erobern.

Leitfragen	Notizen	Passt	Zweifel	No-Go
1. **Mein zukünftiges Portfolio** — Analysieren Sie Ihr potenzielles Leistungsspektrum mit folgenden Fragen: a) Welche Stärken habe ich, welche Aufgaben machen mir am meisten Spaß? b) Gibt es dafür einen Markt, will das jemand kaufen? Wer ist die Zielkundengruppe und wie viele potenzielle Zielkunden gibt es? Wie viele Zielkunden befinden sich in meinem persönlichen Netzwerk und könnten ggf. schneller »aus alter Verbundenheit« zu Kunden werden? c) Wie wird voraussichtlich die **Leistungsverteilung** sein? Was ist »Brot-und-Butter-Geschäft« (bietet also am meisten Nutzen für den Kunden und wird deshalb am meisten nachgefragt werden, auch wenn es nicht an erster Stelle meiner Spaßaufgaben steht) und was sind die »Kür-Aufgaben« (was steht im Zentrum meines Spaßes, aber wird ggf. nicht so häufig nachgefragt werden)? d) Wer bietet so etwas schon, wie groß ist die potenzielle **Konkurrenz**? Was bieten diese an und was kann ich mir abschauen? (Die Antworten dazu kann man in den einschlägigen beruflichen Netzwerken wie Xing, LinkedIn und auf deren Websites recherchieren.) e) Was ist ein potenzieller **Preis** für meine Leistung? Wie viel muss ich verkaufen, um davon leben zu können? Kann ich damit meinen angestrebten Lebensstandard finanzieren? f) Wie sieht mein **Businessplan** aus (zu erwartender Umsatz im Zeitverlauf eines Geschäftsjahres)? Bedenken Sie dabei, dass das Geschäft eine gewisse Anlaufphase braucht, bis die Umsätze einigermaßen stabil erwirtschaftet werden können. Für diese Phase braucht man Ersparnisse oder Gründerdarlehen, um sich ein, wenn auch schmales, aber ausreichendes Monatsgehalt zahlen zu können. Sie sollten sich dabei eine Deadline setzen, ab wann Sie die »Reißleine ziehen«, sollte der Businessplan nicht aufgehen und die Ersparnisse zur Neige gehen. Das ist die Eigenart von Plänen, man hat keine Garantie, dass sie aufgehen. Deshalb braucht es einen Plan B und der heißt in diesem Zusammenhang i. d. R.: zurück in ein Angestelltenverhältnis.				

Leitfragen	Notizen	Passt	Zweifel	No-Go
2. **Meine Wertschöpfungskette** – Planen Sie die gesamte Kette vom ersten Kundenkontakt bis zur Rechnungsstellung:				
a) **Marketing**: Wie sieht mein Zielkunde genau aus, welche Funktion in einem Unternehmen hat dieser oder ist es ein Privatmensch? Wo und in welcher Situation erreiche ich die Aufmerksamkeit dieses Zielkunden? Wie mache ich »am Markt« der potenziellen Kunden auf mich und mein Portfolio aufmerksam (das nennt man Marketing, falls Sie damit noch nicht zu tun hatten)? Wo muss ich sichtbar sein (eine eigene Website ist meist nicht genug, die muss ja erst mal jemand finden)? Wo »bewegen« sich meine potenziellen Kunden insbesondere in sozialen Medien und wo stolpern sie über mein Angebot (z.B. in Blogs bzw. Beiträgen in sozialen Medien, Fachartikeln, Messen, Events), sodass sie mein Portfolio und meinen Unternehmensnamen zumindest schon mal gehört haben?				
b) **Kontakte**: Wie gewinne ich neue Kontakte? Wie komme ich mit ihnen ins Gespräch, noch bevor sie einen Bedarf haben (heute meist über Business-Netzwerke wie Xing und LinkedIn, aber für mehr handwerkliche Tätigkeiten gibt es sicher auch heute noch »klassische Möglichkeiten« wie Kleinanzeigen in regionalen Portalen und Zeitungen)?				
c) **Kontaktpflege**: Wie trete ich mit meinen Kontakten aktiv und regelmäßig in Verbindung, sodass sie in dem Moment, in dem sie Bedarf an meinem Angebot haben, Interesse an einem Austausch haben? Laden Sie die Kontakte z.B. regelmäßig zu spannenden Events ein oder informieren Sie sie mittels Newsletter laufend über spannende Themen, die ihnen Nutzen stiften.				
d) **Lead**: Wie finde ich mit meinem Kontakt zusammen, wenn er Bedarf hat? Dies ist der Moment, wo aus einem allgemeinen Kontakt ein sog. Lead entsteht, der mit einem konkreten Bedarf mein Angebot anfragt. Das kann über das Kontaktformular der Website oder bei unverbindlich angebahnten unregelmäßigen Treffen (z.B. Luncheinladungen) einfach im Gespräch geschehen. Idealerweise klingelt der Kontakt bei Ihnen durch, weil er angesichts eines Bedarfs gleich an Sie gedacht hat. Dieser Idealfall tritt aber nach meiner Erfahrung erst nach längerer Kontaktpflegearbeit ein.				

Leitfragen	Notizen	Passt	Zweifel	No-Go
e) **Vertrieb**: Wie präsentiere ich das Angebot, wie führe ich das Akquise-Gespräch? Vertreiben andere mein Angebot, bin ich als Sublieferant bei denen im Angebot?				
f) **Angebot**: Wie sieht mein konkretes Angebot aus, was biete ich an und welchen Preis verlange ich dafür? Dieser Baustein in der Kette hat natürlich insbesondere rechtliche Komponenten wie AGBs, aber auch ganz pragmatische, wie z.B. der Aufbau des Angebots, das zur Auftragserteilung nur unterschrieben und zurückgefaxt/-gemailt werden muss.				
g) **Delivery (Leistungserbringung)**: Wie läuft mein Prozess zur Leistungserbringung üblicherweise ab? Bei Beratern sind das meist Bedarfsanalyse, Lösungskonzept, Umsetzung und Evaluation. Je nachdem, was Ihre allgemeine Leistung ist, sollten Sie ein Muster-Delivery-Vorgehen definiert haben. Das Mustervorgehen gibt Ihnen eine grundsätzliche Struktur, innerhalb der das jeweils konkrete Vorgehen im Angebot definiert wird. So kann sich der Kunde vorstellen, was abläuft, wenn er den Auftrag erteilt, und Sie haben Handlungssicherheit.				
h) **Administration**: Wann hole ich mir mein Geld ab (im besten Falle zum Teil bereits im Voraus, was die Liquidität bzw. den sog. Cashflow erhöht, und dann lässt man sich nach Aufwand oder in fest vereinbarten Teilschritten vergüten) und wie sieht meine Rechnung aus? Wann mahne ich und wie sieht die Mahnung aus? So mancher Selbstständige ist trotz erfolgreichen Vertriebs und toller Leistungserbringung pleitegegangen, weil er zu nachlässig oder zu dusselig war, sich das zustehende Salär abzuholen. Insbesondere bei Handwerkern ist mir das besonders aufgefallen: handwerklich Profis, kaufmännisch Dilettanten. Zu klären ist aber auch, welchen Steuerberater Sie engagieren. Wählen Sie sich dabei jemanden aus, der mit Kleinunternehmern Erfahrung hat und dafür sowohl kostenseitig als auch bzgl. der üblichen Fragestellungen die richtigen Lösungen anbietet!				
i) **Kundenpflege**: Da es immer leichter ist, Bestandskunden weiterzuversorgen, als neue Kunden zu gewinnen, kommt diesem Teil der Wertschöpfungskette eine enorme Bedeutung zu. Halten Sie sich Ihre Kunden warm für einen Folgeauftrag!				

Leitfragen	Notizen	Passt	Zweifel	No-Go
Wichtig ist, dass man in einen Rhythmus kommt, bei dem stetig mindestens 20% Marketing und Vertrieb, 60% Delivery und ca. 20% Administration, Ideenfindung und Selbstorganisation stattfindet. Wenn gerade nichts zu tun ist, muss man erst recht etwas tun, nämlich für den nächsten Auftrag mit Marketing und Vertrieb kämpfen, Prozesse verbessern, neue Produkte und Angebote vordenken etc., dazu muss man sich aber selbst antreiben.				
3. Mein Profil im Vergleich zur Wertschöpfungskette – Was von der Kette werde ich erfolgreich hinbekommen? a) Natürlich sollte Ihre Leistungserbringung (das sog. Delivery) klappen, Sie bieten ja Ihre Stärken und Erfahrungen an. Aber haben Sie auch ausreichend **Methodenkompetenzen**? Manch einer besitzt hohe Fachkompetenz für sein Thema und scheitert dann an mangelndem Projektmanagement-, Moderations-, Trainings-, Beratungs- und sonstigem Methodenwissen. b) Bin ich auch ein **Marketing-, Vertriebs- und Administrationskünstler**? Nach meiner Erfahrung scheitern die meisten Selbstständigen an diesen Aufgaben. In Teilen können Sie das mittlerweile einkaufen, wie in Abb. 2.7 aufgezeigt wird (z.B. Marketingmaßnahmen im Internet wie Webinare und -konferenzen bei HRM Leads). Aber so ganz ohne eigenes Marketing- und Vertriebsgeschick wird es nicht gehen. c) Sind Sie als Alleinkämpfer mit einer hohen **Selbstmanagement-Kompetenz** ausgestattet? Dazu gehören nicht nur tolle Fähigkeiten bei der Selbstorganisation und beim Zeitmanagement, sondern insbesondere auch Selbstmotivationskräfte. Sie sind als Selbstständiger Ihr eigener Chef und es wird kein anderer Ihre Führung übernehmen und Sie mental aufbauen, wenn es mal nicht so läuft. Sie müssen sich selbst wie Münchhausen am Zopf aus dem Sumpf der Frustration ziehen können. Zur Unterstützung kann natürlich auch der (Ehe-)Partner eine solche Rolle einnehmen und Sie ermutigen, nicht aufzugeben, auch wenn die Aufträge mal ausbleiben.				

Tab. 2.4: Leitfragen zur Vorfeldanalyse zur Selbstständigkeit

Anregung zum Glücklich-Bleiben

Die ironisch gemeinte Definition für Selbstständigkeit, »selbst und ständig« zu arbeiten, kommt nicht von ungefähr, man ist ständig gefordert, aber nicht alles sollte und kann man selbst tun.

Wenn Sie erfolgreich sein wollen, müssen Sie mit einer Management-Attitüde an die Sache rangehen. Nicht alles sollte man selbst tun, manche Aufgaben sollte man auslagern, insbesondere wenn es Ihnen an Professionalität oder technischen Möglichkeiten bei einem Thema (z.B. im Social-Media-Marketing) fehlt oder wenn Sie z.B. durch die Auslagerung von administrativen Aufgaben, wie telefonische Erreichbarkeit, Reisen buchen, Termine bei Kunden anbahnen und organisieren oder Rechnungen schreiben, mehr Zeit zum Geldverdienen haben würden. Solche Services kosten Geld und das muss verdient werden, aber ohne eine solche sinnvolle Ergänzung kann es passieren, dass Ihr Geschäft gar nicht erst zum Laufen kommt. Investieren, um zu verdienen, heißt die Devise! Das macht oft einen erfolgreichen Selbstständigen aus.

Wenn es die private und berufliche Situation des Partners erlaubt, kann natürlich auch mit diesem ein Team entstehen, das gemeinsam mehr schafft und verdient, als der Freelancer es allein kann. Fragen Sie mal meine Frau (ihres Zeichens Fachärztin der Radiologie und neben drei Kindern berufstätig), wer meine Reisen bucht, die Buchhaltung für den Steuerberater vorbereitet, die Kontakte in die Vertriebssoftware einpflegt und die Xing-Mails abarbeitet.

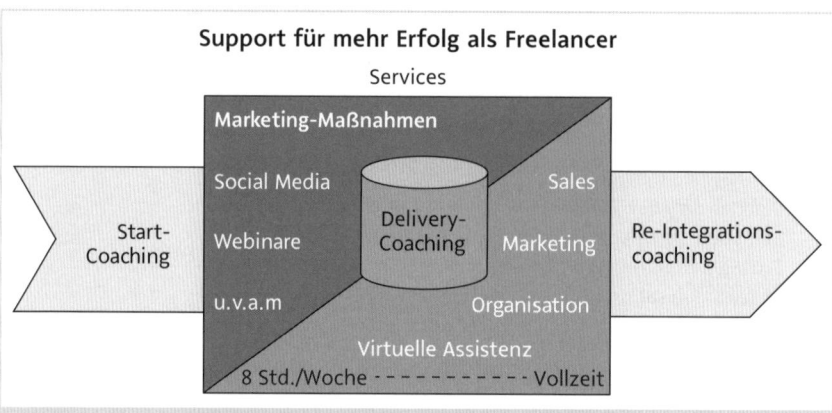

Abb. 2.7: Supportleistungen, die man sich zukaufen kann, um sich selbst zu entlasten oder den Erfolg zu steigern

In Abb. 2.7 finden Sie ein potenzielles Serviceangebot, das Sie einkaufen könnten, um sich in Ihrer Selbstständigkeit professionell sowohl in der Startphase als auch im laufenden Geschäft unterstützen zu lassen.

Bei der Auswahl eines potenziellen Coaches für die Startphase und das Delivery-Coaching sollten Sie prüfen, ob der Coach selbst ein langfristig erfolgreicher Selbstständiger ist. Nur von solchen Leuten kann man sich Erfolgsmodelle abschauen. Wer selbst »herumkrebst«, erklärt Ihnen nur, wie er dahin kam, wo er heute steht. Sie aber wollen erfolgreich werden!

Falls Sie der Weg zurück in das Angestelltendasein führen soll, suchen Sie sich einen Karriere-Coach, der auch Erfahrungen mit Freelancern hat und Erfolgsargumentationen für diesen Schritt ableiten kann. Er sollte sich wie ein bewusster Schritt nach vorne in Ihrem Lebenslauf anfühlen.

Für die Serviceleistungen in der Mitte von Abb. 2.7 gibt es verschiedene Anbieter. Vielleicht gibt es zum Zeitpunkt Ihrer Überlegungen auch schon einen »Full Service Provider«, der alles aus einer Hand leisten kann.[13]

> **Goldene Management-Regel**
>
> Falls Sie dieses Buch aus den Augen eines Managers lesen, werden Sie vielleicht bei diesem Unterkapitel das Gefühl entwickelt haben, dass Ihnen gerade ein Mitarbeiter abspenstig gemacht wird. Hier sollten auch Sie über die Grenzen Ihrer Stellenbesetzung hinausdenken. Wenn ein Mitarbeiter durch einen Gang in die Selbstständigkeit erst so richtig glücklich wird, sollten Sie dies eher unterstützen als behindern. Auf lange Sicht wäre in einem solchen Fall der betroffene Mitarbeiter zu einem unglücklichen Quell für Frustration im Team geworden.
> Wenn Sie es aber richtig angehen, gewinnen Sie mit einem ehemaligen Mitarbeiter einen vertrauten und vor Energie strotzenden Freelancer, der im Bedarfsfall bei Ressourcenknappheit und fallweise eine »verlängerte Werkbank« für Sie sein könnte.

2.3.3 Egal, was du tust, verliere nie deinen Humor im Leben!

Eine Erkenntnis aus dem oben erwähnten kleinen Ausflug ins Reich der Kinderbuchgeschichten soll den dritten Tipp dieser Modellschraube würdig abrunden: Wenn wir Erwachsenen nur alle Weisheiten verstehen und umsetzen würden, mit denen wir unseren Kindern abends den Weg ins Reich der Träume ebnen, dann wäre in der Welt wohl viel zum Thema Glücklich-Bleiben gewonnen! Wir würden wieder weiser und sorgsamer mit uns und unserer Umwelt umgehen, wir würden uns wieder über die Glücksmomente freuen und diese auskosten. Wir würden lockerer und ungezwungener sein, die Verkrampftheit ablegen und gerne und sogar bewusst etwas kindlich auf die Welt schauen, denn im kindlichen Betrachtungswinkel auf die Welt liegt so viel Zauber und Spaß. Also, wenn Sie Kinder haben, eigene oder in Ihrem Umfeld, dann schauen Sie mal

---

13 Zum Zeitpunkt des Schreibens dieser Zeilen ist HRM Leads gerade dabei, ein solches Portfolio zu etablieren. Angesichts des zunehmenden Bedarfs aufgrund steigender Freelancer-Zahlen gehe ich aber davon aus, dass das Angebot sich schnell entwickeln wird.

genauer hin, welche spaßigen Momente sich im Leben eines Kindes ergeben. Nicht so sehr, weil das Leben der Kinder immer nur Spaß ist, sondern weil Kinder mit einer »in dem Moment gelebten und unbewerteten« Reaktion dem Leben den Spaß ganz unbedarft abringen. Hinschauen und mitfreuen ist die Devise!

Dazu mal wieder ein Beispiel aus meinem Leben: Ich habe viele Momente meiner drei Kinder in Bildern eingefangen, die ich meinen im Norden lebenden Verwandten als sog. »Philli-Jonah-Marti-News« in Form einer Powerpoint-Collage zugesandt habe. Es sind ausgewählte und besonders gelungene Schnappschüsse mit ein paar in den Mund der Bengels gelegten Worten. Zum Zeitpunkt der ersten Erstellung dienten diese News der klassischen »Kind-geboren-Info« (die bei mir ja dreimal kommen musste). Später wollte ich einfach die Verwandten, die aufgrund der großen Entfernung nur selten im Jahr persönlichen Kontakt mit der »Erbschleicher-Brut« hatten, ab und zu am Leben der Kleinen teilhaben lassen. Irgendwann wurde mir aber bewusst, dass ich diese News vielmehr für mich selbst erstellte; ich kostete damit die schnell vergessenen Schnappschüsse noch einmal intensiv aus, denn beim Aussuchen, Zuschneiden und Arrangieren der schönsten Bilder und beim Ausdenken der Texte durchlebte ich die Momente noch einmal und nutzte sie erst jetzt wirklich zum Aufladen der Happiness-Batterien.

Nach 190 News mit meist mehreren Seiten waren irgendwie alle Situationen mehrfach abgelichtet und ich verlor die Lust an diesem »Hobby«, aber trotzdem nutze ich die News noch heute zum Glücklich-Bleiben. Wenn ich mal nach einer anstrengenden Woche oder nach einem Zusammenprall mit meinen persönlichen Energie-Vampiren meine Batterien aufladen will, blättere ich die News auf meinem Smartphone durch. Wenn ich dies z.B. an einem Freitagabend auf einem Rückflug nach Hause als Zeitvertreib tue, lande ich mit deutlich verbesserter Laune und bin gewappnet für das Wochenende. Mein Koautor Spörer nennt das »Erlebnismanagement«, das Dopamin fließt erneut durchs Gehirn, wenn man sich durch Bilder wieder an die Freude während einer erlebtn (und eben auch fotografierten) Situation erinnert. »Mehrfach-high« würde ich es nennen, denn Dopamin ist ja unsere kostenfreie und legale »hauseigene Droge« (schon ein tolles Zeug).

2 Finde dein Glück in allem, was du tust – vergiss Work-Life-Balance!

Abb. 2.8: »Philli-Jonah-Marti-News« als Beispiel für Erlebnismanagement

Gerne würde ich Ihnen den Tipp geben, einfach mal wieder Kind zu sein. Aber das ist ein unrealistisches Unterfangen, denn in den Jahren des Erwachsenseins haben Sie zu viele Erfahrungen in sich abgespeichert und damit Wahrnehmungsfilter vor Ihre Augen montiert. Und die sind nun da und Ihr Gehirn betrachtet die Welt durch diese Filter. Aber vielleicht gelingt es Ihnen ab und zu, die Filter wegzuklappen und mal wieder mit Humor und Offenheit die Welt in Augenschein zu nehmen.

Humor und Spaß ist natürlich nicht nur Kindern vorbehalten. Auch im Erwachsenenleben kann man, wenn auch mit etwas bewussterem Zutun, zu Lachern kommen. Und jedes Lachen belohnt uns mit dem unverzichtbaren Dopamin. Also fördern Sie Ihre Lockerheit! Dazu zwei kleine Anregungen:

1. Teilen Sie besonders lustige Aufmunterungen mit Ihren Freunden, aber nur das, was wirklich lustig ist. Vermeiden Sie den »Bullshit-Tsunami«, den manche betreiben, indem sie jeden Unfug weitergeben. Dies lässt die anderen am Ende nicht mehr lachen, sondern fördert nur das Ignorieren solcher Nachrichten, ohne sie zur Kenntnis zu nehmen. Manchmal ist es besser, lustige Sachen zu fotografieren oder auf dem Smartphone abzuspeichern und dann in persönlicher Runde einzubringen.
Ich hatte letztens einen netten Spruch, den ich für einen solchen Moment aufbewahrt hatte und der dann alle kurz die scharfen Zähne des Weltgeschehens vergessen ließ. Ging ungefähr so (im Zeitgeist eines US-Präsidenten zu lesen):

> *Twitter-Botschaft an alle US-Amerikaner:*
> *Liebe US-Amerikaner, wir haben alle echt viel gelacht und ihr hattet*
> *euren Spaß. Aber jetzt wählt bitte wieder einen richtigen Präsidenten!*
> *Vielen Dank im Voraus! Es grüßen herzlich:*
> *Alle!*

2. Wenn Sie in einem beruflichen Meeting die Themen aufgrund einer vorliegenden Agenda bereits kennen, googeln Sie mal nach Bildern und Cartoons zu den Themen. Da findet sich immer etwas, was alle zum Schmunzeln bringt. Ich mache das regelmäßig und sorge damit für etwas Drogenausschüttung in den Gehirnen der Anwesenden. Bei mir werden Sie auch keinen Vortrag hören, der nicht durch lustige Bilder oder Anekdoten aufgemuntert wird. Das Lernen wird dadurch nämlich deutlich unterstützt, raten Sie mal welcher tolle Stoff im Gehirn dies unterstützt ... Genau der!

In diesem Sinne: Immer schön locker bleiben! Und nehmen Sie das Leben nicht zu ernst, Sie kommen da lebend nicht wieder raus!

> **Goldene Management-Regel**
>
> Haben Sie im Management eines Unternehmens den Mut, sich selbst nicht so ernst zu nehmen. Sich auch mal selbst auf die Schippe nehmen und angemessen, aber humorvoll den Arbeitsbetrieb auflockern, das ist auch eine Managementkompetenz. Manager müssen natürlich keine Entertainer sein, aber knochentrockene Manager, die zum Lachen in den Keller gehen, braucht auch keiner!
> Also lassen Sie Spaß zu, kommen Sie bei ausgiebigem Lachen in Meetings nicht zu schnell wieder zur Tagesordnung zurück, freuen Sie sich einfach mit!
> Eine rote Linie sollten Sie jedoch verteidigen wie die Löwenmutter ihr Kind: Niemals werden Scherze zu Lasten anderer gemacht oder zugelassen! Insbesondere »genderlike«, sprich mit Respekt vor dem anderen Geschlecht, sollte der Humor unbedingt sein. Wenn einer Scherze auf seine eigenen Kosten macht, dann fällt das unter »sich selbst nicht zu ernst nehmen«. Aber wenn andere vorgeführt werden und dann alle herzlich über diese »Zielpersonen des Spotts« lachen und die Betroffenen darunter leiden, muss die Führung eingreifen und diese in Schutz nehmen. Spaß und Humor muss also Grenzen und Stil haben, sicher eine Gratwanderung, aber eine, die zu gehen man lernen muss, wenn aus etwas Gutem wie Humor nicht fieses Mobbing werden soll.

2.4 Werde dein eigener Happiness-Bodyguard!

Kinder haben ein Urvertrauen, dass ihre Erzeuger sie beschützen werden, und das tun sie von unglücklichen Ausnahmen abgesehen auch. Im Notfall mit ihrem Leben, im Normalfall mit Liebe und mit dem Einsatz ihrer Lebenszeit und natürlich mit einem guten Teil ihres Vermögens (dass der Euro nach Geburt des ersten Kindes nur noch 50 Cent wert ist und dann mit jedem weiteren Nachwuchs in den Bereich eines Groschens mutiert, das weiß jeder, der für das Überleben der Menschheit seinen Teil beigetragen hat).

Eltern werden nicht müde, ihre Brut darauf hinzuweisen, dass sie vorsichtig sein sollen beim Laufen, Radfahren, Treppensteigen, Klettern und was aus Sicht der Eltern sonst noch so als Hochrisiko-Sportart im Kinderleben empfunden wird. Beim zweiten Kind wird man dann lockerer, beim dritten schon fast entspannt. Und siehe da, die Kinder überleben tatsächlich den Tag.

Später dann beschimpfen die Eltern die Lehrer ihrer Kinder, weil sie angeblich das hochbegabte Kind unfair behandelt oder benotet haben (mag sicher auch so manches Mal berechtigt sein, aber oft wird vorher gar nicht erwogen, ob das eigene Balg vielleicht faul oder doof oder beides war bzw. ist[14]). Eltern tun so manches aus übertriebenem Schutzbedürfnis, um ihre genetischen Erben unbeschadet durch das jugendliche Leben zu begleiten. Dazu mal eine kleine Anekdote:

Ich erinnere mich noch an die Mutter eines Azubis in einem Unternehmen meiner beruflichen Laufbahn, dessen Vorstand ich zwölf Jahre war. Diese wurde bei uns vorstellig, nachdem wir dem im Übrigen volljährigen Abiturienten eine »ehrliche Drei« als Arbeitszeugnis-Benotung gegeben hatten. Wir würden dem armen Jungen »das ganze Berufsleben versauen«, war ihr Plädoyer. Dass wir den Bengel mit mehreren Leuten monatelang täglich gecoacht und ihm zahlreiche Chancen zur Verbesserung seiner grottenschlechten Mitarbeit gegeben hatten und ihn dann etliche Monate vor seinem Ausbildungsende freistellen mussten, weil angesichts unseres Aufwands die bezahlte Freistellung für alle Beteiligten, insbesondere für unsere anderen Mitarbeiter, der einzige machbare Weg war, wollte die im Beschützermodus agierende Mama nicht hören. Natürlich hätten wir einfach freistellen, Vergütung zahlen und mit Eins bewerten können, aber dann hätte der junge Mann nie begriffen, dass man für ein glückliches und erfolgreiches Leben in die Puschen kommen und für sich selbst eintreten muss. Er hätte nie verstanden, dass die Welt sich nicht nach ihm richten wird, egal, wie faul und bräsig er durchs Leben schreitet.

---

14 Als meine Frau und ich noch nicht wussten, dass unser Erstgeborener Legastheniker ist, hat meine Frau wie ein Rohrspatz auf die Schule geschimpft. Als ich dann mal einbrachte, dass der Junge trotz unserer akademischen Ehren (vier Studienabschlüsse, Doktortitel etc.) vielleicht einfach nicht »schulisch begabt« bzw. intellektuell überfordert sein könnte (wollte das Wort »doof« vermeiden), da wollte meine Frau davon nichts wissen. Später hat sich dann ja erklärt, wo das Problem lag, glücklicherweise.

Mithilfe des Schutzmantels der Eltern gehen Kinder also zumeist wohlbehütet und mit einem ganzen Haufen Airbags ausgestattet durchs Leben[15]. Erst wenn sie aus dem Haus sind, bekommt der Schutzschirm Löcher und Risse und das wahre Leben regnet plötzlich durch. Aber wenn die erwachsenen Kinder mal pleite sind oder Schulden haben, dann wird der elterliche Schutzschirm noch mal ausgebessert und erneut eine Finanzspritze zur Rettung vor der Privatinsolvenz eingesetzt.

Dieser wunderbare naturgegebene Beschützerinstinkt erlischt bei Eltern erst mit dem eigenen Tod. Erst wenn beide Eltern ihre Reise angetreten haben, dann beginnt für einen Menschen der Teil des Lebensweges, in dem es niemanden mehr gibt, der aus genetisch bedingter Motivation den Beschützer spielt. Dieses Gefühl verspürte ich neben der Trauer über den Verlust eines geliebten Menschen, als mein Vater starb. Beschrieben habe ich dieses Gefühl mit dem Satz: »Jetzt sind wir die alte Generation«, ausdrücken wollte ich eigentlich aber, dass uns jetzt niemand mehr beschützt, sondern wir das nun nur noch für unsere Kinder tun.

Man ist also von klein auf gewöhnt, dass einem jemand zum Schutz beispringt, deshalb erwartet man im Leben, dass es so weitergeht. Im Sportverein muss der Trainer den gemeinen Schiedsrichter maßregeln, im Beruf muss einen die Führungskraft in Schutzwatte packen oder der Betriebsrat verteidigen, zu Hause soll der Lebenspartner aufpassen, dass man sich nicht körperlich übernimmt und gesundheitlich ruiniert.

Vielleicht kennen Sie solche Situationen auch: Man arbeitet zu viel und zu lange in der Woche und dann am Wochenende auch noch. Man beklagt sich seinem Partner gegenüber, dass einem alles zu viel wird, und hofft darauf, dass dieser einem eine gehörige Portion Mitleid entgegenbringt. Und wenn dieses dann kommt, hilft es etwas. Aber wenn es mit einem Rat begleitet wird, dass man es eben nicht tun und dem Chef mal gehörig die Meinung sagen soll, dann will man es nicht wissen. Das Mitleid nimmt man ja gerne, aber dass man sich selbst beschützen soll, das will man dann doch nicht hören. Und wenn der Chef einen tatsächlich dazu auffordert, doch mal früher nach Hause zu gehen und sich nicht abends und am Wochenende so unbegrenzt für die Firma aufzureiben, dann hört man es sich an, hält es für ein Lippenbekenntnis und macht

---

15 Angesichts der vielen armen Kinder in der Welt, bei denen mangels verantwortungsvoller Eltern oder aufgrund von Armut oder Krieg schon das Kinderleben die wahre Hölle ist, bricht mir als Familienvater schier das Herz. Wenn ich über die »normal behüteten Kinder« schreibe, bitte ich Sie als Leser um Nachsicht, mir geht es um den Lerneffekt, dass andere einen beschützen und man selbst in diese Rolle schlüpfen muss.

weiter mit dem Selbstaufopferungsquatsch. Und natürlich wirft man der Führungskraft und dem Unternehmen vor, dass es einen ausbeutet, allen vom Unternehmen angestrebten Gesundheits- und Wohlfühlbestrebungen zum Trotz.

Dass man selbst sein bester Bodyguard sein sollte, hat einem nie jemand ausdrücklich gesagt, deshalb tue ich es mit dem vierten Tipp ganz explizit:

> **Wichtig**
> Es gibt nur einen einzigen Menschen, der sich zu Ihrem Schutz aufraffen sollte, und den sehen Sie jeden Tag im Spiegel: Sie! Seien Sie Ihr eigener Happiness-Bodyguard!

Nehmen Sie diese vielleicht wichtigste Rolle mutig an, seien Sie Ihre eigene »letzte Verteidigungslinie in Sachen Glücklich-Bleiben«! Und wie ein echter Bodyguard müssen Sie ein paar Selbstverteidigungstechniken erlernen. Sie müssen jetzt nicht gleich Nahkampfexperte und Pistolenscharfschütze werden, aber eine Handvoll »Verteidigungstechniken« aus der bewährten »Zeitmanagement-Toolbox« sollten Sie sich aneignen, nachfolgend beschreibe ich die wichtigsten.[16]

2.4.1 Begrenze dich und priorisiere dein Handeln!

Wer sich zu viel vornimmt und auflädt, geht unweigerlich im Ozean der Arbeit baden! Es gibt immer viel mehr zu tun als Zeit, alles zu erledigen. Deshalb ist die Chance angesichts ständiger Überforderung unglücklich zu sein, praktisch vorgezeichnet. Was also tun mit diesem universellen Dauerproblem? Die Lösung sind zwei seit Jahrzehnten bekannte Erkenntnisse und Sie haben sicher schon zahlreiche Male von ihnen gehört (zumindest namentlich). Wenn sie Ihnen von einem Trainer oder Mentor erklärt wurden, haben Sie sie wahrscheinlich für gut befunden und dann nach zarten Anwendungsversuchen wieder vernachlässigt. Die beiden Lösungen sind gleichsam auch Prinzipien, die nacheinander die zwei effektiven Schritte zum erfolgreichen Selbst-Bodyguard darstellen:
1. Begrenzen (und dadurch fokussieren) und
2. Prioritäten setzen!

---

16 Mehr dazu in unserem Buch »Zeit- und Projektmanagement« (Haufe 2014), an das dieses Kapitel angelehnt ist.

Lassen Sie mich für diese beiden Schritte Tipps und Methoden aufzeigen, wie sie gelingen können.

2.4.1.1 Begrenzen heißt Ballast des Glücks loswerden

Charles-Augustin Sainte-Beuve (1804–1869, französischer Literaturkritiker und Schriftsteller) hat es einmal kurz und treffend formuliert: »Wenn du Erfolg haben willst, begrenze dich!«

Wenn man diesen weisen Rat in die Neuzeit überträgt, müsste man es vielleicht so ausdrücken: Erfolg stellt sich ein, wenn man gelernt hat, sich auf wesentliche Dinge zu reduzieren und seine begrenzten Energien darauf zu fokussieren!

Der Erfolg geht einher mit der Tatsache, dass man seine zur Verfügung stehenden Ressourcen auf weniger Aufgaben allokieren kann, anstatt sie im »Ich mache immer alles«-Modus zu breit zu streuen und damit für die Erreichung etwaiger Ziele oft wirkungslos zu vergeuden.

Im Sinne der von mir in Kap. 1.1 aufgezeigten Verbindung von Erfolg und Happiness und der damit verbundenen Frage »Was bedingt was?« möchte ich das Zitat von Saint-Beuve entsprechend modifizieren:

Wenn du glücklich bleiben willst, begrenze dich!

Dass der Erfolg dann mit dem Glücklichsein einhergeht, haben wir in unserer Argumentationskette als Basis des ganzen Happiness-Konzeptes ja bereits festgestellt. Deshalb können wir das Prinzip des Prioritätensetzens hier als Grundlage für das Glücklich-Bleiben definieren.

Gehen wir also zunächst mit dem bewährten GMV an die Sache ran und begrenzen uns erst mal. In welchen privaten und beruflichen Themenbereichen im Leben könnte dies gelingen? Folgende vier erscheinen naheliegend und eine Begrenzung ist hier relativ einfach umzusetzen:

1. **Begrenzen Sie die Anzahl der Menschen,** mit denen Sie Ihre begrenzte und deshalb kostbare Zeit verbringen auf diejenigen, die Ihnen am Herzen liegen und als Energie-Quellen erkannt sind. Verabreden und treffen Sie sich nicht mit für Sie unwichtigen Menschen und schon gar nicht mit denjenigen, die Ihnen das Lebensglück aussagen (Energie-Vampire). Jede Minute wäre vertan und fehlt Ihnen am Ende für den Kreis von Menschen, die Ihr Lebensglück erhöhen würden.

Natürlich gibt es Pflichten und Rahmenbedingungen, die Ihre freie Entscheidung einengen, aber Sie sollten als Ihr eigener Happiness-Bodyguard den Mut haben, diese »vermeintlichen« Pflichten dahingehend zu hinterfragen, ob sie wirklich unumgänglich sind, und übrig bleibende Pflichtkontakte zeitlich auf das gebotene Mindestmaß reduzieren.

Dazu eine kurze Anekdote: Über die Kinder und deren Schulfreunde bekommt man ja unweigerlich Kontakte zu den dazugehörigen Eltern. So beschnuppert man sich beim Kaffeetrinken, Grillen und was man halt so macht. In diesem über die Kinder zustande gekommenen Bekanntenkreis war auch ein Pärchen, bei dem ich die Mutter als lebenslustige und erfrischende Person empfand, den Vater aber als einen »Langweiler vor dem Herrn«. Das sagt über ihn gar nichts aus, ist sicher ein ganz feiner Mensch, aber über mich sagt es etwas, nämlich dass ich mit ihm einfach keine spannenden Anknüpfpunkte fand und die Zeit mit ihm beim Grillen nur der Nahrungsaufnahme diente.

Meine Frau empfahl mir, ihn doch in meinen oben beschriebenen Herrenclub einzuladen. Nach kurzem (der Höflichkeit unter Bekannten pflichtgemäßen) Zögern verwarf ich den Gedanken, weil ich den Kreis gerne auf Menschen begrenzen möchte, mit denen ich einen der wenigen Abende, die man mal ganz sich und seinen Freunden und dem Genießen widmet, verbringen möchte. Ein kleiner, aber feiner Kreis soll es eben sein.

Wenig später lernte ich beim Initiativtag unserer Kita einen Vater eines der anderen Kinder kennen. Nach kürzester Zeit gewann ich das Gefühl, dass dieser Kollege eine Bereicherung für den Club sein würde und lud ihn ein, als neues Mitglied dazuzustoßen. Er hatte etwas zu erzählen, hatte etwas aus sich gemacht (Professor für ein technisches Thema, das ich als »weicher Akademiker« nicht mal annähernd verstand) und man konnte etwas von ihm über das Leben lernen. Nicht so bei dem oben erwähnten Vater-Kollegen, mit dem ich im Gespräch meist über »hätte, könnte, man müsste mal« nicht hinauskam.

2. **Begrenzen Sie die »Hochzeiten, auf denen Sie tanzen«!** Denken Sie mal über die Vielzahl Ihrer Hobbys nach: Wie viele Sportarten betreiben Sie (halbherzig und ohne wirklich gut darin zu sein), wie viele Sammelgebiete haben Sie, defokussieren damit Ihre Leidenschaft und müllen Ihre Regale voll, wie viele Kommunikationskanäle befeuern[17] Sie, ohne dass echte Kommunikation stattfindet, wie vielen Vereinen gehören Sie an, ohne durch diese wirklich Spaß zu haben usw.?

3. **Begrenzen Sie die materiellen Dinge, mit denen Sie sich umgeben.** Machen Sie regelmäßig, mindestens einmal im Jahr, einen kräftigen Kehraus,

---

17 Dazu mehr im Kapitel »Digital Overload Management« (s. Kap. 2.4.3)

sowohl in Ihrer Privatwohnung als auch an Ihrem Arbeitsplatz. Was nicht da ist, muss nicht bewirtschaftet werden und raubt Ihnen deshalb keine Energie. Also: wegschmeißen oder spenden oder (für den privaten Platzfresser-Kram) auf den guten alten Flohmarkt. Jede materielle Begrenzung ist auch eine mentale Entlastung! Entrümpeln Sie mal das Mobiliar, die Kleider- und sonstigen Schränke und die Schubladen und Sie werden sehen, wie viel Platz für neues Glück in Ihnen entstehen wird! Wenn Sie sich neue Kleidung kaufen, sortieren Sie ein altes Kleidungsstück dafür aus! Wenn Ihnen das nicht so recht gelingen will, dann terminieren Sie schon mal den Kehraus im Kleiderschrank.

Wenn Sie nach dem »Begrenzungsevent« die aussortierten Dinge spenden, erfreuen Sie sich (»Schenken macht selig!«) und die Beschenkten. Leider sind in heutigen Zeiten des Überflusses Sachspenden von gebrauchten Gegenständen nicht mehr so herzlich willkommen. Ich hatte mal einen tollen, wenn auch alten Röhrenfernseher von Löwe, der zu seiner Zeit mit seiner Größe der absolute Hingucker war und um den mich alle beneideten. Er diente noch viele Jahre unseren Kindern als »Kinderkino«, irgendwann entschied meine Frau aber, dass er uns zu viel Platz wegnimmt und ein Flachbildschirm hermusste. Ich also mit dem »Designklassiker« zum Wertstoffhof, wo die Mitarbeiter üblicherweise mit geübtem Blick die brauchbaren Dinge vor der Wiederverwertung bzw. Vernichtung bewahren und sie eigenen Zwecken oder der Nutzung für Bedürftige und Flüchtlinge zuführen. Einer der Herren schien an meinem Löwe-Klassiker interessiert, ließ mich den »großen Röhren-Koffer« auf ein Wägelchen laden und marschierte mit mir los. Als er an einem Container stehen blieb und mich aufforderte, meinen allerliebsten TV-Weggefährten auf den Elektroschrottberg zu schmeißen, begleitete er meine offensichtliche Enttäuschung mit den Worten, dass »so einen alten Ramsch kein Mensch mehr haben will«. Wenn Sie Ihren Kehrauserfolg über Kleinanzeigen, ebay oder Flohmarkt verkaufen, gönnen Sie sich vom Erlös des ganzen Ballasts *eine einzige* materielle oder immaterielle (z.B. ein tolles Essen mit Freunden, an das Sie sich noch lange erinnern können) Belohnung, an der Sie wieder neuen Spaß haben.

4. **Begrenzen Sie Ihren Perfektionsdrang!** Viel Energie würde man sparen, wenn man seine Aufgaben nur mit der Qualität erledigt, die notwendig ist für den jeweiligen Zweck bzw. zur Erreichung des gewünschten Ziels. Dass man aber oft »über das Ziel hinausschießt«, liegt am eigenen fest in einem selbst verankerten Perfektionsanspruch oder an der vermuteten, aber nicht weiter verifizierten Annahme, dass ein Dritter (im Beruflichen natürlich meist der Chef oder der Kunde) ein perfektes Ergebnis wünscht. Würde man sich selbst mal bremsen oder den obigen Dritten mal fragen, welche Güte das Ergebnis haben muss bzw. soll, dann könnte

man nach dem Pareto-Prinzip meist mit 20% Kraft- und Zeiteinsatz bereits eine 80-%-Lösung abliefern. Und das wäre ein gutes Ergebnis und damit in vielen Fällen ausreichend. Das sehr gute oder sogar perfekte Ergebnis ist dagegen meist mit einem viel höheren Kraftaufwand verbunden (man sagt, dass die restlichen 20% Qualitätszuwachs bis zur Perfektion 80% Ihrer Zeit in Anspruch nehmen). Neben der Energie- und Zeitvergeudung hat man bei diesem Anspruch stets das ungute Gefühl, nicht gut genug zu arbeiten bzw. nicht ausreichende Güte abzuliefern. Und dieses Gefühl ist ein Energie-Vampir sondergleichen.

5. Die beste und leichteste Präventionsmaßnahme gegen diese fiese Perfektionsfalle ist die »GSP-Regel«: gut statt perfekt!

GSP geht ganz einfach: Bevor Sie loslegen, definieren Sie die Güte des von Ihnen angestrebten Ergebnisses (am besten schriftlich), und zwar nur so hoch, wie es wirklich unter Berücksichtigung aller Erkenntnisse nötig ist. Und dann vergleichen Sie Ihre Zwischenergebnisse regelmäßig mit dieser Zielgüte. Wenn Sie erreicht ist, freuen Sie sich, angekommen zu sein, und beenden Sie die Arbeit dann mit dem Gefühl des Erfolges.

Wenn ein Dritter Empfänger eines Ergebnisses ist, definieren Sie vor dem Loslegen gemeinsam die Erwartung an die Güte. Hinterfragen Sie dabei aber immer, ob etwaige Perfektionsansprüche aus »alter Gewohnheit« genannt werden oder wirklich unabdingbar sind. Möglicherweise unterliegt der Empfänger Ihrer Arbeit der gleichen inneren Falle nach Perfektion wie Sie!

Goldene Management-Regel

Als Manager bzw. Führungskraft sind Sie i.d.R. der Auftraggeber bzw. Empfänger der Leistungen Ihrer Mitarbeiter. Schonen Sie die Ressourcen durch die Berücksichtigung der GSP-Regel. »Erziehen« Sie die Mitarbeiter zu einem guten Selbstmanagement bzgl. der Perfektionsfalle. Bremsen Sie die tatkräftigen »Loslegen-statt-vorher-zu-denken-Pappenheimer« und verordnen Sie ihnen, eine Definition der Zielgüte ihrer Ergebnisse zu erstellen.

Aber fassen Sie sich immer erst an die eigene Nase, denn eine übersteigerte Qualitätsanforderung ist meist eine suggerierte (oft nie ausgesprochene) Erwartungshaltung des Managements!

Diese vier Beispiele sollen Sie anregen, über eine Begrenzung nachzudenken, und Sie zu weiteren Themenbereichen inspirieren. Jede Begrenzung geht mit einer Fokussierung Ihrer Aufmerksamkeit und Leidenschaft sowie Ihrer Arbeits- sowie Lebenskraft einher. Dieses Prinzip hat sich auch ein Managementkonzept zu eigen gemacht, man nennt das dann »Management by Breakthrough«, was so viel bedeutet wie: Fokussieren Sie Ihre Aufmerksamkeit und Ihre Ressourcen auf einen Punkt, ein Thema, eine Aufgabe oder ein Projekt, geben Sie hier alles mit Ihrer ganzen Kraft, so gelingt Ihnen ein Durchbruch. Nach dem Durchbruch können sich dann neue Chancen, Optionen und Erfolge ergeben.

Wie viele andere Dinge im Management leitet sich auch diese Führungstechnik aus dem Militärischen ab. Da gilt es als sinnvolle und Erfolg versprechende Taktik, mit geballter Kraft und mit Überlegenheit durch die feindlichen Linien zu stoßen und dann die Verwirrung und Überraschung zum eigenen Erfolg zu nutzen und diesen dadurch auszubauen.

Übertragen Sie dieses Erfolgsprinzip im Management auf Ihr Bestreben nach dem Glücklich-Bleiben und den daraus entstehenden beruflichen und privaten Erfolg. Werden Sie z. B. ein anerkannter Experte auf einem Hobby-Fachgebiet, Ihr Rat wird dann geschätzter und Sie gewinnen das Gefühl, auf einem Gebiet richtig gut zu sein anstatt auf vielen nur (unterer) Durchschnitt. Mich fragen mittlerweile viele Freunde um Rat, bevor sie sich mal »eine gute Uhr« zulegen wollen. Um meinen Rat gefragt zu werden, in einem meiner Spaßgebiete beraten zu dürfen und die Freude des anderen an dieser lange überlegten Investition begleiten zu dürfen, lädt mich wieder mit Happiness auf (und das, ohne selbst Geld ausgeben zu müssen).

2.4.1.2 Setze deine kostbare Lebensenergie und -zeit nach Prioritäten ein!

Nach diesem ersten Schritt der Begrenzung und damit möglichen Fokussierung verbleiben sicher immer noch zahlreiche Aufgaben, Themenfelder und Einsatzgebiete, die es nun in einem zweiten Schritt weiter zu sortieren gilt, damit man seine kostbare Energie nicht mit der Gießkanne verteilt und damit meist auch vergeudet. Und dabei spreche ich ganz explizit nicht nur von beruflicher Arbeit, sondern natürlich auch von den vielfältigen Handlungsfeldern im Privatleben, die einen genauso überstrapazieren können.

Aber was hat beruflich und privat Priorität und was sollte ich vernachlässigen? Gute Frage!

Bevor ich Ihnen ein altbekanntes und altbewährtes Modell zum Priorisieren empfehle, möchte ich erneut Ihren GMV aktivieren. Diesen tragen Sie immer bei sich, während Modelle leider doch gerne mal vergessen werden.

Stellen Sie sich angesichts einer Vielzahl von Handlungsfeldern vor dem Loslegen immer folgende Frage:

2 Werde dein eigener Happiness-Bodyguard!

Prioritätenfrage: Was ist wie wichtig?
Ihre Einschätzung bzgl. der Wichtigkeit sollte immer von der Wirksamkeit auf Ihre Ziele abgeleitet werden. Dazu müssen Sie diese natürlich kennen. Wenn Sie die Übung in Kap. 2.2.2 bearbeitet haben, müssen Sie Ihre Ziele kurz-, mittel- und langfristig vor Augen haben. Nun gilt es, Ihre Handlungsfelder, Aufgaben und Maßnahmen zumindest grob in Bezug auf den Einfluss auf Ihre Zielerreichung abzuwägen. Stellen Sie sich deshalb die Frage: **Wie gut bringt mich das, was ich tun soll/kann/muss, meinen Zielen näher?**

Alles, was bei dieser Frage große Schritte in Richtung Ziele aufzeigt, sollten Sie mit hoher Priorität angehen. Was bedeutet, dass Sie mehr von Ihrer Kraft dafür statt für andere Felder aufbringen sollten.

Letztlich geht es hier um **Effektivität**, was so viel bedeutet wie »Wirksamkeit auf Ziele«. Das Schöne an effektivem Handeln ist, dass Sie Ihre Ziele viel leichter erreichen. Effektiven Menschen gehen die Dinge leichter von der Hand, weil sie erst priorisieren, dann handeln und meist viel Lebenszeit und -energie einsparen, die sie wieder woanders auf den Spielwiesen des Glücklich-Bleibens einsetzen können.

Dieser GMV-Ansatz zur Prüfung der Wichtigkeit ist ein Bestandteil des Prinzips, das für das Setzen von Prioritäten seit Jahrzehnten als das beste anerkannt ist. Sicher haben Sie davon schon gehört, doch damit Sie es nun als Hebel für Ihr Glücklich-Bleiben aktivieren können, darf es in diesem Kapitel natürlich nicht fehlen:

Das Eisenhower-Prinzip!
Dieses Modell beschreibt auf recht einfache Weise, wie man schnell seine Prioritäten herausfinden kann. Es wurde vom späteren US-Präsident Dwight D. (»Ike«) Eisenhower während seiner Zeit auf der Militärakademie entwickelt. – Zur Einführung dieses Modells möchte ich nachfolgend eine von mir frei erfundene Anekdote erzählen, die die Entwicklung und den Sinn und Zweck des Prinzips aber nachvollziehbarer macht.

Dwight D. Eisenhower war bekanntlich vor seiner amerikanischen Präsidentschaft (1953–1961) Oberkommandierender der alliierten Streitkräfte West im Zweiten Weltkrieg und kannte sicher das folgende Problem: Im Krieg reißen alle Kommunikationsverbindungen ab, wenn die Gefechte beginnen, denn Krieg hat meist mit Chaos zu tun. Und dann stehen unterstellte Einheiten da und wissen ohne Führung nicht so recht, was nun Priorität hat und was folglich zu tun ist. Um in solchen führungslosen Situationen Entscheidungen möglich zu machen, könnte »Ike« ein einfaches Modell erfunden haben, mit dem die unterstellten Einheiten ihre Prios ableiten konnten. So oder ähnlich könnte das »Eisenhower-Modell« (oder -Prinzip) entstanden sein.

Wie funktioniert es nun, das Hilfsmodell für eine »Ich weiß nicht, was ich tun soll, ich kann meinen Boss nicht erreichen«-Situation? Dafür muss man zunächst wissen, wie es aufgebaut ist. Es gibt zwei Achsen und vier Felder:

1. **Achse 1 bildet die »Wichtigkeit«.** Diese haben wir schon in unserer GMV-Frage oben genutzt. Die Wichtigkeit kann – der Einfachheit halber in einer Vier-Felder-Matrix – hoch oder niedrig sein. Nach meinem oben erklärten Verständnis könnte an dieser Achse auch Effektivität stehen, da etwas dann wichtig ist, wenn es auf die Ziele wirksam einzahlt. Wirksamkeit auf Ziele erfordert aber natürlich, wie bereits mehrfach erwähnt, die Kenntnis über die gesteckten Ziele. Wenn ich als General also meine Truppen in die Schlacht führe, ohne ihnen zu sagen, was das Ziel der Aktion ist, nützt auch kein Eisenhower-Modell!

> **!** **Goldene Management-Regel**
>
> Vielleicht wird hier erneut erkennbar, dass das Setzen von Zielen der Ausgangspunkt von allem und damit eine der wichtigsten Aufgaben der Führung ist. Ohne klare Ziele geht es eben nicht, sowohl die Happiness als auch am Ende der Erfolg bleiben auf der Strecke. Management ohne Ziele führt daher unweigerlich zu unglücklichen Menschen ohne Erfolg! Würden Sie dazugehören wollen als Manager? Ich jedenfalls nicht!

2. **Achse 2 bildet die »Dringlichkeit«.** Hier geht es einzig und allein um den Erledigungstermin: Bis wann muss etwas spätestens abgeliefert worden sein? Diese Frage bzw. Achse ergänzt den GMV-Ansatz, bei dem wir ja nur grob die Wichtigkeit im Auge hatten.
   In der Praxis wird oft nicht über den Erledigungstermin gesprochen und so überstrahlt mangels Informationen zu Terminen die Achse Wichtigkeit ganz schnell die Terminachse. Dann beeilt man sich, obwohl es ggf. nicht nötig wäre — also sollten Sie immer den Erledigungstermin für sich definieren oder beim Empfänger Ihrer Ergebnisse erfragen. Und wenn Ihnen »aus der Hüfte« ein eng gesteckter Termin zugerufen wird und Sie selbst das Gefühl haben, dass der Termin auf Ihre Frage hin gerade willkürlich festgelegt wurde, dann sollten Sie den Mut haben, noch einmal nachzufragen, in welcher Kette von Terminen dieser Termin steht und was nach genauer Betrachtung der spätestmögliche Erledigungstermin wäre. Meist entspannt sich dann noch einmal die Terminlage.

Aus diesen beiden Achsen ergeben sich nun vier Felder in einer Matrix (s. Abb. 2.9).

2 Werde dein eigener Happiness-Bodyguard!

		C		A
Wichtigkeit (Inhalt)		konsequent planen und terminieren, beste Ressourcen einsetzen, angemessen Zeit nehmen		sofort bzw. kurzfristig erledigen, beste Ressourcen einsetzen, angemessen Zeit nehmen
		P		B
		»Rundablage P«: weglassen, konsequent nicht erledigen, auch nicht sammeln oder aufbewahren		sofort bzw. kurzfristig erledigen, an »juniorere« Ressourcen delegieren, nicht lange damit aufhalten

Dringlichkeit/Eiligkeit (Erledigungstermin)

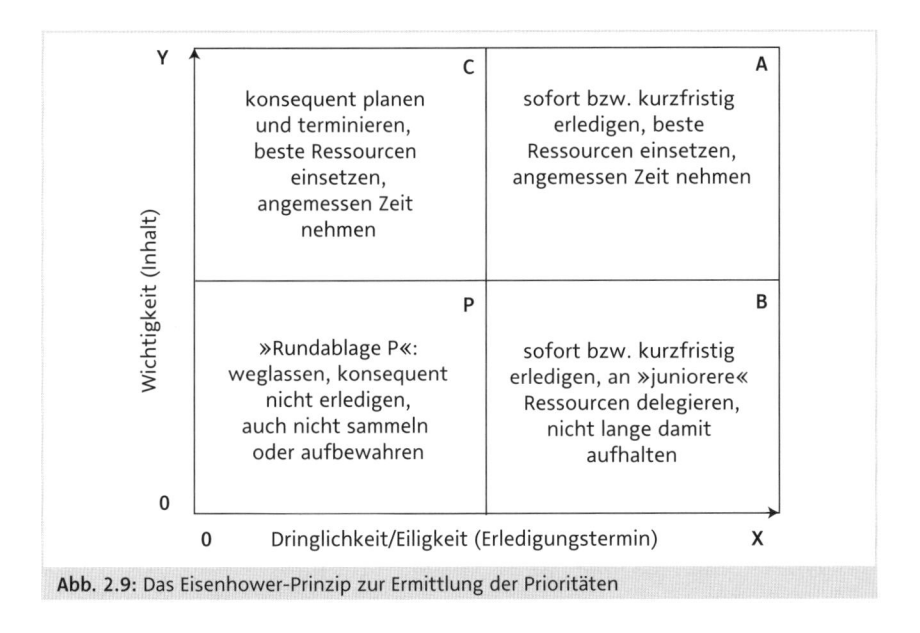

Abb. 2.9: Das Eisenhower-Prinzip zur Ermittlung der Prioritäten

Rechts oben stehen dabei die Themen mit hoher Priorität, weil beide Achsen auf »hoch« stehen. Links unten ist aber nach meiner Erfahrung der viel spannendere Bereich. Spannend deshalb, weil aufgrund des Zusammentreffens von geringen Ausprägungen auf beiden Achsen ein »Weglasspotenzial« entsteht. Und es gehört nach meiner Erfahrung zu den größten Hürden im privaten und Berufsleben, Dinge, die auf den Tisch geflattert kommen, nicht zu tun. Denken Sie jetzt auch gerade: »Aua, ich soll etwas nicht tun, obwohl es da ist und auf meine Bearbeitung wartet?«

Hätte ich für jedes Mal, wenn meine Trainingsteilnehmer daraufhin äußern: »Ich bitte Sie, Herr Prieß, das kann ich nun wirklich nicht tun«, einen Euro bekommen, müsste ich meine begrenzte Lebenszeit sicher nicht mehr mit Arbeit verbringen, sondern könnte das tun, was Sie jetzt gerade tun: bequem auf dem Sofa rumlümmeln und Bücher lesen.

Ikes Modell nennt man manchmal auch »Papierkorb-Delegation«, weil links unten die »Rundablage P« wie Papierkorb das Weglasspotenzial einsammelt. Und dieser Papierkorb darf kein Sammelfach sein, in dem Sie diejenigen Aufgaben stapeln und zu Bergen anwachsen lassen, bei denen Sie noch nicht ganz bereit waren, diese wegzulassen. Das Modell erfordert Mut, die Dinge wirklich aus dem Arbeitsspeicher zu löschen bzw. papierne Unterlagen wirklich in den Schredder zu stecken.

> **! Wichtig**
> Hier ergibt sich ein weiterer Begrenzungseffekt, den Sie der Liste im vorherigen Kapitel hinzufügen können:
> ***Begrenzen Sie Ihre Aufgaben, indem Sie Dinge, die weder wichtig noch dringlich sind, nicht tun!***

In Bezug auf das Berufsleben fallen einem meist viele Themen spontan ein, die man gerne in die Rundablage P befördern würde (man muss nur noch den Mut entwickeln, es auch zu tun, was bedeutet, dass man mal mit seiner Führungskraft ein ernstes Wort über die delegierten Aufgaben führen müsste – doch wie gesagt, dazu gehört Mut). Im Privatleben denkt man immer, da gäbe es so etwas nicht, da man ja glaubt, dass man privat aus gutem Grund entschieden hat, was zu tun ist. Aber ich verspreche Ihnen, dass Sie unter Anwendung des Eisenhower-Prinzips auch im privaten Umfeld so manches in P verschwinden lassen könnten und sollten. Viele Gewohnheiten und nicht hinterfragte Pflichten gehören auf die Abschussliste für den Papierkorb. Meine Frau frage ich jedes Mal, ob sie wirklich zu jedem Elterntreffen der Kita und Schule erscheinen muss, obwohl offensichtlich alles paletti ist. Oder ob man wirklich vor der Party perfekt durchwischen muss, oder ob Fegen nicht reicht und dann der Wischmob eher den Kleckerflecken nach der Party zu Leibe rücken sollte[18]. Aber die Umsetzung dieses einfachen Prinzips ist leider viel komplizierter, als man denkt, denn es gilt, ein neues Entscheidungsverfahren anzuwenden. Viele kleine Entscheidungen müssen täglich anders getroffen werden, als man es gewohnt war. In dieser Erkenntnis steckt leider auch das böse Wort »gewohnt« drin. Und Gewohnheiten sind die größten Verhinderer von Glück und Erfolg. Diese zu verändern, ist verdammt harte Arbeit und bedarf hoher Konsequenz im Umgang mit sich selbst.

Sehen Sie es einmal ganz gelassen: Wenn eine Aufgabe keine nennenswerten Auswirkungen auf Ihre Ziele hat und der Erledigungstermin auch ewig weg ist, dann hat derjenige, von dem die Aufgabe kommt, sie zu dem Zeitpunkt der Erledigung wahrscheinlich selbst schon vergessen. Und wenn nicht, dann muss man eben mutig sagen: »Tut mir leid, das muss wohl unter all den wichtigen und dringlichen Dingen der zurückliegenden Zeit unter die Räder gekommen

---

18 Nicht dass Sie denken, dass ich ein doofer Macho bin, weil ich meine Frau im Zusammenhang mit Bodenpflege erwähne. Das war früher mein Job, bevor wir eine Reinigungskraft hatten. Aber meine Frau kann es nicht ertragen, wenn der Boden nicht glänzt im Moment des Eintreffens der Gäste einer Party. Dass der Glanz spätestens nach zehn Minuten aber sowas von weg ist, ist für sie kein Argument. Haben Sie schon mal als Gast einer Party beim Eintreffen anstatt nach der Bar und dem lecker Futter zu schauen, den Boden nach etwaigen Flecken und Krümeln inspiziert, um dann mit dem Gastgeber über den respektlosen Empfang der Gäste in einem offensichtlich nicht auf Hochglanz gebrachten Domizil zu sprechen? (Sagen Sie jetzt bloß nicht ja ...)

sein. Bitte senden Sie es mir gerne noch einmal zu, wenn nach Ihrer heutigen Einschätzung ein hoher und zeitlich gebotener Effekt auf unsere Ziele zu erwarten ist.«

So oder ähnlich argumentiert, wird der zu erwartende Rüffel sicher erträglich bleiben. Wahrscheinlicher ist aber, dass nichts passiert. Dass weder nachgefragt noch irgendeine Auswirkung sichtbar wird. Besser noch wäre es aber im Sinne respektvollen Umgangs miteinander, bei offensichtlich unwichtigen/nicht dringlichen Aufgaben gleich mit dem Aufgabensteller ins Gespräch zu gehen und eine gemeinsame Fokussierung der begrenzten Ressourcen auf wichtigere Themen zu beschließen.

> **Goldene Management-Regel**
>
> Unwichtige und nicht dringliche Dinge wegzulassen und damit die Organisation und die Menschen darin und alle sonstigen wertvollen Ressourcen zu schonen, ist oberste Managementpflicht! Nur wenn Manager das begreifen und es vorleben und einfordern, entsteht in einer Organisation eine Kultur der Prioritäten. Weglassen ist somit vielleicht das entscheidendste Ergebnis der Anwendung des Eisenhower-Prinzips, weil es zu Mut erzieht und zu sorgsamem Umgang mit begrenzten Ressourcen. Weil es entlastet von reichlich Ballast und die Möglichkeit zum Durchatmen und Konzentrieren auf die wahren Prioritäten gibt.
> Wer nicht weglassen kann, der zwingt sich bei allen Prioritäten am Ende doch zu einem Gießkanneneinsatz der Energie. Nur der Mut zur »Papierkorb-Delegation« ermöglicht einen erfolgreichen Prioritätenfokus. Alles andere wirkt am Ende wie ein Lippenbekenntnis. Das habe ich als Manager und insbesondere als Berater von Unternehmen immer wieder erlebt. Die Organisation verfällt in das alte Muster des »Wir-tun-alles-ohne-zu-hinterfragen-und-das-mit-gleichverteilter-Kraft« und landet so im organisationalen Burnout. Für Lippenbekenntnisse bzgl. Arbeit nach Prioritäten ist die Frage nach fehlendem oder vorhandenem Mut zum Weglassen die »Nagelprobe«.
> Das Fazit daraus lautet: **Erfolgreiches Happiness- und Performance-Management entsteht zum großen Teil aus der Fähigkeit des Weglassens!**
> Dazu gehört im Übrigen auch das Beenden bereits begonnener und als unwichtig und nicht dringlich erkannter laufender Projekte und Tätigkeiten. Es ist also nie zu spät, mutig zu sein!

Zurück zum Prinzip »Eisenhower«. Wie funktioniert das nun im Detail mit der Matrix? Spielen wir es einmal durch an der Planung eines Tages oder einer Woche:

1. **Zuordnen der Aufgaben:**
   Listen Sie Ihre anstehenden beruflichen und privaten Aufgaben auf und ordnen Sie sie den vier Feldern zu.

Anfangs zeichnen Sie vielleicht die Matrix noch auf einem Schmierzettel auf (das hilft auch beim Einprägen), nummerieren Ihre Aufgaben von 1 bis n durch und tragen sie dann mit den Zahlen in die Felder ein. Später läuft das im Kopf ab. Bei der Zuordnung in die vier Felder unbedingt die Achsen getrennt voneinander abfragen, denn der häufigste Fehler in der Anwendung des Prinzips ist eine Überstrahlung von einer Achse auf die andere. Kommt z. B. eine wichtige Person durch die Tür, wie z. B. Ihr Geschäftsführer, dann überstrahlt die Wichtigkeit der Person sowohl die Achse der Wichtigkeit der Aufgabe (das momentane Anliegen könnte ja durchaus niedrige Auswirkung auf die Ziele haben) als auch die Dringlichkeit. Denn mancher traut sich gar nicht, nach dem spätestmöglichen Erledigungstermin zu fragen, weil der Geschäftsführer natürlich immer alles sofort bekommen soll, er ist ja schließlich Numero Uno des Unternehmens.

Ike müsste, wenn meine erfundene Anekdote stimmen würde, seine unterstellten Leute dazu angehalten haben, ihm diese beiden Fragen zu stellen, um die Achsen des beschriebenen Modells einschätzen zu können:

a) Welche Auswirkung hat die Aufgabe auf unsere Ziele (bzw. wie lauten die, wenn noch nicht bekannt)?
b) Wann muss ich das spätestens erledigt haben?
c) **Leeren des Papierkorbs:**
Nachdem Sie alle Aufgaben den vier Feldern zugeordnet haben, raffen Sie Ihren ganzen Mut zusammen und **löschen** die Aufgaben, die links unten im Papierkorb gelandet sind (vielleicht, indem Sie diese mit einem der im nächsten Kapitel empfohlenen höflichen »Nein-Sätze« bei dem etwaigen Delegierenden oder Ergebnisempfänger abwehren).

2. **Rangreihenfolge erstellen:**
Danach bringen Sie die übrigen Aufgaben in eine **Rangreihenfolge** und ordnen sie den Zeitfenstern des Tages/der Woche zu. Dabei können durchaus dringliche und nicht wichtige Aufgaben zuerst abgearbeitet werden (aber »quick & dirty«, wenn's geht), falls das Zeitfenster bis zum nächsten Termin die sachgemäße Bearbeitung einer wichtigen Aufgabe nicht zulässt.

Die Eisenhower-Methode gibt noch Tipps zum Umgang mit den vier Matrixfeldern zugeordneten Themen, diese können Sie Abb. 2.9 entnehmen. Bei der Berücksichtigung der Tipps zum Umgang mit den Themen/Aufgaben in den vier Feldern gilt es Folgendes zu beachten:

1. *Rechts unten:* Nicht, weil man etwas delegieren kann, ist es in diesem Feld gelandet, sondern weil es wenig Wichtigkeit besitzt. Es ist also nicht der dort aufgeführte Tipp, der die Zuordnung vorgibt, sondern dieser Tipp sollte erst nach der Zuordnung auf Basis der beiden Achsen berücksichtigt werden.

Solche »Rechts-unten-Aufgaben« sind übrigens wunderbare Spielwiesen für »Lerner«, weil man bei nicht wichtigen Themen ruhig auch mal einen Fehler machen darf, ohne dass dies gleich schmerzliche Konsequenzen für die Erreichung der Ziele hat.
2. *Rechts und links oben:* Beste Ressourcen bedeuten nicht automatisch, dass Sie es selbst machen müssen. Chefs neigen dazu, diesen Schluss zu ziehen. Aber manchmal ist es gerade ein Mitarbeiter, der für eine bestimmte Aufgabe die richtigen Skills besitzt.
3. *Links oben:* Rechtzeitig terminieren, wann man starten muss, um noch angemessen Zeit in eine wichtige Aufgabe stecken zu können. Dies erfordert eine gute Schätzung der Dauer einer sachgemäßen Bearbeitung und dann ein Zurückrechnen vom Erledigungstermin auf den geeigneten Starttermin. Dabei vielleicht auch eine kleine Reserve einbauen, damit man bei unvorhergesehenen Ereignissen am Ende nicht doch noch unter Zeitdruck gerät und »pfuschen« muss.

Im Übrigen werden alle Aufgaben, die heute nicht dringlich sind, dringlicher. Das haben Ihnen hoffentlich meine Ausführungen zu der ständig dahinfließenden Zeit aufgezeigt. Erledigungstermine kommen so immer näher, bis ggf. nicht mehr genug Zeit für die Bearbeitung verbleibt. Das Weglegen eines wichtigen, aber dringlichen Vorgangs ohne Termineintrag der Bearbeitung im Kalender wäre deshalb fahrlässig und bringt nur vorübergehend Entlastung. Der Zeitdruck entsteht dann später, wenn man hektisch merkt, dass man die Bearbeitung einer Aufgabe längst hätte beginnen müssen, um noch zu einer angemessenen Qualität des Ergebnisses zu kommen.

Ein Trainingsteilnehmer hat mich mal gefragt, warum man überhaupt die Dringlichkeitsachse benötigt und warum man unwichtige Dinge nicht einfach grundsätzlich weglässt, egal, ob sie dringlich sind oder nicht. Gute Frage! Ich habe es ihm und mir so erklärt: Nicht immer können wir alle Aufgaben auf Herz und Nieren prüfen, in welcher Kette sie direkt oder indirekt zu unseren Zielen stehen. Wenn eine oberflächliche Prüfung zunächst einmal nur Dringlichkeit ergibt, aber die Wichtigkeit nicht erkannt werden kann, ist es sicherer, sie schnell und ohne große Aufwände abzuarbeiten. Damit bekommt der Empfänger seinen Input, der ggf. in eine Ergebniskette einzahlt, die dem Empfänger offensichtlich etwas wert ist, auch wenn man selbst dies nicht nachvollziehen kann. Einem Empfänger kurz vor der erwarteten Ablieferung mitzuteilen: »Ätsch, mache ich doch nicht!«, würde ggf. auch mehr Kraft und Zeit zur Konfliktlösung kosten als eine schnelle Fertigstellung. Dies gilt insbesondere dann, wenn die schnelle Fertigstellung durch sinnvolle Delegation noch einen Lernerfolg für juniore Kollegen mit sich bringen würde. Haben unwichtige Aufgaben keine Dringlichkeit, kann man sich dagegen der Erledigung entziehen. Der vermeintliche Empfänger kann sich dann noch rechtzeitig um eine andere Lösung bemühen, wenn er partout auf Erledigung pocht.

> **Goldene Management-Regel**
>
> Das Eisenhower-Prinzip dient neben der Priorisierung der Tagesaufgaben auch der Abwägung, welche Priorität strategische Initiativen, Projekte, größere Aufgaben und sonstige Fragestellungen haben. So kann man z.B. im Rahmen eines Projektportfoliomanagements seine ganzen Projekte miteinander vergleichen und ggf. im Vergleich schlechter abschneidende auf Eis legen oder einfach die Finger davon lassen, damit die kostbaren Ressourcen eines Unternehmens an anderer Stelle mit mehr Wertbeitrag für die Ziele eingesetzt werden können.

Ich möchte dieses Kapitel mit einem persischen Sprichwort beenden:

> *Wer alles erreichen will, wird als Meister des Nichts enden!*
> Persisches Sprichwort

Wendet man Ikes Prinzip richtig an, so wird schon einmal jeden Abend der Papierkorb vom »Zeitmanagement-Putzkommando« geleert. Sie würden den Großteil Ihrer Ressourcen für diejenigen Aufgaben einsetzen, die den größtmöglichen Erfolg bescheren und keinen Aufschub dulden. Ihre Praktikanten und andere lernbegierige Teammitglieder würden endlich etwas zu tun bekommen, weil Sie unwichtige, aber dringliche Themen abgeben. Und durch eine vorausschauende Starttermin-Festlegung für die wichtigen, aber nicht dringlichen Themen kommen Sie auch nicht mehr in vermeidbaren Zeitdruck. Eine tolle Vision! Danke, Ike, wie immer dein Prinzip wirklich entstanden ist!

> **Wichtig**
>
> Auch wenn sich die obigen Ausführungen etwas »berufslastig« lesen, so gilt doch, dass Prioritäten im privaten Leben nach dem gleichen Prinzip definiert werden sollten. Sie können eine Minute Ihres Lebens nur für eine einzige Sache einsetzen. Und es ist an Ihnen, festzulegen, ob Sie diese Minute mit dem Spielen mit Ihren Kindern, bei einem guten Gläschen im Gespräch mit Ihrem Partner, im Fitnesscenter auf dem Laufband, beim Rumzappen vor der Glotze oder beim Schreiben eines Buches verbringen.
> Wenn Sie Ihre Zeit und Lebensenergie nach Prioritäten einsetzen, dann wartet auch privat ein von Glück erfülltes Leben auf Sie. Tun Sie es aber nicht und zeigen Ikes Prinzip die »kalte Schulter«, dann sagen Sie nachher nicht, das Leben hätte Ihnen nicht genug Zeit für das Glücklich-Werden und -Bleiben gegeben.
> Sollten wir uns einmal persönlich treffen und Sie kämen mit einer solchen Ausrede daher, würde ich Ihnen entgegnen: **Sie haben nicht zu wenig Zeit, Sie verwenden sie nur mit falschen Prioritäten!**

2.4.2 Lerne, Nein zu sagen!

Das kleine Wörtchen »Nein« kommt einem angesichts der ganzen Erziehung hin zur Hilfsbereitschaft und einer üblichen Unternehmenskultur des »Wir helfen uns im Team gegenseitig« nicht so leicht über die Lippen. Und gerade deshalb ist Nicht-Nein-sagen-Können eine der größten Zeitfallen, in die man regelmäßig hineintappt, und man wundert sich, warum der Berg an Arbeit immer größer wird. Man will nicht unhöflich sein, man will seiner Führungskraft zeigen, dass man ein richtiger Wegarbeiter ist und ein Satz wie: »Nein, mach das doch selber« oder »Sorry, das pack ich nicht auch noch« wirkt da wie ein Offenbarungseid, den man nicht abgeben möchte. Aber bedenken Sie Folgendes: Karriere macht, wer Qualität und Klasse abliefert. Und das geht mit Ja-Sagen selten einher. Denn wie Abb. 2.10 aufzeigt:

- Beim **JA-Sagen** ist der Filter für hereinkommende Arbeit weit geöffnet, d.h., viel mehr Aufgaben und Pflichten werden übernommen, können aber mit der zur Verfügung stehenden Zeit nur in niedriger bis mittlerer Qualität abgeliefert werden. Man produziert also durchschnittliche **Masse**! Nichts, womit man positiv auffällt oder wofür man belohnt und befördert wird. Man verhält sich wie eine »fleißige Arbeitsameise«. Ich weiß, das hört sich gemein an, und auch ein Ameisenvolk benötigt diese, nicht jeder kann Königin sein. Aber meinen Sie, dass die Arbeitsameisen die glücklichsten im Bau sind?
- Beim **NEIN-Sagen** ist der Filter nur für so viele Aufgaben geöffnet, wie man sich zutraut, in der zur Verfügung stehenden Zeit in der jeweils benötigten Qualität auch bearbeiten zu können. Es entsteht **Klasse**, mit der man positiv wahrgenommen wird und mit der man sich selbst auch wohlfühlt.

Machen Sie sich deshalb nachdrücklich bewusst, dass »Ja-Sagen zu Quantität, nicht zu Qualität führt und dass man Sie auf lange Sicht für Ihre Hilfsbereitschaft und Gutmütigkeit nicht belohnen wird, sie wird oft sogar ganz bewusst ausgenutzt.

Dies soll bitte nicht als Plädoyer für Eigennutz und Egoismus gewertet werden, aber man muss lernen, seine Hilfs- und Arbeitsbereitschaft in einem gesunden und für die Qualität sinnvollen Rahmen zu halten. Darum geht es und das ist nach meiner Erfahrung ein täglicher Kampf!

> **Wichtig**
> Wenn Ihr Happiness-Bodyguard auf Ihrer Schulter sitzen würde und nichts gelernt hätte außer einer Fähigkeit, dann würde ich mir wünschen, dass es das höfliche, aber bestimmte Nein-Sagen wäre. Das ist zum Eigenschutz im Leben echtes »Happiness-Kung-Fu«.

Anleitung zum Glücklich-Bleiben in einer dynamischen Welt

JA-Sagen		NEIN-Sagen	
niedrig	Masse	niedrig	Klasse
mittel		mittel	
hoch		hoch	

Beim **JA-Sagen** ist der Filter weit geöffnet, viel mehr Aufgaben werden angenommen, aber mit der zur Verfügung stehenden Zeit in niedriger bis mittlerer Qualität abgeliefert. Man produziert **Masse**.
Beim **NEIN-Sagen** ist der Filter nur so weit geöffnet, wie man sich zutraut, in der zur Verfügung stehenden Zeit die jeweils benötigte Qualität leisten zu können. Man produziert **Klasse**.

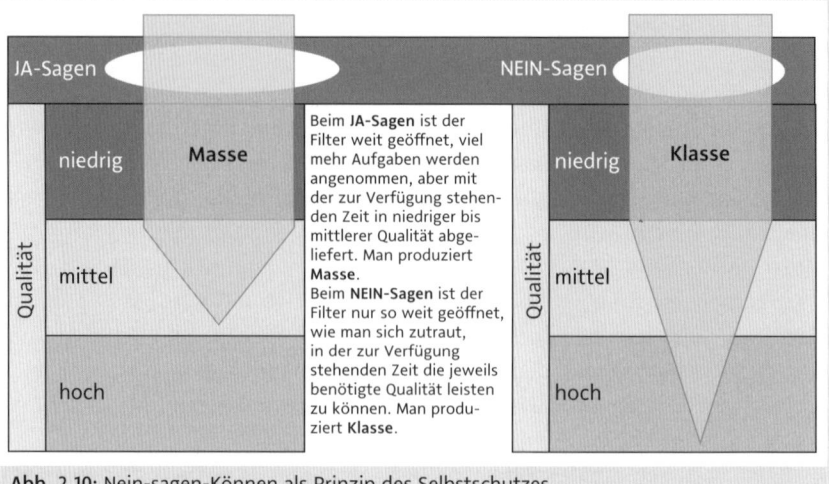

Abb. 2.10: Nein-sagen-Können als Prinzip des Selbstschutzes

Aber wie kann man Nein sagen, wenn es doch so schwerfällt, man will ja auch nicht zum Abblocker werden. Die Antwort lautet: Legen Sie sich höfliche Nein-Sätze zurecht, damit es Ihnen leichter fällt, abzulehnen. Diese könnten so lauten:

- »Ich kann mich gern darum kümmern, aber das, was ich gerade tue, verzögert sich dadurch. Ist Ihnen das recht?«
- »Ich werde das gerne für Sie erledigen. Allerdings kann ich erst damit beginnen, wenn ich meine jetzige Arbeit beendet habe. Das ist am/um ...«
- »Es tut mir leid, aber ich habe leider keine Zeit, eine neue Arbeit zu übernehmen. Ich melde mich bei Ihnen, sobald mein Terminplan wieder etwas übersichtlicher geworden ist.«
- »Ich weiß Ihr Vertrauen zu schätzen, kann diese Angelegenheit aber derzeit nicht in meinen Terminplan einbauen und würde Ihnen nicht die gewünschte Qualität abliefern können. Ich darf Sie aber an meinen Kollegen verweisen, der über ebenso viel Erfahrung auf diesem Gebiet verfügt.«
- »Seien Sie mir nicht böse, aber ich stecke gerade ganz tief in einem anderen Thema. Darf ich mich bei Ihnen melden, wenn ich Ihnen wieder meine volle Aufmerksamkeit entgegenbringen kann?«

Funktioniert natürlich auch privat:
- Ich kann gerne das Bügeln deiner Hemden übernehmen, um das Geld für die Reinigung zu sparen, mein Schatz. Aber in der dafür notwendigen Zeit kann ich dir leider nicht beim Kochen helfen und zusammen mit dir ein leckeres Gläschen Wein trinken, wie wir das immer so gerne tun. Ist das o.k. für dich?

Das liest sich doch gar nicht so schlimm, oder? Solche Sätze bergen auch für den Ablieferer einer zusätzlichen Arbeit die Möglichkeit, kurz innezuhalten und darüber nachzudenken, ob man die Aufgabe nicht anderweitig vergeben oder anders behandeln sollte.

> **Neuro-agile-Tipp**
> Neurobiologisch gibt es einen guten Grund für unser Ja-Sager-Verhalten. Wir stammen evolutionär von Menschen ab, die in Gruppen von bis zu 160 Personen gelebt haben. Ohne diese Gruppe waren wir nicht überlebensfähig. Um die komplexe Sozialstruktur der Gruppe für uns auszunutzen, haben wir unser Gehirn.
> Unser Gehirn ist ein Sozialorgan: Die Ablehnung einer Aufgabe, so rational begründet sie sein mag, ist immer mit der sozialen Ausschlussgefahr verbunden. Nein sagen kann nur der, der sich sicher fühlt, nicht aus der Gruppe zu fliegen. Die Arbeitsplatzsicherheit und die soziale Kultur des Unternehmens haben also einen großen Einfluss auf die Fähigkeit, Ja oder Nein zu sagen. Da Sie diese Werte nur sehr bedingt beeinflussen können, bleibt nur, die Wahl des Arbeitgebers sehr sorgfältig zu treffen. Wenn Ihnen die Ablehnung von Aufgaben auf Ihrer jetzigen Stelle ungewöhnlich schwerfällt, dann könnte dies ein Zeichen dafür sein, dass der Arbeitgeber der falsche ist. Wenn das Schwerfallen in der Familie geschieht, ist dies ggf. auch ein Zeichen für mangelnden Zusammenhalt in dieser engsten sozialen Gruppe. Wenn Ihnen mit der Zeit das Nein-Sagen schwerer fällt als früher, ist das ein Zeichen für zunehmende Unsicherheit. Fragen Sie sich dann einmal, warum Sie sich unsicherer fühlen in Ihrer Gemeinschaft als früher; fragen Sie sich, was der Auslöser dafür sein könnte, und versuchen Sie diesen abzuwenden.

Ich möchte dieses Kapitel mit zwei kleinen Anekdötchen von meiner mir anvertrauten und geliebten Gemahlin abrunden. Vorweg will ich meine Annahme äußern, dass nach meiner Erfahrung das Nicht-Nein-sagen-Können nichts mit mangelnder Intelligenz zu tun hat. Dies kann man m. E. an den nachfolgenden Berichten über das Verhalten meiner hochintelligenten Frau schön ablesen:

Als Doktorin der Medizin und Fachärztin für Radiologie hat meine Frau sicher ausreichend bewiesen, dass sie nicht zu den Dumpfbacken der Bevölkerung gehört, sondern eine ganz Schlaue ist. Als sie als Ärztin in der Klinik zu arbeiten begann und die Heimkehr immer später wurde, fragte ich sie nach dem Grund der stetig länger werdenden Arbeitstage. Sie erklärte mir, dass sie eben häufig von anderen Kollegen und insbesondere von den Oberärzten Arbeit übernehmen müsse. Diese kämen täglich vorbei und klagten über dringende Abendtermine und wichtige Gründe für zeitnahen Feierabend und deren nette Bitten, ob sie vielleicht noch offene Restarbeiten übernehmen könnte, mochte sie nicht ablehnen. Das würde sich ja in einem Team schließlich nicht gehören. Unnötig zu sagen, dass es immer die gleichen Pappenheimer waren, die bei Frau Dr. Prieß eine willige Abnahmestelle gefunden und den Hilfsbereitschaftsknopf fleißig zu drücken gelernt hatten.

Eine andere weitere schöne Anekdote aus dem privaten Leben erklärt das Syndrom auch ganz anschaulich. Eines Tages wurde ich von meiner Auserwählten mit der erfreulichen Nachricht begrüßt, dass wir nun bald richtig Steuern sparen würden. Wer würde das nicht wollen, dachte ich mir und fragte nach der Erklärung dieses anstehenden Geldsegens und wurde prompt belohnt durch eine weitere schöne Anekdote in Sachen Nicht-Nein-sagen-Können. Sie hätte einen Anruf gehabt von einem Lohnsteuerhilfeverein, der praktisch ganz aus sozialen Gründen vorbeikommen würde und uns nun endlich die Steuerlast verringern könnte. Wie denn die Steuersparmethoden so aussehen würden, hatte sie gar nicht gefragt. Und auch der naheliegende Verdacht, dass hier jemand unter dem Deckmantel eines Vereins Versicherungen verticken und Vermögensberatung leisten wollte, war ihr nicht gekommen. Ich konnte es kaum glauben und entzog mich der in meiner kostbaren und übersichtlichen Freizeit terminierten Beratungsstunde, versprach aber, mir das Spektakel von der Couch aus anzuschauen.

Der Start der Beratungsstunde begann verheißungsvoll. Der versierte Lohnsteuersparberater erklärte schon in der Begrüßung, dass er total überrascht sei, dass meine Frau am Telefon sofort einem Treffen zugestimmt hatte, und dass er als gerade umgelernter arbeitsloser Bäcker ja noch ganz neu im Geschäft sei. Ich grinste mir in meinen Bart und ließ ihn gewähren, voller Neugierde, welche Erkenntnisse dieses Spektakel wohl am Ende für meine allzu gerne Ja sagende Frau Doktor noch bringen würde.

Als meine Frau dann nach der Vergeudung von zwei ihrer begrenzten und deshalb kostbaren Lebensstunden diesen Möchtegern-Steuersparer hinauskomplimentiert hatte, nahm ich sie in den Arm und fragte mitleidig, aber nicht ganz ohne Schadenfreude, ob sie denn nun etwas gelernt habe in puncto Nein-Sagen.

Dieses zweite Beispiel aus dem Privatbereich steht dem ersten Fehlverhalten aus dem beruflichen Kontext in nichts nach. In beiden Fällen wird Lebenszeit vergeudet und anschließend fühlt man sich mies, weil man nichts gewonnen hat für seine Happiness. Natürlich freuen sich die anderen, die einen ausnutzen. Aber bei den beiden beschriebenen Fällen produzieren die Oberärzte einen allzu bald frustrierten und überlasteten Assistenzarzt und Kollege »Ich war mal Bäcker und will jetzt Ihr Vermögen retten« hat ja auch nur seine Zeit vergeudet und musste ohne Abschluss die Heimreise antreten.

Nachdem ich meiner Frau dann die obigen höflichen Nein-Sätze erklärt hatte, wurde ihr Mut zum Nein-Sagen deutlich ausgeprägter, auch wenn es ihr immer noch schwerfällt.

2.4.3 Betreibe »Digital Overload Management«, dann wirst du kein digitaler 4.0-Sklave!

Unbenommen hat die Digitalisierung viele Vorteile mit sich gebracht. Man hat heute viel schnellere und vielfältigere Kommunikationsmöglichkeiten mit Familie, Freunden und Kollegen. Man ist flexibler in seiner Arbeit, weil man von überall arbeiten kann, solange ein WLAN oder sonstiger Empfang gewährleistet ist. Man kann überall im Haus im Internet surfen und seine Einkäufe erledigen, muss dazu nicht mal mehr von der Couch runter. Man kann mal eben schnell den neuesten Film in HD-Qualität streamen und mit der Familie schauen, der Gang zur guten alten Videothek (gibt es so was noch?) hat sich damit erledigt. Man kann sich vernetzen mit Leuten auf der anderen Seite der Erde und sich mit ihnen über Gott und die Welt austauschen. Man kann auch »Freunde«, die man selten zu Gesicht bekommt, über die sozialen Medien auf dem Laufenden halten über das eigene Leben. Und wenn sie doch mal vorbeikommen wollen, bestellt mir der Kühlschrank bereits im Web-Supermarkt die Getränke, weil er früher als ich gemerkt hat, dass das Bier- und Weinfach leer ist.

Schöne neue Welt, diese 4.0-Welt! Aber wo Licht ist, ist eben immer auch Schatten. Alle oben genannten Vorteile bergen auch die Gefahr, dass sie uns gehörig um die Ohren fliegen.

Weil es so einfach ist, bombardieren wir uns gegenseitig mit Informationen, für die wir uns früher nie die Mühe gemacht hätten, ein Stück Papier und einen Stift aus der Schublade zu nehmen (für unsere jüngeren Leser: Das nannte man »Brief schreiben«), eine Briefmarke zu vergeuden und auch noch zum Briefkasten zu rennen. Wir chatten über mehrere soziale Medien gleichzeitig, müssen die Antworten natürlich auch lesen und wieder antworten, und sei es nur, um den anderen mitzuteilen, dass wir noch leben. »Ich denke, also bin ich!«[19] ist nicht mehr, heute gilt: »Ich poste, darum bin ich!«.

---

19 Cogito ergo sum (»Ich denke, also bin ich«) wurde von dem Philosophen René Descartes 1641 formuliert. Er entwickelte eine Erkenntnistheorie, die u. a. auf folgender Annahme basierte: »Da es ja immer noch ich bin, der zweifelt, kann ich an diesem Ich, selbst wenn es träumt oder phantasiert, selber nicht mehr zweifeln.«

Manchmal fragt man sich: »Lebt der eigentlich noch, habe lange keine WhatsApp mehr erhalten? Funke ich doch gleich mal an und fordere ein Lebenszeichen.« Und schon macht es wieder »Ping« und das Smartphone ruft den vermeintlich Verschollenen zur Ordnung, sich in den »stetigen Funkkreis des Lebens« wieder einzubringen.

Unsere jederzeitige und überall gegebene Erreichbarkeit nimmt uns unsere Rückzugsräume, in denen wir mal abschalten können. Arbeitgeber erwarten – ausgesprochen oder suggeriert –, dass wir angesichts der Ausstattung mit mobilen Kommunikations- und Arbeitsmedien natürlich auch mal »fünfe gerade sein lassen« und am Wochenende und im Urlaub mal schnell ein paar Mails beantworten. Sorgsame Arbeitgeber vermeiden dies und unterbinden solche »Digital Worker – jederzeit und überall im Einsatz«-Auswüchse. Aber man glaubt irgendwie nicht an die Aufrichtigkeit der Arbeitgeber-Bekundungen zum Thema und ist immer wieder versucht, in die Erreichbarkeitsfalle zu tappen.

Nehmen Sie das Beispiel mit den Filmmediatheken im Internet. Natürlich ist das bequem, sich einen Film zu streamen. Aber ist Ihnen auch schon aufgefallen, dass man diese Filme lange nicht mehr so bewusst schaut wie den gekauften oder ausgeliehenen Film? Als man sich noch die Mühe des Ausleihens in einer Videothek gemacht hat, da musste man sich den Film angesichts des Aufwands und der begrenzten Ausleihzeit natürlich auch bewusst und konzentriert anschauen und es genießen. Heute surfen wir nebenbei im Internet und schauen den Film angesichts seiner jederzeitigen bequemen Verfügbarkeit nur halbherzig und können uns schon am nächsten Tag nicht mehr erinnern, welchen Film wir eigentlich am Abend vorher geschaut haben.

Und dass das digitale Haus alle persönlichen Gewohnheiten in Daten umwandelt und so das eigene Konsumentenprofil haarklein allen liefert, die einem dann gezielte Werbung ins Haus senden, um damit den Umsatz zu steigern, macht einem auch irgendwie Angst. Wo sind wir eigentlich noch private Menschen? Oder hat uns die Digitalisierung endlich transparent gemacht und den gezielten und deshalb besonders verführerischen Angeboten der Industrie preisgegeben?

Egal, welchen Vorteil der Digitalisierung Sie nehmen, Sie werden immer auch einen Nachteil bzw. eine Gefahr darin entdecken. Dabei geht es mir nicht darum, das »Haar in der Suppe« (wohl eher die Perücke im Eintopf) der Digitalisierung zu finden, es geht darum, sich selbst zu sensibilisieren, mit den Vor- und Nachteilen bewusst umzugehen, damit das Licht überwiegt und man nicht im Schatten der Nachteile wandelt. Aber sensibilisieren reicht m. E.

schon lange nicht mehr, eine echte neue 4.0-Digitalisierungskompetenz muss her, damit wir die 4.0-Zeiten unbeschadet und gesund überleben.

Das haben die vorausschauenden Unternehmen bzw. die »weiseren unter den Personalentwicklern« in diesen Unternehmen auch erkannt. Meinen ersten Trainingsauftrag zu diesem Thema erhielt ich von einer PE-Expertin, die mit ihrem Seminarkatalog die Mitarbeiter in einem Service-Bereich eines großen internationalen Konzerns auf die Zukunft vorbereiten wollte. Hier hörte ich zum ersten Mal den Begriff »Digital Overload Management«. Auf diesen Begriff muss man erst mal kommen, aber er ist so treffend wie sprechend, man versteht damit sofort, was man in dem Training lernen kann.

Als ich mich nach Auftragserteilung mit dem Thema intensiver beschäftigte, wurde mir aber schnell klar, dass es nicht nur um die Vermeidung zu vieler Mails gehen kann; man muss viel ganzheitlicher erlernen, was zu tun ist. Rausgekommen ist ein Konzept, das ich nachfolgend kurz im Überblick und mit kompakten Auszügen und ausgewählten Tipps erklären möchte.

Vorher aber noch die Beantwortung zweier zu diesem Thema naheliegender Fragen, die Sie bestimmt schon im Sinn hatten:

Was ist Digital Overload Management (DOM)?
Mit DOM wird eine Selbstmanagement-Kompetenz beschrieben, bei der mit effektiven Zeitmanagement-Methoden das berufliche und private Leben inkl. der zunehmenden digitalen Informationsflut erfolgreich gemanagt werden kann!

Woher kommt der Digital Overload?
Von Spams, Social-Bot-Nachrichten und Social Trolls[20] mal abgesehen müssen wir anerkennen, dass der Digital Overload nicht vom Himmel fällt, sondern dass diejenigen, die meinen, Opfer zu sein, auch gleichzeitig die Täter sind. Einfacher gesprochen: Jeder von uns ist Täter und Opfer zugleich. Wenn man das mal begriffen hat, dann nützt es nichts, mit dem Finger auf andere zu zeigen oder im Unternehmen das Problem an die Geschäftsführung zu de-

---

20 Social Bots sind Programme, die auf bestimmten Algorithmen beruhen und damit menschliche Kommunikation vortäuschen. Sie antworten auf Kommentare in sozialen Medien, geben automatisch generierte Antworten und bringen vorher programmierte Informationen in Umlauf. Sie sind im Netz inzwischen nur schwer von menschlichen Chatpartnern und von von Menschen erstellten Accounts und Profilen zu unterscheiden.
Social Trolls sind Personen, die sich in Blogs, auf Websites und in Foren ungefragt einmischen und z. B. eine Diskussion so raffiniert oder aggressiv aufmischen, dass diese – vom Betreiber oder Kommentator eines Ereignisses oder Themas völlig unverschuldet und ungewollt – aus dem Ruder läuft. Trolls können außerdem dafür eingesetzt werden, ganz bewusst immer wieder ein Produkt oder eine Dienstleistung ins Gespräch zu bringen und so dafür Werbung zu machen.

legieren. Jeder muss selbst ran, jeder muss seinen eigenen Beitrag zur Problementstehung verstehen, diesen unterlassen und auf der anderen Seite als Opfer das Nötige tun, um sich zu schützen! Mein Plädoyer lautet deshalb: Aus Opfer-Täter-Typen müssen DOM-Vorbilder werden!

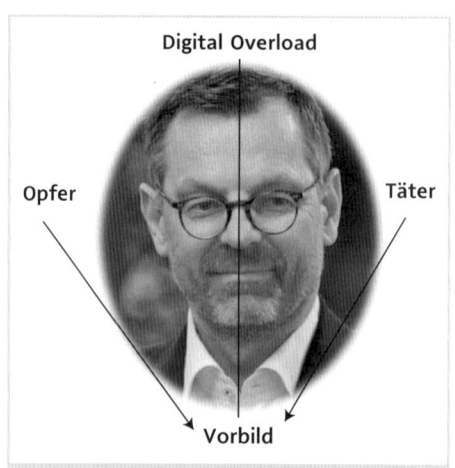

Abb. 2.11: Opfer sind auch Täter und sollten Vorbild für effektives DOM werden

Um meine ganzheitliche Herangehensweise an das DOM, bei der »klassische Selbst- und Zeitmanagement-Methoden« unabdingbar dazugehören, herleiten zu können, habe ich ein Bild mit einem »DOM-Glas« entworfen (s. auch Abb. 2.12):

- Der Digital Overload gleicht einem überlaufenden Glas, das den Zufluss nicht mehr aufnehmen kann. Übertragen bedeutet dieses Bild, dass der Mensch bereits so angespannt und mit Informationen, Aufgaben, Pflichten und sonstigen Belastungen beladen ist, dass er sich dem digitalen Overload, bestehend aus dem digitalen Info-Druck und den obigen Nachteilen bzw. Gefahren der Digitalisierung, nicht mehr gewachsen fühlt. Die Digitalisierung schafft insbesondere mit den neuen schnellen Informationswegen, -quellen und -medien viele Vorteile und Arbeitserleichterungen. Die gewonnene Schnelligkeit und leichte Nutzbarkeit (ver)führt aber auch zu deren übermäßiger Nutzung. Deshalb sind sicher die vielen digitalen Informationen und Kommunikationen einer der Hauptgründe dafür, dass sich das Glas schnell auffüllt und überläuft.
- Zum kritischen Problem wird es dann, wenn das Glas aus verschiedenen, meist gar nicht durch die Digitalisierung hervorgerufenen Gründen bereits gut gefüllt ist. Hier zählen ganz explizit auch die privaten Themen dazu. DOM ist kein Problem der Arbeitswelt, es ist eines, das berufliches und privates Leben gleichermaßen betrifft, denn der Mensch ist in seiner Belastungsgrenze »unteilbar«. Man kann nicht privat sehr angespannt sein und dann beruflich voller Elan und bestens ausgeruht Gas geben. Umgekehrt geht dies genauso wenig. Deswegen gibt es in meinem Erklärungsmodell nur dieses eine Glas und dem ist es so was von egal, aus welchem Krug es befüllt wird.
- Das Überlaufen des Glases signalisiert, dass das maximale Maß an Druck und Informationsfülle erreicht wurde. Dieses Füllmaß ist bei verschiede-

nen Menschen unterschiedlich und hat ganz viel mit deren individueller Kompetenz im Selbst- und Zeitmanagement zu tun. Je besser man diese Kompetenzen beherrscht, desto größer ist die mögliche Füllmenge.

Ich hoffe, dass dieses anschauliche Bild das Problem deutlich macht. Die entscheidende Frage ist nun, wie man DOM erfolgreich hinbekommen kann und wie man verhindert, um in dem Bild zu bleiben, dass das eigene Glas überläuft.

Grundsätzlich gibt es drei Wege für ein erfolgreiches DOM. Diese sind nachfolgend in einer sinnvollen Reihenfolge genannt, d.h., der eine könnte in der Folge auf einen anderen weitere Entlastung bewirken. Aber auch für sich genommen liefern sie einen Beitrag für das DOM:

1. Das maximale Maß (im Bild also die Aufnahmefähigkeit des Glases) kann beeinflusst werden, nennen wir das mal neudeutsch **Digital Overload Resilienz**. Diese hat natürlich sehr viel mit allgemeiner Resilienz[21] zu tun. Die Grenzen sind hier sicher fließend, insbesondere unter der Berücksichtigung der glasfüllenden Themen, die ja gar nicht von der Digitalisierung allein verursacht werden (vgl. Abb. 2.12).
2. Der **Umfang des Digital Overloads** kann am Punkt des Überlaufens (im Bild also im oberen Bereich des Glases bis zum Glasrand) verringert werden. Hier geht es um eine Reduzierung der digitalen Informationen und Kommunikation und der Auswirkungen der eingangs genannten Nachteile der Digitalisierung. Dieser zweite Weg kann sehr wirksam für die Lösung des Problems sein. Dummerweise ist er auch schwieriger, denn hier muss nicht nur der Einzelne an sich selbst arbeiten, sondern auch die Gemeinschaft, innerhalb derer man sich gegenseitig informiert und miteinander kommuniziert, an einem Strang ziehen. Nur im Kollektiv kann der Umfang des Digital Overloads verringert werden.
3. Der **Umgang mit dem Digital Overload** kann geändert werden. Das ist sicher der naheliegendste Weg, denn man könnte selbst sofort handeln. Man muss vorher nur noch lernen, wie man es richtig macht.

---

21 Resilienz meint eine Art psychische Widerstandsfähigkeit, die es Menschen möglich macht, Krisen zu überstehen und konstruktiv mit Belastungen umzugehen. In der Psychologie wird u.a. erforscht, was Resilienz ausmacht, was sie befördert und stärkt bzw. was sie im Gegensatz dazu schwächt und von Krisen Betroffene verwundbarer macht.

Grundprinzip: Digital Overload Management beginnt beim Management der »normalen Grundlast«, wenn diese schlecht gemanagt ist, läuft das eigene Belastungsglas schon beim 5. Mail über!

DOM
Digital Overload Management

- tbd ...
- immer und überall erreichbar
- viel zu viel Kommunikation über zahlreiche Informations- und Kommunikationsmedien
- unvorhergesehene Ereignisse und Probleme
- Stoßzeiten (z.B. saisonal, vor Urlaub)
- private Sorgen und Nöte
- zusätzliche Projekte
- normaler Arbeitsanfall beruflich
- normaler Arbeitsanfall privat

Abb. 2.12: Digital Overload Management am Beispiel eines überlaufenden Glases

Gehen wir die drei eben genannten Wege einmal durch und schauen wir, was man wie tun könnte. Dabei werde ich meinen Fokus auf den zweiten Weg legen, da der erste Weg bereits mit dieser Anleitung zum Glücklich-Bleiben beschritten wird und der dritte teilweise bereits mit Tipps in diesem Kapitel unterstützt wurde. Der zweite lässt dagegen noch viele Handlungsspielräume zu.

2.4.3.1 »Digital-Overload-Resilienz« stärken

Der erste Weg verlangt nach einem guten Selbst- und Zeitmanagement und nach der daraus entstehenden mentalen Stärke. Für die Entwicklung einer solchen Stärke gibt es seit vielen Jahren gute Bücher und Trainings. Diese haben auch in 4.0-Zeiten noch ihren Wert und können helfen, die »Ladekapazität« des Glases zu erhöhen.

Die gesamte Anleitung zum Glücklich-Bleiben ist m.E. nichts anderes als eine Resilienzstärkung, denn was gibt es Besseres, um seine Abwehrkräfte zu stärken, als glücklich zu sein. Dieser innere Panzer würde helfen, vieles des Digital Overloads abzuwehren.

2.4.3.2 Umfang des Digital Overloads reduzieren

Wie bereits oben aufgezeigt, geht es hier immer um zwei Themen:

1. Reduzierung des Umfangs der digitalen Informationen und Kommunikation
2. Reduzierung der Auswirkungen, die die Nachteile der Digitalisierung haben

Zu Punkt 1: Reduzierung des Umfangs der digitalen Informationen und Kommunikation

Im Unternehmen kann man die oben erwähnten DOM-Trainings anbieten und in der Organisation und insbesondere in Organisationsteilen DOM-Spielregeln vereinbaren. Je kleiner das Team, umso leichter kann man die Beibehaltung von DOM-Vereinbarungen umsetzen. Das hilft schon mal ordentlich bei der Reduzierung des Umfangs. Aber nur wenn man untereinander und insbesondere als Führungskraft die Vereinbarungen konsequent einfordert, landet man nicht in kürzester Zeit wieder auf dem alten Überlastungsstand. Man liest ja von Unternehmen, die trotz solcher Spielregeln und Vereinbarungen sich nicht anders zu helfen wissen, als den Mitarbeitern strikt den Versand von Mails innerhalb eines Gebäudes zu verbieten. Fast schon ein Offenbarungseid, aber vielleicht die einzige Möglichkeit, dem Problem nachhaltig Herr zu werden.

Noch schwieriger, als solche DOM-Umfang-Maßnahmen im Unternehmen durchzusetzen, ist es, im privaten Bereich seine »Friends & Family« auf Linie zu kriegen. Das ist leider eine fast »unführbare« Gruppe, die nicht auf Spielregeln und Vorgaben reagiert. Ist ja schließlich Freizeit, da macht man doch gerne, was man will. Aber im Grundsatz gelten die nachfolgend genannten Tipps gleichermaßen, nur dass man es wohl einfach vorleben und durch sein eigenes Vorbild andere indirekt beeinflussen oder inspirieren muss.

12 Tipps für die Reduzierung des Digital-Overload-Umfangs[22]
1. **Verringern Sie Ihre Kommunikationsmittel, -wege und -quellen,** insbesondere Social-Media-Accounts, auf diejenigen, die Ihnen echten Nutzen und Freude stiften. Überlegen Sie bei denen, die übrig bleiben, ob Sie Nachrichten über Mail-Nachricht oder sonstige Messenger-Kanäle/-Dienste unaufgefordert erhalten wollen oder ob Sie lieber zu den von Ihnen bewusst geplanten Zeitfenstern in den sozialen Medien selbst Infos und Nachrichten nachlesen wollen! Bei Xing, LinkedIn und Facebook können Sie in Ihren Einstellungen festlegen, ob Sie bei neuen Nachrichten eine Mail erhalten wollen. Wenn Sie das abschalten, verringert sich dadurch

---

22 Da nicht alle technischen Features sämtlicher Kommunikationsmedien und Messenger-Dienste berücksichtigt werden können, bitte ich die ggf. mehr auf Mail-Systeme gemünzten Tipps vom Prinzip her auf die von Ihnen verwendeten Medien und Dienste sinnvoll zu übertragen.

schon mal erheblich die Anzahl Ihrer Mails. Damit dann aber Nachrichten nicht als »tote Info-Leichen« dahinvegetieren und nie oder zu spät gelesen werden, müssen Sie sich feste Zeitfenster einrichten, in denen Sie in den jeweiligen Netzwerken direkt die Nachrichten screenen und bei Interesse lesen und beantworten.

Natürlich ist es auch sinnvoll, sich nicht mit jedem zu vernetzen, wenn von demjenigen keine sinnvolle und für Sie hilfreiche Kommunikation zu erwarten ist. Gerade in den sozialen Medien vernetzen sich manche Leute ungefiltert mit jedem, so erhöht sich aber auch die potenzielle Anzahl der Kommunikationsbedürftigen. Filtern Sie daher sorgsam aus, ob Ihnen z.B. nur jemand etwas verkaufen will oder ob ein Kontakt persönlich und beruflich von Nutzen sein kann. Das ist naturgemäß eine Gratwanderung, da man ein Netzwerk häufig erst zu schätzen weiß, wenn man es benötigt. Im Moment der Vernetzung hat man keine Glaskugel und kann noch nicht absehen, ob der neue Kontakt nur eine Erhöhung des DOM-Problems darstellt oder sich später einmal als nützlich oder sinnvoll erweisen wird.

Dazu eine kleine Anekdote: Interessant fand ich die Reaktion eines Personalleiters, mit dem ich mich auf Xing vernetzen und den ich zu meinen Netzwerk-Events für HR-Entscheider einladen wollte. Klar, im weitesten Sinne basiert darauf mein Marketing und ich versuche so, potenzielle Kunden kennenzulernen. Aber vorher wird reichlich Nutzen durch kostenlose Weiterbildung, Häppchen und Netzwerk-Gedöns in schönen Lokationen geliefert. Und kaufen muss da niemand irgendetwas. Die Antwort des Betroffenen lautete: »Nein danke, ich vernetze mich nur mit Personen, die ich persönlich kenne!«

Im ersten Moment dachte ich, der will mich veräppeln. Man stellt doch nicht in einem beruflichen Internet-Netzwerk wie Xing sein Profil ein, um dann nur mit Menschen zu verkehren, die man in der Offline-Welt ohnehin kennt. Wenn ich bereits persönlich bekannt bin, kann ich den Kontakt doch auch ohne Online-Hilfen pflegen. Im Internet kann ich aber neue Kontakte aufbauen, die ich noch nicht habe, und diese dann für die Zukunft pflegen und nutzen. Insgeheim dachte ich mir, dass genau das die Leute sind, die, wenn sie ein Netzwerk mal nötig haben, auf keines zurückgreifen können. Das sind die Leute, die einem eine Anfrage senden, wenn sie arbeitslos sind und einen neuen Job suchen. Aber so funktionieren Netzwerke nun mal nicht. Netzwerken ist eine dauerhafte und vorausschauende Arbeit, deren Nutzen sich erst später einstellt.

Zurück zum DOM. Man muss einerseits völlig sinnfreie und offensichtlich rein verkaufsorientierte Kontakte vermeiden, aber auch kreativ und an die Zukunft denkend sein Netzwerk entwickeln. Der erfolgreiche Gang auf diesem schmalen Grat liegt sicher in vielen Einzelfallentscheidungen begründet. Und einen Kontakt später, wenn er nervig wird, wieder zu

»entfreunden«, ist ja technisch auch kein Aufwand und kann im Einzelfall genutzt werden, wenn der Aufwand im DOM dann doch größer als der zu erwartende Nutzen erscheint.

2. **Unsubscriben** Sie Newsletter, allgemeine Info-Verteiler und sonstige unaufgeforderte und unwichtige Nachrichtenquellen! Wo Sie nicht auf dem Verteiler stehen, da können Sie auch nicht bombardiert werden. Das gilt vor allem auch für WhatsApp-Gruppen, bei denen wie oben erwähnt mancher mit seinem »geistigen Dauerausfluss« seine Lebendigkeit unter Beweis stellen will. Einfach raus aus den Verteilern, wenn Sie etwas benötigen, wissen Sie, wo Sie nachschauen müssen; wenn Sie wirklich jemand erreichen will, dann weiß er, wie und wo ihm das gelingt.

   Dummerweise will heute jeder an Ihre Kontaktdaten ran. Immer wenn es im Internet kostenlos Wissen oder Downloads zu holen gibt, dann muss man erst mal seine E-Mail-Adresse etc. angeben. Und anschließend geht das Bombardement los. Deswegen vermeiden Sie wo immer möglich die Preisgabe Ihrer E-Mail-Adresse oder das Kreuzchensetzen für die Zustimmung zur Newsletter-Zusendung. Und wenn das nicht geht, dann unsubscriben Sie direkt nach dem ersten Zugang einer unaufgeforderten Info oder setzen Sie die Adresse auf die Blacklist unerwünschter Adressaten bzw. erstellen Sie eine Regel, dass Mails von dieser E-Mail-Adresse direkt in den Spamordner verfrachtet werden.

3. **Sorgen Sie für gut eingestellte Spamfilter in Ihren Kommunikationsmedien:** Das kann kräftig helfen bei der Reduzierung Ihres Digital Overloads, weil Sie danach mit all den rausgefilterten Infos nichts mehr machen müssen, denn sie gelangen ja gar nicht in Ihren Aufmerksamkeitsbereich. Dass dann auch mal eine sinnvolle Nachricht als Spambeifang ins Netz gerät, muss man wohl ertragen. Aber was passiert, wenn man auf etwas Wichtiges nicht reagiert, weil es im Spam gelandet ist? Richtig, der Adressat wendet sich erneut an einen und fragt nach, ob seine Nachricht ggf. im Spam gelandet ist. Von daher ist der Beifang verschmerzbar und das grundsätzliche Schutzprinzip wichtiger als die ungewollte Ausnahme.

4. **Halten Sie Ihre Nachrichtenverteiler und -adressatenkreise klein:** Wer nicht unnötigerweise angeschrieben wird, kann nicht (was besonders loadverringernd wirkt: an alle angeschriebenen Empfänger) antworten und die Nachrichtenflut so vergrößern; und Sie verursachen nicht den unnötigen Digital Overload der anderen, sind also seltener Täter!

   Ich halte es beim Mail bzw. bei Nachrichten wie bei Meetings, da lade ich auch nur Personen ein, die etwas hineinbringen und etwas herausnehmen können. Ist beides fraglich, erkläre ich ihnen, warum ich sie nicht einlade, damit sie es als respektvollen Umgang mit ihrer wertvollen Zeit und als Schutz gegenüber ihrem persönlichen Load verstehen. Bei Nachrichtenverteilern sollte es genauso laufen: Wer nichts rauslesen und dann durch einen Antwortbeitrag zur Wertsteigerung beitragen kann, der sollte nicht auf dem Verteiler stehen.

5. **Persönlich austauschen statt digitaler Nachricht:** Suchen Sie bei noch nicht vorliegendem Vertrauen und bei komplexen Inhalten lieber den persönlichen Austausch als eine digitale Nachricht! Selbst super formulierte ausführliche Mails etc. können das Sender-Empfänger-Prinzip erfolgreicher Kommunikation nicht ersetzen. Mailen ist eine einseitige Informationsvermittlung ohne Garantie, dass die empfangende Seite die Info auch versteht. Zusätzlich ist fraglich, ob der Empfänger einer digitalen Nachricht dann auch noch tut, was richtig wäre im Sinne der gemeinten Botschaft. Insgesamt also genug Potenzial, dass einiges schiefgeht durch falsch ausgewählte Kommunikationsmedien.

Um dieses Problem etwas besser in den Griff zu bekommen, habe ich als Handlungsanleitung mal das V-I-KoM-Modell erfunden. Es beschreibt den Zusammenhang zwischen Vertrauen, Inhalten einer Kommunikation und den zur Kommunikation gewählten Medien. Es basiert grundsätzlich auf der Erkenntnis, dass 80% unserer Kommunikation nonverbal verlaufen. Und dieser Teil geht uns in den meisten digitalen Medien verloren. Das kleine Stirnrunzeln, das »Panik-P« in den Augen, die ablehnende Geste des Missmuts, all das kann man nicht sehen, wenn eine digitale Nachricht gelesen wird. Wenn die Inhalte komplexer werden, benötigt man sie aber, um sich erfolgreich zu verständigen.

Und vorherzusehen, was im Kopf des anderen bei der Kommunikation vorgeht, ist noch schwieriger bei Menschen, die man noch nicht lange kennt. Nach Jahren erfolgreicher privater oder beruflicher Zusammenarbeit bzw. Partnerschaft hat man vielleicht ein »blindes Verständnis« füreinander, aber wenn man jemanden noch nicht kennt, dann weiß man eben nicht, wie derjenige etwas meint oder versteht, weil man seine Wahrnehmungsfilter noch nicht kennt. Man kennt die Erfahrungen, die Ausbildung, die Werte und die Intentionen nicht und deshalb kann man die Kommunikation des »Unbekannten bzw. Unvertrauten« nicht richtig interpretieren.

Zur kleinen Auflockerung zwischendurch eine Info, die ich kürzlich in einer der sozialen Medien entdeckt habe — sie lautete ungefähr so:

»Ich hatte Streit mit einer Freundin und wollte sie für eine Entschuldigung anrufen. Sie ist aber nicht rangegangen, deshalb schrieb ich ihr eine WhatsApp: Ich wünschte, Du würdest abnehmen! War im Nachhinein und wo wir jetzt getrennt leben betrachtet, vielleicht nicht die glücklichste Formulierung.«

Verstehen entsteht eben beim Empfänger und da ist ein persönliches Medium oft zielführender.

Das nachfolgend abgebildete Modell beschreibt diesen Zusammenhang mit zwei gegenläufigen Achsen:

2 Werde dein eigener Happiness-Bodyguard!

- Mit **zunehmendem Vertrauen** wächst die Möglichkeit, auch Medien zur Kommunikation zu nutzen, die weniger nonverbale Kommunikation transportieren (das gesprochene und geschriebene Wort).
- Mit **zunehmender Komplexität der Inhalte** wächst die Notwendigkeit, sich auch mithilfe nonverbaler Kommunikationssignale zu verständigen.

Aber wie häufig ballern wir uns z. B. bei Konflikten die Mails um die Ohren, eine Beschuldigung jagt die andere, zur Selbstverteidigung werden seitenlange Argumentationen ausgeführt, und das Ganze natürlich mit »Antworten an alle«. Und schon wundert man sich, wenn der Digital Overload einen aus den Puschen haut.

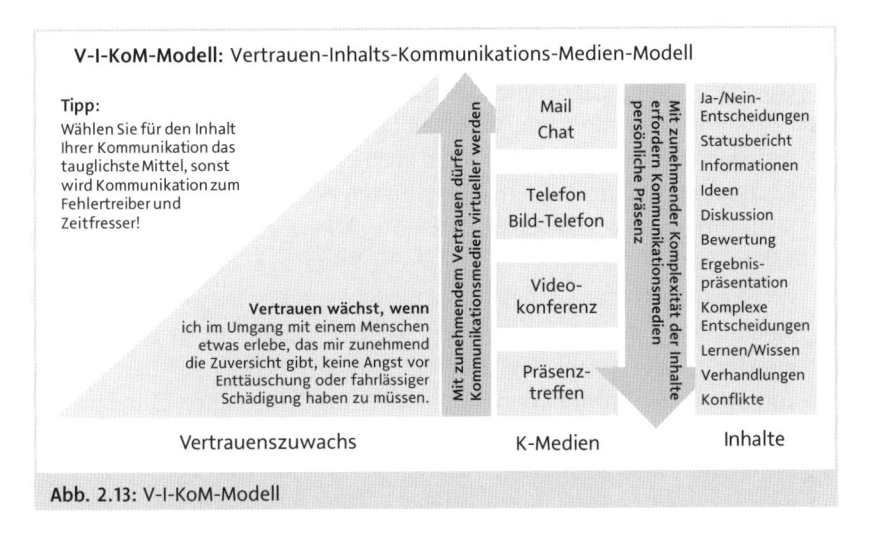

V-I-KoM-Modell: Vertrauen-Inhalts-Kommunikations-Medien-Modell

Tipp:
Wählen Sie für den Inhalt Ihrer Kommunikation das tauglichste Mittel, sonst wird Kommunikation zum Fehlertreiber und Zeitfresser!

Vertrauen wächst, wenn ich im Umgang mit einem Menschen etwas erlebe, das mir zunehmend die Zuversicht gibt, keine Angst vor Enttäuschung oder fahrlässiger Schädigung haben zu müssen.

Mit zunehmendem Vertrauen dürfen Kommunikationsmedien virtueller werden

K-Medien	
Mail / Chat	Ja-/Nein-Entscheidungen / Statusbericht / Informationen
Telefon / Bild-Telefon	Ideen / Diskussion / Bewertung
Videokonferenz	Ergebnispräsentation / Komplexe Entscheidungen / Lernen/Wissen
Präsenztreffen	Verhandlungen / Konflikte

Mit zunehmender Komplexität der Inhalte erfordern Kommunikationsmedien persönliche Präsenz

Vertrauenszuwachs — K-Medien — Inhalte

Abb. 2.13: V-I-KoM-Modell

Goldene Management-Regel !

Tipp für Führungskräfte: Anstatt das nächste Mail abzusenden, sammeln Sie lieber Aufträge und Infos für Ihre Mitarbeiter bis zum nächsten regelmäßigen Jour fixe. So verringern Sie die Mailflut für die Mitarbeiter und erhöhen den Kommunikationserfolg bei komplexen Sachverhalten und in der wichtigen Frage der Delegation von Aufgaben.

---

6. **Umgang mit Nachrichten, insbesondere Mails, bei denen man nur auf cc gesetzt ist:**
   - Lesen und bearbeiten Sie Mails, bei denen Sie in cc sind, nur **mit niedrigerer Priorität!**
   - **Antworten Sie nicht** auf Mails, die Sie in cc erhalten haben, bzw. Nachrichten, bei denen Sie offensichtlich nur wegen eines aus Gewohnheit verwendeten oder aus Fahrlässigkeit zu groß gewählten Verteilers, nicht aber wegen des Inhalts Empfänger wurden! Wenn jemand Ihre

Meinung hätte einfordern wollen, hätte er Sie direkt angeschrieben und in der Nachricht um Antwort von Ihnen gebeten.
- Bitten Sie Versender von Mails bzw. Mailvorgängen, bei denen Sie nicht ständig im Loop sein müssen, Sie **aus dem Verteiler zu nehmen**; ggf. reicht eine Info zum Ergebnis eines Vorgangs statt die ganze Kommunikation dazu!
- **Vermeiden Sie »Cover my ass«-Verteiler**, seien Sie selbst mutig und fordern Sie es von anderen (besonders Ihren Mitarbeitern, wenn Sie Führungskraft sind), sich nicht durch große Verteiler absichern zu wollen (»wenn es alle bekommen, bin ich abgesichert«)!

7. **Rationalisieren Sie Ihre Arbeit mit Mails** durch automatische Footer und vorbereitete Verteiler sowie Textbausteinen! In sonstigen Messenger-Diensten und in der Foren-/Chat-Kommunikation ist dieser formale Teil sicher nicht mehr opportun, sodass man ganz auf Footer verzichten kann. (Ob einem dieser Kommunikationsstil gefällt oder nicht, sei hier nicht thematisiert. Ich persönlich verwende auch in Foren im Internet einen kleinen Footer, den ich aber aus Effizienzgründen per Copy & Paste einsetze.)
8. **Strukturieren Sie Ihre Nachrichten durch eine gute Gliederung und Aufzählungen,** vermeiden Sie lange epische Texte, in denen der Leser nach den wichtigen Aussagen suchen muss! Bitten Sie regelmäßige Mailkontakte, es Ihnen gleichzutun! Messenger wie Twitter begrenzen den Umfang zwar künstlich, aber solche Dienste sind ja nicht wirklich für den Austausch von sinnvollen Informationen gedacht, sondern dienen zunehmend der Meinungsmache in Wirtschaft und Politik.
9. **Intro und Extro gestalten:** Erklären Sie in Ihren Nachrichten zu Beginn, was vom Leser/Adressaten erwartet wird (z.B. »Nachfolgend beschreibe ich Ihnen einen Vorschlag für das gewünschte Procedere, das ich Sie bitten möchte zu lesen und etwaige Fragen telefonisch mit mir zu klären«) und enden Sie mit einem Fazit und der Aufforderung zu der gewünschten Reaktion (z.B. »… deshalb bitte ich Sie um Zustimmung zu dem o.g. Vorschlag per Mail«)!
10. **Löschen Sie Ihre Nachrichten, insbesondere Mails, aus dem jeweiligen Eingangskorb!** Der Posteingang sollte nicht als Archiv genutzt werden. Ein voller Eingangskorb ist mental eine drückende Last. Wenn eine Nachricht noch wichtig ist, verschieben Sie sie in Extra-Ordner, die Sie thematisch gliedern; der Eingangskorb sollte möglichst freigefegt sein bzw. werden!
11. **Erstellen Sie ein Fazit aus dem zurückliegenden Nachrichtenverkehr**, wenn sich eine neue Nachricht darauf bezieht und eine Maßnahme davon abgeleitet werden soll. Das ist für den Empfänger ein leichterer Einstieg in eine Thematik, als sich den meterlangen Text der alten Nachrichten durchlesen zu müssen.

12. **Schon im Betreff hilfreiche Anweisungen geben:** Nicht alle Nachrichten kann man aus Zeitgründen intensiv und vollständig lesen, deshalb nutzen Sie die Betreffzeile (soweit bei dem Kommunikationsmedium vorgesehen, in Mails immer vorhanden) oder den Anfang der Nachricht für Hinweise zum Umgang mit der Nachricht. So können alle Adressaten schon zu Beginn erkennen, was wichtig ist:
    - **Im Betreff** z.B. folgende Hinweise:
        - Achtung: Handlung erforderlich bis zum Datum
        - Nur zur Info, keine Reaktion erforderlich
        - Update zum Mail vom – frühere Mails können gelöscht werden
        - Auf cc Angeschriebene bitte nur zur Kenntnis nehmen, es ist keine Antwort nötig
    - Im Team kann auch ein **Code** vereinbart werden, der bereits im Betreff die notwendige Reaktion benennt, z.B. mein **PARI-Code:**
        - P = **Priority** – wichtig und dringend – sofort lesen und schnellstmöglich bearbeiten (dieser Code sollte sorgsam verwendet werden, damit er sich nicht abnutzt)
        - A = **Action** erforderlich, eine Handlung ist nötig (bei allen unter »an« Genannten, nicht bei cc)
        - R = **Response** erbeten, Mail beinhaltet Fragen, die beantwortet werden müssen (bei allen unter »an« Genannten, nicht bei cc)
        - I = **Information**, keine Reaktion nötig, nur zur Kenntnisnahme

Kommen wir zu dem zweiten o.g. Thema, das beim Umfang des Digital Overloads zu bedenken ist.

Zu Punkt 2: Reduzierung der Auswirkungen, die die Nachteile der Digitalisierung haben

Den in diesem Kapitel eingangs erwähnten Vorteilen stehen die beispielhaft genannten Nachteile gegenüber. Sie werden u.a. dadurch verursacht, dass der Umfang des Digital Overloads signifikant ansteigt. An zwei Beispielen möchte ich prinzipiell erläutern, wie man sich verhalten könnte, damit die Vorteile nicht zu Nachteilen mutieren.

Problem:
- Unsere jederzeitige und überall gegebene Erreichbarkeit und Arbeitsfähigkeit nimmt uns unsere Rückzugsräume!

Lösungsvorschläge:
- Haben Sie den Mut, sich Frei-Zeiten und -Räume von digitalen Medien zu definieren bzw. »selbst zu verordnen«. So könnten Sie z.B. Mahlzeiten

mit der Familie, Lese- und Spielzimmer (nicht nur für die Kinder) als »nondigital« definieren. Lassen Sie ab einem definierten Zeitpunkt am Abend die Nachrichtenkanäle ruhen, schalten Sie auch unbedingt die ständigen Piepsgeräusche aus, die die Ankunft der nächsten Nachricht verkünden. Ihre Neugierde ist viel stärker, als Sie denken, und nach dem Pieps wollen Sie »nur mal eben schnell« schauen, ob es etwas Wichtiges ist, und zack, schon bearbeiten Sie eine unwichtige und absolut nicht dringliche Nachricht und kommen so nicht zur Ruhe.

- Verbannen Sie digitale Medien und Geräte aus dem Schlafzimmer (zählt als Ruheraum oder »Spielzimmer«, ist Ihre Entscheidung).
- Sagen Sie Ihrem Arbeitgeber klipp und klar, dass Sie im Urlaub keine Nachrichten lesen werden, und zwar auf keinem Kanal. Bieten Sie bei unabdingbaren Vorgängen an, max. einmal pro Tag die SMS zu checken, ob eine Rückrufbitte eingegangen ist. Halten Sie sich selbst an diese Vereinbarung, dann schüren Sie nicht die Erwartung, dass man eigentlich doch stetig auf Empfang ist.
- Wenn der Arbeitgeber verspricht oder sogar einfordert, dass man im Feierabend oder Urlaub nicht erreichbar sein muss, dann nehmen Sie ihn beim Wort. Unterstellen Sie nicht eine anderslautende Intention.
- Verringern Sie den Umfang Ihres Equipments, mit dem Sie kommunizieren. Vielleicht müssen es nicht drei Smartphones sein und auch noch zwei Tablets.

> **Goldene Management-Regel**
> Klären Sie mit Ihrer IT, ob es wirklich nötig ist, dass die Mitarbeiter für ihre private Kommunikation ein privates Equipment nutzen müssen. Die Trennung von privat und beruflich wird hier häufig durch die Finanzer und die IT erzwungen. Gleichwohl fordert man vom Mitarbeiter, dass er die Grenzzäune zwischen beruflich und privat niederreißt und flexibel mit den Erfordernissen einer virtuellen und globalen Arbeitswelt umgeht. Dass mancher dann mehrere »Devices« mit sich herumschleppt und diese irgendwie alle managen muss, verursacht neben Platzmangel im Jackett oder in der Handtasche auch mental eine Zusatzbelastung.

Problem:
- Wir konzentrieren uns nicht mehr auf eine Sache (z. B. Internetsurfen beim Filmschauen).

Lösungsvorschläge:
- Gewöhnen Sie sich an, immer nur einen einzigen Informationskanal und nicht mehrere gleichzeitig zu nutzen. Halten Sie einen Film an, wenn das Telefon klingelt oder Sie etwas im Internet recherchieren wollen. Musik im Hintergrund lassen Sie nur laufen, wenn es Sie entspannt. Ständig laufen-

des Radio- oder TV-Geplapper, während Sie sich gerade beim Lesen konzentrieren wollen, fördert auch den schleichenden Digital Overload, nur dass Ihnen das nicht auffällt, während es geschieht.
- Legen Sie die digitalen Geräte weit weg (nicht nur auf dem Tisch umdrehen, sondern außer Reichweite), wenn Sie Freunde zu Besuch haben, und bitten Sie diese, es Ihnen gleichzutun. Sie werden sich wundern, wie plötzlich wieder echte Gespräche mit Tiefgang und Mehrwert zustande kommen.
- Ganz wichtig: Keine Nachrichten beim Autofahren lesen und beantworten! Eine Selbstverständlichkeit, werden Sie sagen, ist doch klar, werden Sie sagen! Oder: Mist, voll erwischt. Einer meiner Trainingsteilnehmer hat das mal »Fahren in der Todeszone« genannt. Und doch sind wir so leicht verführt, mal schnell nachzuschauen, was so anliegt. Natürlich nur an der Ampel, ist ja klar! Aber wenn die Ampel auf Grün schaltet, ist eben die Antwort noch nicht ganz fertig formuliert, da schreibt man mit einem Auge und Daumen eben noch schnell weiter. Dass etwas so Anstrengendes wie unfallfrei Auto fahren unsere grauen Zellen ausreichend fordert und eine im Vergleich zum Heil-zu-Hause-Ankommen unwichtige Tätigkeit wie Kommunizieren dabei nicht zusätzlich belasten sollte, ist einem wohl auch ohne Studium der Neurowissenschaft klar. Aber Wissen und GMV zu besitzen, bedeutet leider nicht immer, auch so zu handeln!

> **Goldene Management-Regel** !
> Verbannen Sie in Meetings alle Smartphones und Laptops aus dem Raum bei denen, die nicht Protokoll schreiben, präsentieren oder erreichbar sein müssen wegen Notdienst oder nahender Niederkunft der Ehefrau! Früher hat man mit Bullshit-Bingo seine Langeweile und seine Aufmerksamkeit vergeudet, heute ist das Bullshit-Bingo 4.0 der ständige Blick in die Mails. Die daraus entstehende eingeschränkte Aufmerksamkeit reduziert die Effektivität eines Meetings erheblich und lässt aus dem Meeting deutlich weniger folgerichtiges Handeln entstehen.

2.4.3.3 Umgang mit dem Digital Overload optimieren

Nachdem Sie sich mit dem ersten Weg ein »dickeres Fell« zugelegt und mit dem zweiten Weg den Umfang des Digital Overloads erheblich reduziert haben, können Sie den Rest mit den Methoden aus dem klassischen Selbst- und Zeitmanagement effizient bearbeiten. Die in diesem Kapitel bereits erklärten Methoden Begrenzen, GSP (gut statt perfekt), Priorisieren (Fokussieren) und Nein-Sagen helfen schon einmal kräftig auf den DOM-Gipfel hinauf. Für weitere Methoden, um den Berg erfolgreich zu überwinden, empfehle ich Ihnen die einschlägige Literatur zum Thema, insbesondere natürlich unser bereits erwähntes Buch »Zeit- und Projektmanagement« oder einen Seminarbesuch[23].

> **Goldene Management-Regel**
>
> Noch zwei Tipps für Manager:
> 1. Bieten Sie Ihren Mitarbeitern Inhouse-Trainings zum Thema an, idealerweise welche, die ganze Teams geschlossen besuchen können, denn dann könnten auch vereinbarte Spielregeln und ein gemeinsames Verständnis entstehen.
> 2. Konzentrieren Sie sich auf ein zentrales Kommunikationsmedium bzw. auf einen führenden Kommunikationskanal. Bei aller gut gemeinten Diskussion über Schwarmintelligenz und freies Netzwerken in Unternehmen und der daraus entstehenden Kreativität und Innovationskraft belastet es die Mitarbeiter erheblich, wenn Sie mehrere Kanäle parallel checken und befeuern müssen. In meinen DOM-Trainings wird dies oft als unerträgliche Verzettelung ihrer Aufmerksamkeit und erzwungene oder zumindest zugelassene Defokussierung empfunden. Man fühlt sich zerrissen und hat ständig das Gefühl, etwas Wichtiges zu übersehen, weil man nicht recht weiß, auf welchem Kanal gerade etwas passiert, was man besser wissen sollte.

> **Neuro-agile-Tipp**
>
> Die Studienlage hierzu gibt inzwischen vieles her:
> Bei kognitiven Aufgaben macht es einen Riesenunterschied, ob wir unser Handy neben der Aufgabe liegen haben oder ob das Handy im Nebenraum liegt.
> Ein entsprechender Versuch zeigte, dass die Teilnehmer, die das Handy auf dem Tisch neben sich hatten (ohne dass sie während des Tests das Handy genutzt haben), um bis zu 20% schlechtere Ergebnisse erbrachten.
> Legen Sie das Handy beim Arbeiten richtig weg!

2.5 Finde deinen »Heiligen Gral« zum Glücklich-Bleiben!

Ich möchte annehmen, dass jeder Mensch (von depressiven und selbstzerstörerischen Krankheiten mal abgesehen) glücklich sein und bleiben möchte. Ich kann mir schwer vorstellen, dass dies nicht so ist. Auf dieser wunderbaren Erde zu wandeln und unglücklich sein zu wollen, erscheint mir nicht erstrebenswert. Und wenn Sie bis hierher meiner Anleitung zum Glücklich-Bleiben gefolgt sind, haben Sie vielleicht auch schon einige Tipps gesammelt, deren Umsetzung Sie sich als »gute Vorsätze« vorgenommen haben.

---

23 Zum Zeitpunkt des Buchschreibens 2017 ist bei dem renommierten Trainingsinstitut Haufe Akademie ein Training von mir für 2018 vereinbart, das sogar den Titel »Digital Overload Management« trägt.

Finde deinen »Heiligen Gral« zum Glücklich-Bleiben! 2

Gute Vorsätze sind aber so eine Sache. Sicher werden Sie mir zustimmen, dass allzu viele von diesen guten Vorsätzen nicht lange durchgehalten haben. Ich habe deshalb dafür mal eine Definition formuliert, um diese allzu kurze Halbwertszeit in Worte zu fassen:

Gute Vorsätze sind die Versprechen, die wir uns selbst gegeben und viel zu schnell wieder gebrochen haben!

> **Wichtig**
>
> Das eigene Lebensglück ist viel zu wertvoll, als dass wir es zum Opfer selbst gegebener und gebrochener Versprechen machen dürfen. Deshalb ist mein letzter Tipp in meiner Anleitung einer, der sich der Nachhaltigkeit guter Vorsätze widmet. Dazu möchte ich empfehlen, dass man sich einen »Motor für die Nachhaltigkeit« sucht und diesen am Laufen hält. Ich nenne das »den Heiligen Gral zum Glücklich-Bleiben«.

Dass auch andere die Idee hatten, sich mit einem »Selbstappell« stetig an das Ringen um das eigene Glück zu erinnern, soll eine kleine Anekdote aufzeigen:

Drew Houston, der Gründer und Chef von Dropbox, malt jeden Morgen drei Dinge auf seinen Notizblock: einen Tennisball, einen Kreis und die Zahl 30.000[24].

Warum tut er das? Diese kleine Zeichnung scheint mir sein Heiliger Gral zu sein. Die drei Dinge sollen ihn an etwas für ihn sehr Wichtiges erinnern:

1. **Tennisball:** In unserem Leben jagen wir viel zu häufig etwas hinterher wie ein Hund einem Tennisball. Man kann dem Hund stundenlang den Ball werfen, er wird rennen und ihn holen (ich hatte mal einen Hund, der rannte stundenlang einer Frisbeescheibe hinterher und legte sie mir wieder vor die Füße, mir tat schon der Arm weh, da wollte er immer noch rennen und den Frisbee holen). Houston will sich mit dem Tennisball daran erinnern, stets sorgsam zu prüfen, ob er gerade Dogmen und Überzeugungen anderer hinterherrennt oder ob er ein sinnvolles, wertvolles und vor allem selbst gestecktes Ziel anstrebt.
2. **Kreis:** Dieser steht für die Menschen, mit denen wir uns umgeben. Leisten sie einen wertvollen Beitrag für das eigene Glück? Der Satz »Wir werden so wie die Menschen, mit denen wir uns umgeben« trägt viel Wahres in sich. Im Kreise langweiliger und träger Menschen werden auch wir langweilig und träge. Umgeben wir uns mit Menschen, die andere inspirieren und mit

---

24 Angelehnt an eine Inspiration im Kurzfilm von Peter Kreuz: https://www.youtube.com/watch?v=Kp_ERwprbE4 (letzter Zugriff: 28.10.2017)

Ideen aufladen, dann werden wir ebenfalls inspiriert und ideenreich. Wir sind der Durchschnitt der fünf Menschen, mit denen wir am meisten Zeit verbringen. »Wir sind immer der Durchschnitt der fünf Menschen, mit denen wir die meiste Zeit verbringen.«[25] Danach sind wir ungefähr so fit oder dick wie der Durchschnitt dieser fünf Menschen, wir sind ungefähr so gestresst oder entspannt, verdienen ungefähr so viel Geld, sind ungefähr so zufrieden mit uns, unserer Arbeit und unserem Leben, tun und denken ungefähr dasselbe. Gleich und Gleich gesellt sich gern, sagt das Sprichwort. Wenn man diese Erkenntnis weiterdenkt, muss es auch lauten: Ungleiche Menschen werden gleicher, wenn sie viel Zeit miteinander verbringen. Also wählen Sie die Menschen weise, mit denen Sie Ihre kostbare Zeit verbringen, sie werden auf Sie abfärben, im Positiven wie im Negativen!

3. 30.000: Diese Zahl steht für die Tage, die wir im Leben durchschnittlich haben und gut nutzen sollten (entspricht 82 Lebensjahren, ganz schön hoch gerechnet, wenn Sie sich an meinen Lebenszeitrechner erinnern, aber der Mann hat wohl gute Gene). Sind Sie also auf der Halbzeit angelangt, bleiben nur noch 15.000 Tage übrig. Und jeden Tag wird es einer weniger, deshalb will Houston sich mit dieser Zahl auf seinem Notizblock ermahnen, den Tag gut zu nutzen. Erinnern Sie sich noch: »Memento moriendum esse!« (»Memento mori«), »Bedenke, dass du sterben musst bzw. sterblich bist!«

2.5.1 Definiere dein ganz persönliches Mantra!

Gehen Sie Ihre wichtigsten Erkenntnisse aus den zurückliegenden Kapiteln einmal in Ruhe durch, schreiben Sie sich diese auf einen Zettel. Dann nehmen Sie sich Zeit für ein Brainstorming, in dem Sie die zentrale und für Sie wichtigste Erkenntnis herausfiltern. Diese soll Ihr »Heiliger Gral« sein, Ihr persönliches und ganz individuelles Mantra[26], das Sie sich in Erinnerung rufen, um sich stets daran zu erinnern, glücklich bleiben zu wollen.

Die Suche nach diesem ganz persönlichen Mantra darf gerne etwas länger dauern, vielleicht nicht so lange und vergebens wie die Suche nach dem mythischen »Heiligen Gral«, aber aufgrund des wertvollen und kostbaren Beitrags für Ihr glückliches Leben darf es gerne einige Tage in Anspruch nehmen.

---

25 Jim Rohn war ein US-amerikanischer Unternehmer, Autor und Motivationstrainer (1930–2009).
26 Ein Mantra ist ein magisches Wort oder ein Satz mit einer tiefen spirituellen Bedeutung. Seine Wirkung entfaltet ein Mantra durch ständige Wiederholung. Ursprünglich kommt der Begriff aus dem Sanskrit und bedeutet so viel wie Spruch, Hymne, Lied.

2 Finde deinen »Heiligen Gral« zum Glücklich-Bleiben!

Die Überlieferungen beschreiben den Heiligen Gral als ein Gefäß in Form einer Schale, eines Kelchs oder eines Steines. Er soll Glückseligkeit, ewige Jugend und Speisen in unendlicher Fülle bieten.

Der Ritter Parzival ging auf die Suche nach dem Gral, was Sie sicher durch die Artus-Sage bereits kennen oder gehört haben. Seien Sie nun Ihr eigener Ritter Parzival und begeben Sie sich auf die Suche nach Ihrem Gral!

Wenn er dann gefunden und als Mantra aufgeschrieben ist, können Sie daraus Ihr ganz persönliches Glück trinken, jeden Tag einen kräftigen Schluck!

> **Wichtig** !
> Noch ein paar wichtige Tipps zu der Entwicklung Ihres Mantras:
> - Es sollte kurz und knackig sein, dann können Sie es sich leichter als »Weckruf« zurufen (das Mantra eines meiner Freunde lautet z. B. »Life is too short!«).
> - Es sollte für Sie etwas ganz Persönliches sein, das Sie tief in sich gefunden haben und auch dort fest verankern können. Mantras haben und geben Kraft, wenn sie einem etwas bedeuten.
> - Kopieren Sie Ihr Mantra nur dann von einem anderen, wenn es auch in Ihnen schon immer so geschlummert hat und nur durch Zufall auch aus dem Munde eines anderen kam.

Ich kann und will Ihnen an dieser Stelle nicht mit Vorschlägen die Arbeit erleichtern, die Suche nach Ihrem persönlichen Mantra sollte genau das sein: Ihre ganz persönliche Suche nach Ihrem Heiligen Gral!

Aber ich wäre feige und unvollständig in meinen Ausführungen, wenn ich Ihnen nicht wenigstens mein eigenes Mantra preisgäbe. Es entspricht meiner tiefsten Überzeugung, die in meiner Anleitung zum Glücklich-Bleiben ja bereits Kontur bekommen hat:

Zeit ist Leben – Leben ist Zeit! Nutze sie weise!

Liest sich so hingeschrieben schnell, aber ich habe lange darüber nachgedacht. Diese einfache Formel entspricht meiner innersten Überzeugung. Mit der Ausarbeitung des weiter oben aufgezeigten Zahlenspiels zur Lebenszeit hat das Mantra sich in mir eingebrannt, deshalb verwende ich es, seit ich mein erstes Zeitmanagementtraining durchgeführt habe. Zeitmanagement ist für mich folgerichtig auch mit Management des Lebens gleichzusetzen. Diese Methodenkompetenz ist viel mehr für mich als nur der Steigbügel zum effizienten Arbeiten. Es ist die Garantie für ein erfülltes und glückliches Leben! Nicht zuletzt aus diesem Grund schrieb ich mein zweites Buch über dieses Thema.

Anleitung zum Glücklich-Bleiben in einer dynamischen Welt

Abb. 2.14: Persönliches Mantra des Autors

Wenn Sie Ihren eigenen Heiligen Gral gefunden haben, wenn Ihre Suche erfolgreich beendet ist, dann schreiben Sie Ihr Mantra hier hinein:

> **Mein Mantra**
> Mein »Heiliger Gral«, mein Mantra, das mich stets daran erinnern soll, um mein persönliches Glücklich-Bleiben zu kämpfen, lautet:

2.5.2 Suche dir einen täglichen Begleiter und Mahner an dein Mantra!

So ein Mantra besitzt sehr viel Kraft, aber unser Gedächtnis ist ein fieser Verräter, es vergisst auch das, was wir nicht vergessen wollen. Selbst wenn Sie das Mantra oben in das dafür vorgesehene Feld geschrieben haben und sich vornehmen, regelmäßig das Buch in die Hand zu nehmen, um sich einzelne Passagen noch einmal in Erinnerung zu rufen, so wäre es doch ratsam, Ihren Heiligen Gral auch in geschriebener bzw. materieller Form stets bei sich zu tragen. Deshalb würde ich Ihnen empfehlen, sich einen täglichen Begleiter zuzulegen, der das Mantra für Sie bereithält und den Sie immer wieder mal in die Hand nehmen und fühlen können. Dazu gibt es zahlreiche Möglichkeiten. Hier eine kleine Vorschlagsliste:

- Erstellen Sie eine **Grafik** mit dem Mantra und stellen Sie es als Hintergrundbild im Smartphone ein. Bei jedem Anschalten werden Sie wieder erinnert.

- Das gleiche Bild kann auch als **Bildschirmschoner** auf Ihrem PC regelmäßig in Ihrem Blickfeld auftauchen. So nehmen Sie das Mantra immer wieder zur Kenntnis.
- Lassen Sie sich eine **Handyhülle** mit dem Mantra bedrucken, kann man im Internet mittlerweile recht günstig personalisiert bestellen.
- Lassen Sie sich ein **Schmuckstück** gravieren. Auf Ringen geht das wunderbar, selbst längere Sprüche haben da Platz. Armreife, Medaillons etc. bieten jedenfalls sicher genügend Platz für Ihr Mantra. Bei den Recherchen zu diesem Buch fand ich einen schönen Armreif, auf dem das Motto aus einem wunderbaren Kinderbuch eingraviert war. Das Buch heißt »Weißt Du eigentlich, wie lieb ich Dich habe?« (Sam McBratney, Anita Jeram, Sauerländer 2012), darin erklären sich der kleine und der große Hase, wie lieb sie sich haben. Die gegenseitigen Liebesbekundungen steigern sich bis zu der Aussage: »Bis zum Mond und zurück!« Ein wunderbares Mantra, um sich daran zu erinnern, wie viel Liebe in einem steckt.
- Falls Sie noch mit einem Stift schreiben (ist ja in 4.0-Zeiten nicht mehr ganz so häufig der Fall), könnten Sie sich auch einen **edlen Füller** schenken (lassen) und darauf Ihr Mantra gravieren lassen.
- Für die Raucher unter Ihnen: Auch ein **Feuerzeug** lässt sich wunderbar gravieren und begleitet Sie ja auch in der Hosen-/Handtasche. Sie müssen sich dann nur einen neuen Begleiter suchen, falls mal einer Ihrer guten Vorsätze für das neue Jahr so lautet: »Ich will nicht mehr meine kostbare Lunge als Filter für Gift und Teer nutzen und dafür auch noch eine Menge Geld ausgeben!«[27]
- Für die ganz besonders von ihrem Mantra Überzeugten kann eine **Tätowierung** sicher auch ein probates Mittel sein. Aber bitte: Ein zwar diskretes Plätzchen für das Tattoo suchen, das man selbst aber regelmäßig sieht und das nicht von einem anderen vorgelesen werden muss.

> **Goldene Management-Regel**
>
> Wenn Sie Ihren Mitarbeitern Trainings zum Thema anbieten, dann lassen Sie den Trainer am Ende das persönliche Mantra aller Teilnehmer entwickeln. Schenken Sie den Teilnehmern dann am Ende einen Gutschein für eine Handyhülle mit dem frisch entwickelten persönlichen Mantra! Das ist nicht nur ein nettes Give-away, es ist auch ein fast immer im Nahbereich befindlicher Begleiter, den man gar nicht übersehen kann.

Falls Sie neugierig sind, was wohl mein persönlicher Mantrabegleiter ist, so wird es Sie nicht wundern, dass ich als leidenschaftlicher Uhrensammler ausgewählte Uhren mit meinem Mantra habe gravieren lassen (s. Abb. 2.15).

---

27 War mal einer meiner Vorsätze und ist glücklicherweise kein gebrochenes Versprechen geworden.

Zufälligerweise gibt es auch eine ganz besondere Uhr, die alle echten Uhrensammler kennen und mit dem Nickname »The Holy Grail« – der Heilige Gral – bezeichnen. Es ist eine Omega Speedmaster Automatik von 1987, die nur tausendmal hergestellt wurde und von Sammlern heute heiß begehrt, aber wie der Heilige Gral eben praktisch nicht zu finden ist (mir war das Sammlerglück wohl hold, sodass ich eine für mich gefunden habe). Also ein sehr passender Träger meines Mantras, insbesondere, da es die enge Verbindung von Zeit und Leben beschreibt.

Abb. 2.15: Beispiel für einen persönlichen Begleiter als Träger des Mantras

Mittlerweile habe ich für meine drei Jungs passende Uhren als spätere persönliche Erbstücke auserkoren, die mit der Gravur meines Mantras versehen sind und später, wenn ich einmal nicht mehr bin, meine Brut an den sorgsamen Umgang mit ihrer begrenzten Lebenszeit und damit mit ihrem kostbaren Leben erinnern sollen. Ich hoffe nur, dass die nachfolgende Generation noch Uhren tragen wird und meine vererbten Begleiter nicht im dunklen Schrank ein unbeachtetes Dasein fristen werden.

2.5.3 Mache regelmäßig einen Happiness-Check!

Wir sind am Ende angekommen, meine Anleitung zum Glücklich-Bleiben ist komplett bis auf einen einzigen letzten Tipp: Seien Sie Ihr eigener Controller! Genau wie es an Ihnen ist, Ihr eigener Happiness-Bodyguard zu sein, so ist es auch Ihre Aufgabe zu kontrollieren, ob Sie sich an das halten, was Ihr persönliches Glücklich-Bleiben sicherstellt.

Finde deinen »Heiligen Gral« zum Glücklich-Bleiben! 2

> **Wichtig** !
> Vielleicht waren nicht alle Tipps nach Ihrem Geschmack, das müssen sie auch nicht sein. Wichtig wäre es, dass Sie sich die für Sie relevanten raussuchen, mit denen Sie sich wohlfühlen und mit denen Sie einen kräftigen Schritt in die richtige Richtung vornehmen können.
> Aber – und das ist außerordentlich wichtig für Ihren Erfolg – Sie müssen die Umsetzung konsequent angehen und nicht stetig nachlassen. Und genau hier müssen Sie selbst den unbarmherzigen »Kontrolletti« spielen, diesen Job können Sie nicht delegieren, es ist Ihre ureigenste Aufgabe und das entscheidende Bollwerk zum Schutze Ihres Lebensglücks.

Um es Ihnen einfacher zu machen, habe ich Ihnen nachfolgend alle Tipps noch einmal zusammengefasst und auch eine jährliche Checkliste als Kopiervorlage eingebaut (s. Tab. 2.5). In dieser Checkliste können Sie auch vermerken, ob der jeweilige Tipp relevant für Sie ist, wie Ihr persönlicher Status aktuell ist und welche Maßnahmen Sie sich vornehmen, um den jeweiligen Tipp umzusetzen.

1. **Verstehe, was Glück für dich bedeutet!**
    1. Erkenne wie du bist!
        1. Finde deine Energie-Quellen und bewahre sie!
        2. Finde deine Energie-Vampire und vermeide sie!
    2. Respektiere dich, wie du bist, aber entwickle dich auch weiter!
    3. Lass dir nicht von anderen sagen, was dich glücklich macht, finde es selbst heraus!
2. **Nimm dein Leben in die Hand, bevor es andere für dich tun!**
    1. Du hast dein Leben in deiner Hand, wenn du Herr über deine Zeit bist!
    2. Definiere, was du erreichen möchtest, und kämpfe dafür!
    3. Genieße dein Leben, jeden Tag und überall!
3. **Finde dein Glück in allem, was du tust - vergiss Work-Life-Balance!**
    1. Suche dir Jobs und Aufgaben, die dir Spaß machen!
    2. Wenn dir das Angestellten-Korsett zu eng wird, mache dich selbstständig!
    3. Egal, was du tust, verliere nie deinen Humor im Leben!
4. **Werde dein eigener Happiness-Bodyguard!**
    1. Begrenze dich und priorisiere dein Handeln!
        1. Begrenzen heißt, Ballast des Glücks loswerde
        2. Setze deine kostbare Lebensenergie und -zeit nach Prioritäten ein!
    2. Lerne, Nein zu sagen!
    3. Betreibe »Digital Overload Management«, dann wirst du kein digitaler 4.0-Sklave!
        1. »Digital-Overload-Resilienz« stärken
        2. Umfang des Digital Overloads reduzieren
        3. Umgang mit dem Digital Overload optimieren
5. **Finde deinen »Heiligen Gral« zum Glücklich-Bleiben!**
    1. Definiere dir dein ganz persönliches Mantra!
    2. Suche einen täglichen Begleiter und Mahner an dein Mantra!
    3. Mache regelmäßig einen Happiness-Check!

Abb. 2.16: Anleitung zum Glücklich-Bleiben auf einen Blick

Als Zeitpunkt und Frequenz für den Happiness-Check würde ich Ihnen empfehlen, sich einen oder besser zwei feste Termine einzuplanen. Ich führe meinen jährlichen Check im Rahmen meiner »Zielvereinbarung mit mir selbst« durch. Diese mache ich im Rahmen meiner Businessplanung für mein Unternehmen. Da halte ich ohnehin inne, schaue zurück und nach vorne, beruflich und privat. Da passt es am besten, mit mir selbst Ziele zu vereinbaren, die nicht nur Umsatz und Gewinn bedeuten, sondern eben auch das Maß und die Maßnahmen zum Glücklich-Bleiben in Betracht zu ziehen.

Zusätzlich gehe ich auch im jährlichen Segel- oder Sommerurlaub in mich und durchforsche mein Gefühlsleben. Hier gibt es immer ein paar Stunden mit ausreichend Muße für solche Gedanken. Wichtig ist m.E. dabei, dass man mal für sich allein ist. In den letzten Jahren konnte ich mir meistens eine Woche Segeln mit Freunden und ohne Familie herausschneiden, da nehme ich mir dann Zeit für mich allein auf dem Vordeck und lasse mir »vom Wind den Kopf freipusten«. Aber auch im Sommerurlaub mit der Familie gibt es, wenn auch angesichts dreier Bengel mit unbändigem Tatendrang nur wenige, Stunden der Besinnung.

> **! Wichtig**
>
> Zusätzlich zu dem regelmäßigen Happiness-Check würde ich Ihnen empfehlen, auch gleich einen regelmäßigen Vorsorge-Untersuchungstermin bei Ihrem Hausarzt zu vereinbaren. So ist dann einmal jährlich sowohl für Geist als auch Körper der TÜV sichergestellt. Was nützt die schönste Happiness, wenn einen eine schwere Krankheit lahmlegt oder schlimmer sogar vorzeitig aus dem glücklichen Leben reißt. Sie schulden es sich selbst und Ihren Lieben, dass Sie mit Ihrer Gesundheit sorgsam und vorausschauend umgehen!
> Tipp für Unternehmen: Jährliche Vorsorgeuntersuchungen könnten auch als Zusatzleistungen vom Arbeitgeber angeboten werden. Das ist für Top-Manager bereits üblich, aber es für alle Mitarbeiter anzubieten, wäre im Rahmen des betrieblichen Gesundheitsmanagements durchaus überlegenswert und etwas Besonderes, mit dem man sich von anderen Unternehmen positiv abheben würde.

Mein persönlicher Happiness-Check

Regel und Tipp	Relevant?	Status*	Was ist zu tun
1. Verstehe, was Glück für dich bedeutet! a) Erkenne, wie du bist! b) Finde deine Energie-Quellen und bewahre sie! c) Finde deine Energie-Vampire und vermeide sie! d) Respektiere dich, wie du bist, aber entwickle dich auch weiter! e) Lass dir nicht von anderen sagen, was dich glücklich macht, finde es selbst heraus!			

2 Tipps für Unternehmen zur Unterstützung der Mitarbeiter beim Glücklich-Bleiben

Regel und Tipp	Relevant?	Status*	Was ist zu tun
2. Nimm dein Leben in die Hand, bevor es andere für dich tun! a) Du hast dein Leben in der Hand, wenn du Herr über deine Zeit bist! b) Definiere, was du erreichen möchtest, und kämpfe dafür! c) Genieße dein Leben, jeden Tag und überall!			
3. Finde dein Glück in allem, was du tust – vergiss Work-Life-Balance! a) Suche dir Jobs und Aufgaben, die dir Spaß machen! b) Wenn dir das Angestelltenkorsett zu eng wird, mache dich selbstständig! c) Egal, was du tust, verliere nie deinen Humor im Leben!			
4. Werde dein eigener Happiness-Bodyguard! a) Begrenze dich und priorisiere dein Handeln! b) Begrenzen heißt Ballast des Glücks loswerden c) Setze deine kostbare Lebensenergie und -zeit nach Prioritäten ein! d) Lerne, Nein zu sagen! e) Betreibe »Digital Overload Management«, dann wirst du kein digitaler 4.0-Sklave! f) »Digital-Overload-Resilienz« stärken g) Umfang des Digital Overloads reduzieren h) Umgang mit dem Digital Overload optimieren			
5. Finde deinen »Heiligen Gral« zum Glücklich-Bleiben! a) Definiere dein ganz persönliches Mantra! b) Suche dir einen täglichen Begleiter und Mahner an dein Mantra! c) Mache regelmäßig einen Happiness-Check!			

* Status: Wo stehe ich auf einer Skala von 0 (nix umgesetzt) — 100 % (vollständig umgesetzt)?

Tab. 2.5: Checkliste für den regelmäßigen Happiness-Check (Kopiervordruck)

2.6 Tipps für Unternehmen zur Unterstützung der Mitarbeiter beim Glücklich-Bleiben

Mein letztes Unterkapitel richtet sich an diejenigen, die dieses Buch mit der Brille eines Unternehmensvertreters (als Manager oder Vertreter der Personalabteilung) gelesen haben und Impulse für Top-Leistung und Erfolg ihres Unternehmens entnehmen wollen. Sollten Sie selbst kein solcher sein, könnten Sie den Verantwortlichen in Ihrem Unternehmen natürlich gerne auch mal einen Schubser in die richtige Richtung geben und dieses Buch zur Lektüre und Inspiration schenken.

Entlang unserer Ausführungen haben wir ja reichlich mit »Goldenen Management-Regeln« nützliche Hinweise gegeben. Zum Schluss wollen wir die wichtigsten zu einem kompakten Fazit zusammenfassen. Sicher ersetzt dieses letzte Kapitel nicht die Lektüre des Buches, denn für jede Maßnahme gibt es ja eine herleitende Begründung, aber das Fazit erleichtert sicher die Erstellung eines Maßnahmenkataloges.

Als Unternehmen kann man vielfältige Impulse setzen, um Mitarbeiter auf dem Wege zum Glücklich-Bleiben zu unterstützen. Voraussetzung ist jedoch, dass im Management das Thema ernst genommen und nicht als »weiches Chi-Chi-Gedöns« abgetan wird. Wer den betriebswirtschaftlichen Zusammenhang zwischen glücklichen Mitarbeitern, der daraus resultierenden »Corporate Happiness« und der schließlich entstehenden Top-Leistung verbunden mit dem Erfolg in Umsatz und Gewinn nicht erkennt oder erkennen will, der würde nie Budget für entsprechende Maßnahmen ausgeben.

Erster Schritt muss also eine betriebswirtschaftlich begründete Verankerung in der Management-Denke sein. Erst wenn dies gelungen ist, macht es Sinn, konkrete Maßnahmen für die Steigerung und Wahrung des Mitarbeiterglücks anzudenken, mit Budget zu hinterlegen und die Umsetzung zu beginnen. Das Thema ggf. vergleichbar zu unserem Buchtitel mehr in Richtung Top-Performance und Begeisterung zu positionieren, statt mit dem »Ponyhof-Titel« Glücklich-Bleiben, ist ggf. auch ein taktisch sinnvoller Schachzug.

Bei Ihren Argumentationen sollten Sie auf die Forschungsergebnisse oder die von mir im Rahmen der GMV-Argumentation dargestellten Gründe in Kap. 1.1 verweisen. Als zusätzliches Argument könnten Sie einen nicht oder geringer benötigten Aufbau von Headcount im Unternehmen heranziehen, da mit einer gestiegenen Happiness ja mehr Leistung, sprich Produktivität aus der bestehenden Belegschaft erwartet werden kann. Weniger Recruiting-Bedarf, weniger Personalkosten, weniger Infrastruktur, weniger Führungsaufwand und trotzdem mehr Produktivität, Umsatz und Gewinn, diese Formel sollten auch die ausschließlich ZDF[28]-getriebenen Manager nicht missachten können.

---

28 ZDF = Zahlen – Daten – Fakten

2 Tipps für Unternehmen zur Unterstützung der Mitarbeiter beim Glücklich-Bleiben

Setzen wir nun mal voraus, dass Ihre Manager das Thema als eine echte Möglichkeit zur Steigerung der betrieblichen Wertschöpfung anerkennen würden, dann gäbe es folgende vier Maßnahmenbereiche, zu denen ich kompakte Umsetzungstipps geben möchte:

1. Die Mitarbeiter befähigen
Sicher muss man die Mitarbeiter selbst gewinnen für dieses Thema. Wenn jedermann sich seiner (Un-)Happiness bewusst und auch aufgeschlossen wäre, sich um sein eigenes Glücklich-Bleiben zu kümmern, dann hätte ich dieses Thema für mein fünftes Buch gar nicht aufgegriffen, mein Koautor Sebastian Spörer und ich hätten unser eigenes Glück genossen und die Füße im Kreise unserer Lieben hochgelegt. Haben wir aber nicht! Denn es ist nach unserer Wahrnehmung um das Bewusstsein für dieses Thema und um den Status der Happiness noch so schlecht bestellt, dass sich die Arbeit an diesem Buch hoffentlich gelohnt hat. Im Fazit nehme ich fest an, dass der eigentliche Nutznießer der Beschäftigung mit dem Glücklich-Bleiben erst noch von dem Nutzen für sein Lebensglück und seinen Lebenserfolg überzeugt werden muss.

Wie könnte man dies hinbekommen? Dazu vier Lösungsvorschläge:
1. **Webinar**: Bieten Sie den Mitarbeitern als ersten Impuls ein Webinar an. Mit diesem können Sie alle schnell, weil virtuell und damit auch effizient erreichen. Wenn ein solches E-Learning-Element spannend und gewinnend gestaltet wird, wäre für die nächsten Maßnahmen eine Aufgeschlossenheit und Neugierde geweckt. Einbetten könnten Sie das Webinar in eine Jahresend- oder -start-Ansprache des Geschäftsführers, bei der er den Mitarbeitern mit dem Webinar seinen Dank in Form eines persönlichen Glücksimpulses übermitteln könnte.
2. **Buchgeschenk**: Schenken Sie den Mitarbeitern z. B. zum Geburtstag oder zu Weihnachten dieses Buch. Da Sie es bis zum Ende durchgelesen und nicht längst in die »Flohmarkt-Kiste« geschmissen haben, kann es ja so schlecht nicht sein. Der Mitarbeiter könnte seine persönlich relevanten Anregungen daraus ziehen und somit eine Kompetenz entwickeln, wie er in Zukunft glücklich bleiben kann.
3. **Inhouse-Trainings**: Als langjähriger Trainer für die beschriebenen Themen bin ich mir sicher, dass dies der schnellste Weg wäre, die Mitarbeiter in ihrer Gesamtheit kompetenter in diesem Thema zu machen. Und dies sollten Sie nicht als Akquise für meine Zunft verstehen. Aber ein Präsenztraining ist auch in 4.0-Zeiten nicht völlig durch E-Learning-Maßnahmen zu ersetzen. Ein überzeugender Trainer, eine gute inhaltliche und dramaturgische Aufbereitung des Inhalts und der Austausch unter den Trainingsteilnehmern bewirkt vieles. Aber der Trainingstitel sollte so gewählt sein, dass eine Anmeldung nicht als Offenbarungseid empfunden werden würde. Deshalb würde ich das

Training nicht »Anleitung zum Glücklich-Bleiben« nennen. Vielleicht ist ein Titel wie unser Buchtitel unverfänglicher. Oder Sie stellen das klassische Thema »Selbst- und Zeitmanagement« im Titel in den Vordergrund und erwähnen dann im Untertitel oder erst in der Agenda das Glücklich-Bleiben-Thema. Mit dem Thema »Digital Overload Management — Digitale Überlastung vermeiden — Glücklich-Bleiben in einer 4.0-Arbeitswelt« wären sicher auch aktuelle Bedürfnisse angesprochen und großes Echo in Form von Anmeldungen zu erwarten.

Wenn Sie die Trainings zum Pflichtprogramm machen, wäre natürlich die Anmeldungshürde umgangen und jeder würde mitmachen müssen. Aber eine intrinsische Anmeldemotivation wäre sicher besser für den Lernerfolg.

4. **Coaching:** Für einzelne Mitarbeiter, bei denen im Rahmen von Mitarbeitergesprächen der Zustand des Unglücklichseins zum Thema wird, könnte natürlich auch ein persönliches Coaching eine gezielte Lösung sein. So wäre dem Einzelnen angesichts einer akuten Notlage schon mal geholfen. Das Thema und das Bewusstsein für den Mehrwert des Glücklich-Bleibens wären aber so in der Organisation natürlich nicht platziert. Deshalb wäre es naheliegender und effektiver, mit Trainings für alle und anschließendem Transfer-Coaching für besonders schwere Fälle vorzugehen.

2. Die Führungskräfte befähigen

Menschen lernen äußerst stark durch Vorbilder, das kann mein Koautor Spörer belegen. Dummerweise schauen sich Menschen und deshalb auch Ihre Mitarbeiter ebenfalls viel von ihren schlechten Vorbildern ab. Und schon sind wir beim Thema: Führungskräfte müssen zu guten Vorbildern werden in Bezug auf den sorgsamen Umgang mit Gesundheit und Lebensglück. Leider beobachtet man allzu häufig genau das Gegenteil, Führungskräfte betreiben zugunsten ihrer Karriere viel zu häufig Raubbau an ihren psychischen und physischen Ressourcen. Wenn dann solche negativen Vorbilder ihren Mitarbeitern etwas vorbeten bzgl. Glücklich-Bleiben, dann ist das ungefähr so wirksam, als wenn ein Trinker etwas von Abstinenz oder ein Dieselfahrer etwas von Umweltschutz erzählt.

Betrachten Sie also Ihre Führungskräfte als die ersten Mitarbeiter, die Sie gewinnen und befähigen sollten (siehe dazu Tipp 1). Wenn Sie dann am Ende der Befähigung noch den Baustein »Wie man seine Mitarbeiter überzeugt und coacht zu ihrem Glück« dranhängen, haben Sie im besten Falle einen Multiplikator in der Organisation implementiert.

Falls Sie in Ihrem Controlling mit Produktivitäts- und anderen geeigneten Erfolgskennzahlen arbeiten, könnten Sie für die einzelnen Führungsverantwortungsbereiche auch Entwicklungen in diesen KPIs[29] analysieren und Effekte herausarbeiten. Solche Nachweise sind sicher auch im Rahmen von variablen Vergütungen als Ziele bzw. Messkriterien nicht unüblich. Ob die Maßnahmen zur Happiness-Steigerung dann die direkten Verursacher für eine Produktivitätssteigerung sind oder nur unterstützende Rahmenbedingungen verursachen, ist sicher schwer nachzuweisen. Wenn aber nach erfolgter Beschäftigung mit der Happiness der Mitarbeiter eine positive Entwicklung einhergeht, wäre ich mutig genug, diese in eine Korrelation zu stellen.

3. Die Unternehmenskultur vorbereiten

Jedes Unternehmen hat eine Kultur, das sind die »gelebten Normen und Werte«. Unglücklicherweise stimmen diese tatsächlichen Normen und Werte nicht immer überein mit dem Unternehmensleitbild (falls so etwas bei Ihnen existiert), das auf Plakaten und sonstigen internen und externen »Marketingoberflächen« beschrieben ist. Leitbilder beschreiben oft ein anzustrebendes Ideal, eine SOLL-Kultur, die für die Erreichung der Unternehmensziele eine notwendige Rahmenbedingung bilden würde. Wenn man es ernst meint mit der Corporate-Happiness, müsste man in seinem Unternehmensleitbild das Thema aufnehmen und als kulturelles Ziel definieren.[30]

Die tatsächliche Kultur muss nun aber noch erreicht werden. Und hier schließt sich der Kreis zum obigen Vorbild durch die Führungskräfte bzw. das ganze Management. Unterstützen könnte man die Nachhaltigkeit durch Stützprozesse wie z. B. Zusatzleistungen in der Vergütung (Happiness-Benefits, siehe Tipp 4), eine Thematisierung in regelmäßigen Mitarbeitergesprächen, entsprechende Fragen in Mitarbeiterbefragungen, KPI-Ketten im Controlling. So würden die Mitarbeiter den Eindruck bekommen, dass es dem Management nicht um Lippenbekenntnisse bzgl. Glücklich-Bleiben geht, sondern ernsthaftes Interesse daran besteht – wenn auch mit der durchaus legitimen Intention, einen betriebswirtschaftlichen Nutzen aus den positiven Effekten erhöhter Happiness zu ziehen. Aber gegen solche Nebeneffekte dürften ja auch die Mitarbeiter und ihre Vertretungen wie Betriebs- oder Personalrat nichts haben können. Wer arbeitet nicht gerne in einem erfolgreichen Unternehmen, dem es gutgeht, weil es den Mitarbeitern gut geht und gehen soll.

4. Hilfreiche Zusatzleistungen (»Happiness-Benefits«)

Neben z. B. einer angenehmen Arbeitsinfrastruktur, guter Führung, flexiblen Arbeitsrahmenbedingungen (z. B. flexible Arbeitszeiten, Home-Office-Mög-

---

29 KPI = Key Performance Indicators
30 In »Führung mit dem Omega-Prinzip« (Haufe 2014) im Kapitel 9.2 (S. 313 ff.) habe ich beschrieben, wie man ein Führungsleitbild entwirft. Das Verfahren für die Erarbeitung eines Unternehmensleitbildes kann vergleichbar erfolgen.

lichkeiten), einer an persönlichem Glück orientierten Wertekultur und gerechtem Gehalt kann ein Unternehmen auch gezielte Impulse durch ausgewählte Zusatzleistungen setzen.

Die Auswahl an Zusatzleistungen ist unbegrenzt und alle sollen dem Mitarbeiter in bestimmten Lebenssituationen das Leben etwas leichter machen. Und damit wäre schon ein Beitrag zum potenziellen Glück geleistet.

Man kann Benefits zum leichteren Überblick etwas clustern in Benefits zur
- Gesundheitsförderung/-erhaltung, z.B.:
  - Vorsorgeuntersuchungen
  - Kuren
  - Kranken-Zusatzversicherungen
  - Fitness-Studio-Gebühren
  - Ergonomische Büroausstattung
  - Firmen-Fahrrad oder Radleasingangebote
- Erleichterung der beruflichen und privaten Rahmenbedingungen, z.B.:
  - Kita-Plätze
  - Familienservice inkl. Beratungsleistungen
  - Sonderurlaub für Pflege von Kindern und Eltern
  - Sabbatical-Möglichkeiten (längere unbezahlte Auszeiten)
  - Home-Office und alternierende Arbeitsplätze (vereinfacht gesprochen Mischung aus Büro und Arbeitsplatz)
  - Hunde im Büro
  - Kreditkarten mit Zusatzversicherungen, die auch bei privaten Reisen gelten
  - Mobilitätserleichterung (z.B. Bahncards, Carsharing-Modelle)
- Personalentwicklung, z.B.:
  - Personalentwicklungsmaßnahmen mit mehr privatem Nutzen
  - Sprachen- und Führungscoach für schwierige Vorhaben (wie z.B. Auslandsentsendungen, Vorträge halten in Fremdsprachen auf Konferenzen, internationale Projekte leiten, neu als Führungskraft)
  - E-Learning-Angebote mit freier Nutzungsentscheidung durch die Mitarbeiter (jeder lernt, was ihn interessiert, ohne Limit und auch zu Hause in der Freizeit)
- Gestaltung einer »Corporate Atmosphere«
  - Silent- sowie Entspannungs- und Kreativ-Räume
  - Gesundes und gehobenes Essen in der Kantine
  - Freies Obst und Getränke, insbesondere gehobene Kaffee- und Tee-Angebote
  - Besondere Feiern und Teamausflüge
  - Angenehmes Ambiente in den Büroräumen (keine reine »Arbeitsställe«)

Tipps für Unternehmen zur Unterstützung der Mitarbeiter beim Glücklich-Bleiben 2

- Erhöhung des materiellen Wohlstandes
  - Lebensphasenbezogene Firmenwagenregelung (z. B. flexiblere Auswahl zwischen Familien-Van oder Sportwagen)
  - Absicherung für das Alter
  - Einkaufsvorteile
  - Steuerbegünstigte Benefits[31]: mehr Netto vom Brutto durch die Nutzung von Steuervorteilen, etwa mit Gutscheinsystemen (z. B. von BONAGO), bei denen der Zufluss steuerbegünstigt ist und dann der Einkauf mit dem Nettovorteil geschieht; Erholungsbeihilfe u. v. a. m.

Dies sind nur ein paar Beispiele, die Liste ist lang und entwickelt sich stetig weiter.

Bei steuerbegünstigten Benefits bitte ich zu bedenken, dass der Nutzer sich auch an den Vorteil, nicht nur an die Steuerersparnis gewöhnt. Fällt eine Steuerbegünstigung mal weg, sollte man nicht gleich den Benefit streichen, da dann auch der Nutzen weggenommen werden würde.

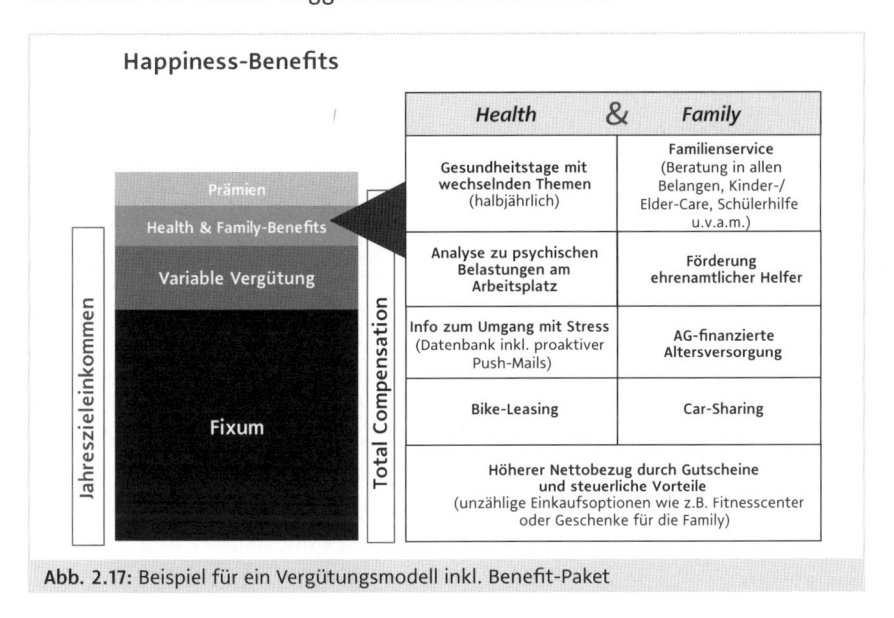

Happiness-Benefits

	Health	&	Family
	Gesundheitstage mit wechselnden Themen (halbjährlich)		Familienservice (Beratung in allen Belangen, Kinder-/ Elder-Care, Schülerhilfe u.v.a.m.)
	Analyse zu psychischen Belastungen am Arbeitsplatz		Förderung ehrenamtlicher Helfer
	Info zum Umgang mit Stress (Datenbank inkl. proaktiver Push-Mails)		AG-finanzierte Altersversorgung
	Bike-Leasing		Car-Sharing
	Höherer Nettobezug durch Gutscheine und steuerliche Vorteile (unzählige Einkaufsoptionen wie z.B. Fitnesscenter oder Geschenke für die Family)		

Jahreszieleinkommen: Prämien / Health & Family-Benefits / Variable Vergütung / Fixum
Total Compensation

Abb. 2.17: Beispiel für ein Vergütungsmodell inkl. Benefit-Paket

5. Personalmarketing – Employer Branding
Ein wichtiger Grundsatz bei allem, was man als Arbeitgeber für das mentale und leibliche Wohl seiner Mitarbeiter leistet, lautet:

Tue Gutes und sprich darüber!

---
31 Hinweis: Da die Steuervergünstigungen sich stetig ändern je nach Intentionen der Finanzbehörden, sollten Sie Ihren Steuerberater nach den aktuell lukrativen Benefits fragen.

Sei es in der Personalentwicklung für eine Glücklich-Bleiben-Kompetenz, sei es in der Sicherstellung von kulturellen und infrastrukturellen Rahmenbedingungen oder beim Angebot von Zusatzleistungen, wichtig ist, dass der Arbeitgeber kräftig »klappern« sollte. Menschen gewöhnen sich allzu schnell an Benefits und vergessen, welchen zusätzlichen Nutzen sie dadurch erhalten. Deshalb sollte man in der internen Vermarktung immer wieder mal die Aufmerksamkeit auf das Angebot richten und ordentlich trommeln. So bleibt den Mitarbeitern auch im Gedächtnis, dass sie eigentlich genügend Gründe haben zum Glücklich-Bleiben.

Es ist wie auf Reisen, manchmal muss man das Elend in der Welt sehen, um sich daran zu erinnern, dass man auf einer »Insel der Glückseligkeit« lebt. Dass fließendes Wasser, funktionierende Gesundheitssysteme, stabile gesellschaftliche und politische Verhältnisse, die Abwesenheit von Krieg und die persönliche Gesundheit – dass all das nicht selbstverständlich ist, das muss man sich ab und zu vor Augen führen. Und der Arbeitgeber darf seinen Mitarbeitern bei der Erinnerung gerne etwas auf die Sprünge helfen.

Und wenn die Mitarbeiter angesichts mangelnder Gründe für das Unglücklichsein über die Kantine meckern, dann kündigt man mal die Streichung der Subventionen oder die Stilllegung der Kantine an. Das hat noch manchen zum Nachdenken über die Vorteile eines günstigen und akzeptablen Essens in Fußnähe gebracht.

Damit es aber gar nicht dazu kommt, seien Sie aktiv, stetig und nachhaltig in Ihrer Kommunikation nach außen und innen, indem Sie tatkräftig und mutig (nicht zu bescheiden) verkünden, was Sie alles leisten für die Mitarbeiter-Happiness. Beschreiben Sie dabei aber mehr Ihre vielfältigen Maßnahmen und das Benefit-Angebot und behaupten Sie nicht, wie glücklich die Mitarbeiter sind. Das können sie nur selbst für sich artikulieren. Gerne können Sie aber ehrliche Mitarbeiterstimmen im Rahmen des Employer Brandings[32] einbauen und glückliche Mitarbeiter bitten, dies authentisch (nicht gefälscht positiv) in den sozialen Medien und Arbeitgeberbewertungsportalen (insb. kununu) zu posten. Wie ich ganz oben als These voranstellte: Glückliche Menschen ziehen glückliche Menschen an! Die Corporate-Happiness würde also zu einer sich selbst verstärkenden Kraft werden. Ein Motor, der immer mehr PS entwickelt, obwohl man ihn selbst nicht aufrüstet, sondern nur die geeigneten Maßnahmen fortführt und dabei nicht nachlässt.

---

32 Für die Nicht-Personaler kurz erklärt: Darunter versteht man die Positionierung seiner Arbeitgebermarke auf gewünschte Weise bei der Zielgruppe, die man als Mitarbeiter gewinnen und binden möchte. Siehe auch in dem Buch »Schlüsselfaktor Strategisches Personalmanagement« (Haufe 2016) in Kap. 3.8 ab S. 310.

3 Neuro-agile Methoden: modernste Erkenntnisse zum Glücklich-Bleiben

Von Sebastian Spörer

Im folgenden Kapitel geht es um die Zusammenführung der Leistungsfähigkeit des Einzelnen und der Leistungsfähigkeit der Organisation. Neurowissenschaft beschäftigt sich u. a. mit der Leistungsfähigkeit des Einzelnen und agiler Organisationsentwicklung. Bislang wurden diese beiden Felder nicht zusammengebracht, daher scheint es an der Zeit für eine neuro-agile Organisationsentwicklung.

Leistungsfähigkeit besteht aus einem Puzzle aus verschiedenen Teildisziplinen. Wie beim Spitzensportler kommt es auch für einen beruflichen Spitzenleister darauf an, in einer optimalen Mischung aus Anspannung und Regeneration zu agieren. In dem ersten Abschnitt geht es daher um die Leistungsfähigkeit, die über Puzzleteile wie z. B. Ernährung, Bewegung, optimaler Arbeitsplatz, Biorhythmus, stärkeorientierte Entwicklung und vieles mehr gesteuert wird.

Im Kapitel »Agile Management Innovation« geht es dann darum, wie Teams und Organisationen leistungsfähiger werden. Agile Organisationsentwicklung ist zurzeit ein wesentlicher Bestandteil vieler Umstrukturierungen und daher Teil zahlreicher Organisationskonzepte. Viele Organisationen berichten, dass sie die technischen Voraussetzungen für eine neue Arbeitswelt längst geschaffen haben. Vielen Aussagen von Personalern zufolge fehlt es eher an der menschlichen Veränderungsbereitschaft in Organisationen als an technischen Voraussetzungen, um die Herausforderungen der aktuellen Zeit, wie z. B. Digitalisierung, destruktiver Wandel und Fachkräftemangel, zu bewältigen.

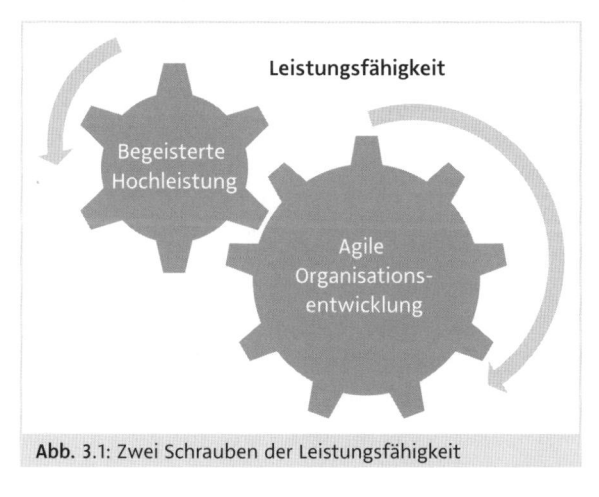

Zweifellos sind beide Felder miteinander verwoben, wie in Abb. 3.1 dargestellt wird.

Abb. 3.1: Zwei Schrauben der Leistungsfähigkeit

Daraus ergibt sich ein Puzzle der Leistungsfähigkeit. Der Begriff »Neuro« betrifft dabei die Bereiche Biologie und Psychologie, innerhalb derer sich der Einzelne entwickeln kann,

Neuro-agile Methoden: modernste Erkenntnisse zum Glücklich-Bleiben

der Begriff »agile« umfasst die Organisation, die den Rahmen für eine solche Entwicklung bietet.

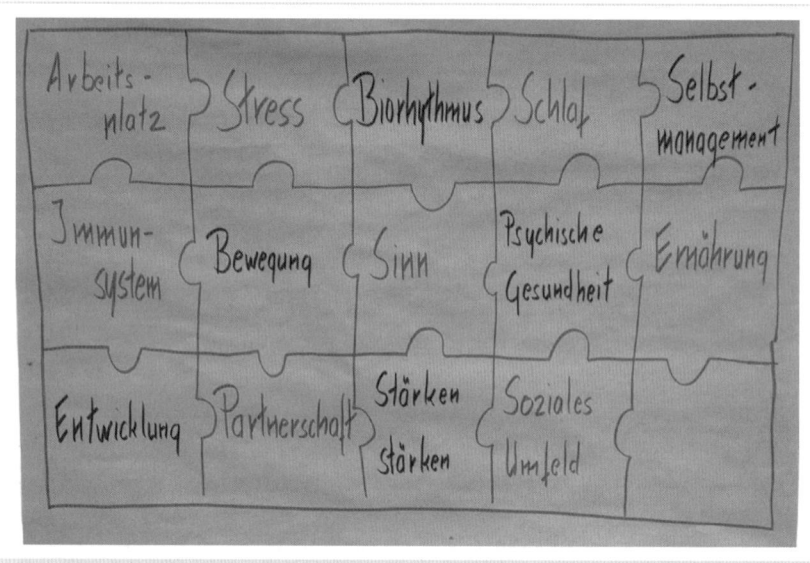

Abb. 3.2: Die einzelnen Puzzleteile der Leistungsfähigkeit

Im Prinzip können wir uns Leistungsfähigkeit wie eine Pflanze vorstellen. Eine Pflanze braucht Licht, Wasser und Nährstoffe im Boden, um sich zu entwickeln. Sollte einer dieser Faktoren fehlen oder unzureichend vorhanden sein, dann greift das Gesetz des limitierenden Faktors. Der unzureichend vorhandene Faktor begrenzt das Wachstum der Pflanze. Genauso verhält es sich mit unserer Entwicklung. Wenn einer der in Abb. 3.2 aufgeführten Faktoren unzureichend ist, dann hat das Auswirkung auf alle anderen Faktoren. So kann z.B. ungenügender Schlaf, eine ungesunde Ernährung, aber auch fehlender Sinn am Arbeitsplatz Auswirkung auf das gesamte System haben. Wir entwickeln uns nur weiter, wenn alle Ampeln mindestens auf Gelb stehen. Um zu erkennen, welche Farbe bei Ihrer Ampel dominiert, empfehle ich Ihnen, den kleinen Selbsttest im Anhang zu machen.

> **!** **Goldene Management-Regel**
>
> Für Unternehmen ist es von herausragender Bedeutung, bestmögliche Arbeitsplätze zur Verfügung zu stellen. In einer volatilen Welt, die durch kununu und Co. extrem transparent geworden ist, werden sich die besten Köpfe bei den Unternehmen mit den besten Arbeitsbedingungen finden. Fürsorgekriterien, die ein Unternehmen beachtet, wie Maßnahmen zur Förderung des Immunsystems oder für eine optimale Neurotransmitterbalance, können sich daher durchaus bei der Entscheidung zugunsten eines Arbeitgebers auswirken.

3.1 Neuro: Puzzle der Leistungsfähigkeit

Im folgenden Kapitel geht es um die Puzzleteile, die wir selbst durch unseren Lifestyle beeinflussen können. Dazu zählen zunächst die drei Metamodelle: unser Gehirn, unsere Zelle als Energiegewinnungssystem und unser Energieverteilungssystem.

3.1.1 Metamodell 1: Das Spielfeld zwischen Stress und Begeisterung

Das Spielfeld besteht aus einer Stress- und einer Begeisterungsmannschaft. Vergleichbar mit einem Fußballspiel kann nur eine der beiden Mannschaften im Ballbesitz sein, wobei die Stressmannschaft das Überleben im Heute sichert und die Begeisterungsmannschaft als Visionsgeber das Morgen gestaltet.

Bei Überaktivität der Stressmannschaft reduzieren sich die Spielanteile der Begeisterungsmannschaft und somit Innovation, Kreativität und Begeisterung. Daher ist die vorrangige Aufgabe, zunächst unsere Stressmannschaft zu beruhigen und anschließend die Begeisterungsmannschaft zu aktivieren.

Wie wird Begeisterung im Gehirn ausgelöst?
Die Grundlage all unserer Handlungs- und Entscheidungsprozesse befindet sich im Gehirn, in unseren Entscheidungszentren. Im Modell dargestellt besitzen wir für die Entscheidungsfindungen drei Systeme:
1. unser Stress- und Angstsystem, neurobiologisch u. a. die HPA-Achse (HPA = Hypothalamus-Hypophysen-Nebennierenrinden-Achse)
2. unser Begeisterungssystem, neurobiologisch der Nukleus accumbens
3. unseren Verstand, neurobiologisch der präfrontale Cortex

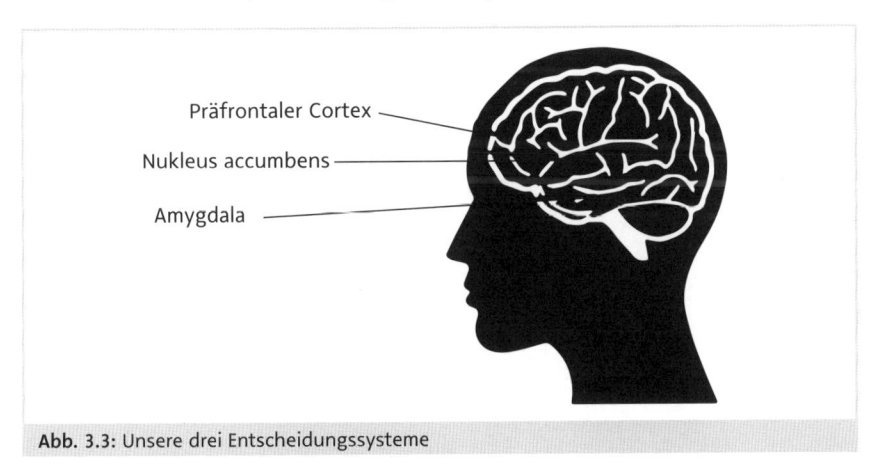

Abb. 3.3: Unsere drei Entscheidungssysteme

3.1.1.1 Das Angstsystem

Wenn wir in emotional belastende Situationen geraten, wird unser Stresssystem aktiviert und beeinflusst unsere Aufmerksamkeit sofort.

Ein typisches Beispiel ist eine gefährliche Situation im Straßenverkehr. Im Moment der Gefahr wird akut Stress aktiviert. Auch wenn wir vorher vielleicht noch von Tätigkeiten wie Nachdenken, Radio hören oder am Handy spielen abgelenkt waren, sind wir in der gefährlichen Situation sofort voll fokussiert; im Gehirn werden die Netzwerke für Angst und Gefahr aktiviert und im Körper findet umgehend eine Energiemobilisierung statt. Puls und Blutdruck steigen, unsere Hände werden schweißnass und unsere Pupillen weiten sich – die Angst macht uns aufmerksam und kampf- oder fluchtbereit. Die wesentlichen Hirnregionen für diese Reaktion sind die Amygdala und der Locus coeruleus, außerdem wird die HPA-Achse aktiviert.

Teil dieser Stressantwort sind unsere Stresshormone, die in bestimmten Hormondrüsen im Gehirn gebildet werden und sich in komplexen Feedbackschleifen beeinflussen. Diese Hormone bewirken unter anderem, dass unsere Lösungskompetenz, die im präfrontalen Cortex verortet ist, reduziert wird. In der Folge verlagert sich unsere Hirnaktivität vom präfrontalen Cortex hin zum Angstsystem.

Unser Stresssystem hat also eine Funktion als Gefahrenabwehr und »Gefahrenwiedererkenner«. Es lässt uns in einer Gefahrensituation präzise und wachsam handeln. Erreicht uns beispielsweise eine unerfreuliche Mail oder befinden wir uns in einer unangenehmen Gesprächssituation, treten diese Prozesse in Kraft. Wir reagieren mit einer ansteigenden Gefahrenaufmerksamkeit.

3.1.1.2 Das Begeisterungssystem

Unser Begeisterungssystem ist unser zweites großes Antriebssystem. Immer wenn ein angenehmes Ereignis eintritt (ein gutes Essen, eine angenehme Berührung, eine schöne Musik), verspüren wir infolge der Ausschüttung von Dopamin (dem »Hormon für den Kick«) ein Glücksgefühl. Das Dopamin wirkt im Gehirn als Begeisterungsbotenstoff. Es sorgt für gute Laune, für ein High-Gefühl. Dieses System führt auch am Arbeitsplatz zu Kreativität, Mut und Zuversicht und bildet die biologische Grundlage für das sog. Flow-Erlebnis.

Abb. 3.4: Unser Fußballfeld im Kopf

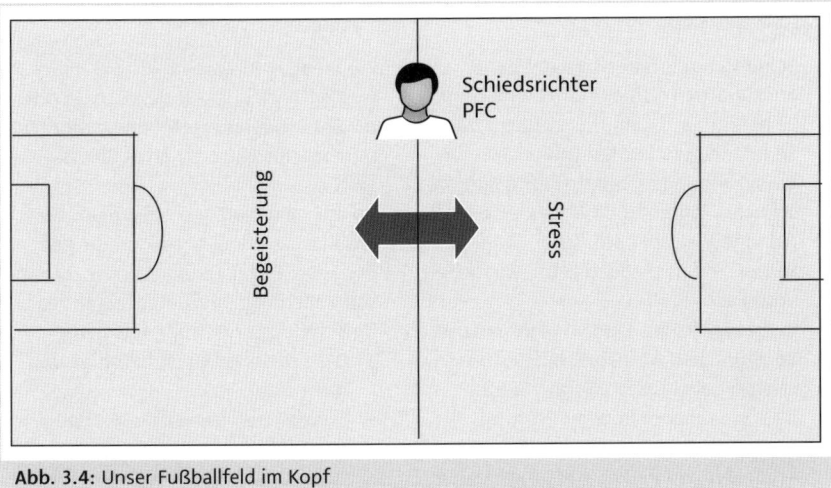

Mit dem Begeisterungs- und dem Stresssystem stehen sich gewissermaßen zwei Fußballmannschaften in unserem Gehirn gegenüber. Unserem Verstand kommt dabei maximal die Rolle des Schiedsrichters zu. Im Großen und Ganzen trifft es Eckard von Hirschhausens Pointe in Bezug auf unseren Verstand, die er gern in seinem Vortrag erwähnt, ziemlich gut: Er ist wie ein Regierungssprecher, er muss das erklären, was andere entschieden haben. Natürlich gibt es etwas mehr Mitsprache bei Entscheidungen durch den präfrontalen Cortex, allerdings sind wir eher durch die beiden Antriebssysteme Stress und Belohnung gesteuert als durch rationale Einsichten. Unser Verstand greift also durchaus ins Spielgeschehen ein. So kann er z.B. durch Aufmerksamkeitsverlagerung (Freistoß) den Ball einer Mannschaft zuweisen.

3.1.1.3 Aufgaben der Systeme

Stress- und Begeisterungssystem erfüllen unterschiedliche Aufgaben, die einander in Tab. 3.1 gegenübergestellt sind.

Das Stresssystem	Das Begeisterungssystem
<ul><li>Seine Hauptaufgabe besteht darin, uns auf Gefahren aufmerksam zu machen.</li><li>Es bereitet auf Kampf und Flucht vor. So können wir körperliche Leistungen besser erbringen, z.B. besser kämpfen, schneller laufen und höher klettern. Für eine Vielzahl beruflicher Tätigkeiten sind das jedoch keine wirklichen Vorteile.</li><li>In diesem Modus sind wir sehr präzise.</li><li>Bei einfachen Aufgaben hilft es uns, Leistung abzurufen: Wenn wir z.B. durch Zuschauer in einer Prüfung »unter Stress« gesetzt werden, schneiden wir in dieser Prüfung besser ab, wenn es sich dabei um einfache handelt.</li><li>Bei schwierigen Aufgaben schadet uns diese Spannung aber, unsere Ergebnisse werden schlechter.</li><li>Wir sind stark auf uns fokussiert, das hilft uns bei der Flucht.</li></ul>	<ul><li>Für kreative Aufgaben wie z.B. Softwareentwicklung, Produktdesign oder die Entwicklung von IT-Applikationen schadet uns ein aktiviertes Stresssystem. Kreativ sein bedeutet, Lösungen für Probleme zu finden. Hier benötigen wir unser Begeisterungssystem. Dieses kann allerdings nur unter folgenden Umständen zur Geltung kommen: – Das Stresssystem ist beruhigt und nicht aktiv. – Es existieren keine chronischen entzündlichen Prozesse im Körper. – Der Arbeitsplatz ist weitestgehend angstfrei.</li><li>Unser Begeisterungssystem benötigen wir insbesondere bei teamorientierten Aufgabenstellungen. Wenn es aktiviert ist, können wir Teamaufgaben leichter bewältigen, sind rücksichtsvoller und können uns auf andere Meinungen und Gedanken einlassen.</li></ul>

Tab. 3.1: Stresssystem vs. Begeisterungssystem

Bad is stronger than good!
Dieser Satz stammt aus der Biologie. Eine Gefahr ist relevanter als eine Belohnung. Wir prüfen unsere Umwelt also zunächst auf Gefahren. Fällt diese Prüfung negativ aus, wird nach Belohnungen gesucht. Eine gefährliche Erfahrung besitzt eine größere Bedeutung für unser Überleben.

> **Neuro-agile-Tipp**
>
> Seien Sie sich bewusst, dass jede Situation zunächst auf eine potenzielle Gefahr abgecheckt wird. Unser Default-Modus im Gehirn ist dafür verantwortlich, dass wir zunächst das Schlimmste ausschließen und dann erst nach Belohnungen suchen. In einer Umwelt, wie wir sie vor 10.000 Jahren vorfanden, war dies extrem sinnvoll. Die Menschen, die gemütlich aufgegessen haben, als der Tiger kam, gehörten nicht zu unseren Vorfahren.

3.1.2 Metamodell 2: Die Energiegewinnung in der Zelle

Nur wenn unser Körper ausreichend Energie zur Verfügung hat, funktionieren alle lebensnotwendigen Prozesse optimal, sobald ein Energiemangel vorhanden ist, kommt es zu Einschränkungen. Diese Einschränkungen können sich auf kognitiver, körperlicher oder emotionaler Ebene auswirken, im Normalfall finden wir bei Energiemangel Einschränkungen in allen Lebensbereichen. Jedes Lebewesen strebt deshalb danach, sich ausreichend mit Energie zu versorgen. Verantwortlich dafür sind die Körperzellen, wobei jede Zelle gleichzeitig Produzent und Konsument der Energie ist. Die Währung unseres Lebens ist das Molekül ATP (Adenosintriphosphat), das den Zellen für ihre Arbeit die notwendige Energie bereitstellt. Biologisch gesehen produziert und verbraucht jede Zelle Energie in Form von ATP.

Zur Energiegewinnung besitzt unser Stoffwechsel drei Möglichkeiten:

1. **Anaerober Kohlenhydratstoffwechsel**
   Diesen Stoffwechsel nutzen wir, wenn wir mit dem Atmen nicht ausreichend Sauerstoff für die aerobe Energiegewinnung zu uns nehmen. Es ist ein besonders schneller Stoffwechsel, weil er außerhalb der Energiefabriken unseres Körpers, den sog. Mitochondrien, stattfindet. Der Körper wandelt hierbei Glukose durch Spaltung in ATP um. Der Nachteil dieses Stoffwechsels ist die geringe Energieausbeute und die Entstehung des Abfallprodukts Laktat, das bei höherer Konzentration die Muskelleistung auf Dauer schwächt. Das ist der Grund, warum wir hochintensive Belastung nur kurz aushalten, also z. B. nur ein paar Sekunden lang hinter einem Bus hersprinten können.

2. **Aerober Kohlenhydratstoffwechsel**
   Auch bei diesem Stoffwechselweg verwendet die Zelle Kohlenhydrate. Allerdings findet dieser Stoffwechsel nicht in der Zellsuppe statt, sondern in den Mitochondrien. Den Vorgang dieser Energiefabriken in den Zellen zu aktivieren, erfordert zum einen eine ausreichende Sauerstoffversorgung, zum anderen aber auch mehr Zeit. Der große Vorteil ist, dass deutlich mehr Energie zur Verfügung gestellt wird als beim anaeroben Stoffwechsel.

3. **Aerober Fettstoffwechsel**
   In diesem dritten großen Stoffwechsel nutzt die Zelle Fette anstelle von Kohlenhydraten zur Energiegewinnung. Der Vorteil ist, dass die Zelle auf diese Weise große Mengen von ATP produzieren kann. Die Ausbeute aus Fetten ist viel höher als die aus Kohlenhydraten.
   Allerdings hat diese Form der Energiegewinnung einen großen Nachteil: Die Zelle greift nur dann auf Fett zurück, wenn Blutzuckerspiegel und Insulinspiegel niedrig sind. In der Regel deckt die Zelle ihren Energiebedarf mithilfe von Glukose. Nur wenn dieser nicht ausreichend vorhanden ist, wird auch der Fettstoffwechsel aktiviert.

Natürlich betreiben Zellen alle drei Stoffwechselwege gleichzeitig, eine Verschiebung zwischen diesen ist aber möglich. Entscheidend beeinflusst wird die Energiegewinnung im Körper durch die Anzahl der Mitochondrien. Deren Anzahl ist wiederum abhängig von der Belastung, der die Zelle ausgesetzt ist. Ist der aerobe Energiebedarf groß, braucht die Zelle viele dieser Energiefabriken und wird diese in ausreichender Menge bereitstellen. Im umgekehrten Fall, wenn der Energiebedarf niedrig ist, z.B. bei Menschen, die einer vornehmlich sitzenden Tätigkeit nachgehen, bildet die Zelle nur eine geringere Anzahl solcher Fabriken aus. Aber auch bei intensiven sportlichen Aktivitäten und bei Stress wird der Abbau der Mitochondrien gefördert, da hier besonders der anaerobe Stoffwechsel zum Einsatz kommt. Die vorhandene Menge der Energiefabriken ist also ein Resultat unseres Lebensstils.

Tatsache ist, dass wir ATP für einfach jede Tätigkeit brauchen. Ob wir mit den Kindern auf dem Spielplatz spielen, mit dem Partner die Oper genießen, die Eltern pflegen oder einen Projektbericht schreiben: Eine ausreichende ATP-Produktion ist immer die Voraussetzung. Über den Fettstoffwechsel gewinnen wir am meisten und am langanhaltendsten Energie. Nur muss die Zelle diesen Stoffwechsel trainieren. Das tun Marathonläufer hervorragend. Das viele ATP aus dem Fettstoffwechsel können aber nicht nur Sportler nutzen, sondern natürlich auch wir, die statt Muskeln eher unser Gehirn anstrengen. Wenn wir hohe ATP-Werte, also viel Energie, wollen, müssen wir der Zelle den Fettstoffwechsel beibringen. Genau wird dies in Kap. 3.1.7 (Bewegung) und Kap. 3.1.9 (Ernährung) beschrieben.

Und nicht zuletzt gilt dies auch für unsere berufliche und private Leistungs- und Begeisterungsfähigkeit.

> **Goldene Management-Regel**
> Es ist eine Unternehmensaufgabe, Mitarbeiter dabei zu unterstützen, eine möglichst gute ATP-Versorgung zu gewährleisten. Gerade das Gehirn verbraucht bei seiner Arbeit viel Energie, je mehr ATP der Mitarbeiter also zur Verfügung hat, desto schneller, klarer und konzentrierter kann er arbeiten.

3.1.2.1 Insulin: Das Wachstumshormon

Insulin ist eine Art Türöffner für Glukose (Zucker), um in die Zelle zu gelangen, die Insulinrezeptoren, an denen Insulin an den Zellen andocken kann, sind gewissermaßen die Türen. Wenn außerhalb der Zelle dauerhaft ein hoher Blutzuckerspiegel herrscht, reichen der Zelle zunächst wenige Insulinrezeptoren, um sich ausreichend mit Glukose zu versorgen. Daher werden die Türen auf Dauer reduziert bzw. abgebaut. Eine Zelle, in dem Fall eine Muskelzelle, kann dann statt 20.000 Rezeptoren nach einem jahrelang erhöhten Blutzuckerspiegel nur noch 5.000 Rezeptoren aufweisen. Allerdings wird es dann für die Zelle allmählich schwer, genügend Zucker aufzunehmen. Die Zelle verhungert gewissermaßen an vollen Tischen, sie sendet daher das Signal aus, mehr Zucker zu benötigen. In der Folge verspüren wir mehr Hunger, vor allem auf Kohlenhydrate. Die Bauchspeicheldrüse schüttet vermehrt Insulin aus, um den Glukosehaushalt der Zellen auszugleichen, mangels Rezeptoren aber ohne Erfolg. Man spricht dann von einer Insulinresistenz. Auf Dauer erschöpft diese ständige Überproduktion die Bauchspeicheldrüse, sodass sie die Insulinproduktion irgendwann ganz einstellen kann. Dies sind die Hauptursachen für die Krankheit Diabetes mellitus Typ II, bei der ein dauerhaft zu hoher Blutzuckerspiegel zu schweren Schädigungen des Organismus führen kann.

> **Neuro-agile-Tipp**
> Die rechtzeitige Erkennung eines zu hohen Blutzuckerspiegels ist für die Behandlung und für frühzeitige Gegenmaßnahmen wichtig. Lassen Sie deshalb regelmäßig Ihren Blutzucker messen. Der normale Blutzuckerwert sollte zwischen 80 und 100 mg/dl liegen.

Wirtschaftliche Bedeutung
Wie sehr der Blutzuckerspiegel unser Verhalten beeinflusst, zeigt ein beeindruckender Versuch. Unter anderem wurde dies in einem Versuch von Wang und Dvokak an der University of South Dakota bewiesen. Untersucht werden sollte, inwiefern wir bereit sind, eine Belohnung auf später zu verschieben, anstatt sie sofort zu nehmen, wenn sie dadurch höher ausfällt, auch wenn wir nicht sicher wissen können, ob wir das Geld später tatsächlich erhalten. Das Ergebnis soll etwas über das jeweilige Maß an Risikobereitschaft aussagen. Im Versuch mussten Studenten sich bei folgenden Fragen für jeweils eine Variante entscheiden:

Möchtest du lieber ...
- ... zehn Euro heute oder elf Euro morgen?
- ... zehn Euro heute oder elf Euro in fünf Tagen?
- ... zehn Euro heute oder 20 Euro in einer Woche?

Dieser Versuch wurde als »Diskontierung der Zukunft« bekannt. Nach dem ersten Durchgang hat man bei den Studenten für verschieden hohe Blutzuckerspiegel gesorgt. Die einen waren satt, die anderen hungrig. Das Ergebnis ist hochspannend. Die Hungrigen haben sich tendenziell für zehn Euro heute entschieden, die Satten trotz höherem Risiko viel eher für die Verschiebung in die Zukunft, um mehr zu erhalten. Daraus können wir Folgendes ableiten:

- Traue niemandem, der gerade eine Diät macht.
- Die Balance des Blutzuckerspiegels ist ein wichtiger Faktor für unseren Mut und unsere Entscheidungsfähigkeit.

Die sich aufdrängende Frage ist natürlich nun, wie erhalten wir mehr ATP? Hier noch einmal die biologischen Grundlagen zur ATP-Gewinnung auf einen Blick:
- Für viel ATP brauchen wir den Fettstoffwechsel.
- Der Fettstoffwechsel funktioniert nur gut, wenn Blutzucker niedrig ist.

Wir können uns vorstellen, dass jede Zelle einen Schalter hat; dieser Schalter schaltet zwischen Nahrungsüberfluss und Nahrungsmangel hin und her. Insulin ist der Daumen der den Schalter auf Nahrungsüberfluss stellt.

> **Neuro-agile-Tipp**
>
> Es gibt ein paar sehr einfache Regeln, die wir einhalten sollten, damit der Schalter auch auf Mangel umschalten kann:
> - Machen Sie lange Pausen zwischen den Mahlzeiten. Erst wenn der Blutzucker verbraucht ist, greift die Zelle auf Fettsäuren zurück. Zwischen den einzelnen Mahlzeiten sollten ca. 5 Stunden liegen.
> - Das bedeutet 2–3 Mahlzeiten pro Tag.
> - Bringen Sie Ihren Zellen regelmäßig das Umschalten auf Nahrungsmangel bei. Essen Sie zweimal pro Woche 14–16 Stunden nichts.
> - Bestimmen Sie Ihre maximale Herzfrequenz und bewegen Sie sich dreimal pro Woche im Grundlagenausdauerbereich I für ca. 45 Minuten. Grundlagenausdauerbereich I ist der Pulsbereich von ca. 65–75 % der maximalen Herzfrequenz. Am sinnvollsten wird dieser Bereich durch eine Spiroergometrie beim Sportarzt bestimmt.
> - Machen Sie diese Einheiten im Grundlagenausdauerbereich I möglichst nüchtern, dann nimmt der Körper relativ schnell Fett.

Natürlich gibt es hier eine Reihe von Kofaktoren, die den Stoffwechsel beeinflussen. Ohne eine ausreichende Menge von L-Carnitin, B-Vitaminen, Magnesium, Q10 und einigen weiteren Mikronutrienten funktioniert der Stoffwechsel ebenfalls nicht gut.

3.1.3 Metamodell 3: Die Energieverteilung und das Immunsystem

Die Energieproduktion ist die eine Seite der Medaille, die andere Seite ist der Energieverbrauch. Hier haben wir drei Supersysteme:
- Unser Gehirn versorgt sich immer zuerst selbst.
- Unser Immunsystem ist die Reinigungskraft in unserem Körper.
- Unsere Muskeln sind sehr energieintensiv.

Neuro: Puzzle der Leistungsfähigkeit 3

Wenn eines dieser drei Supersysteme, z.B. die Muskeln, übermäßig »Energie zieht«, werden die anderen Systeme vernachlässigt. Das ist die schlechte Nachricht für die Bodybuilder unter den Lesern. Daneben gibt es aber natürlich noch weitere »Energiefresser« wie z.B. die Leber, das Herz oder die Lungen.

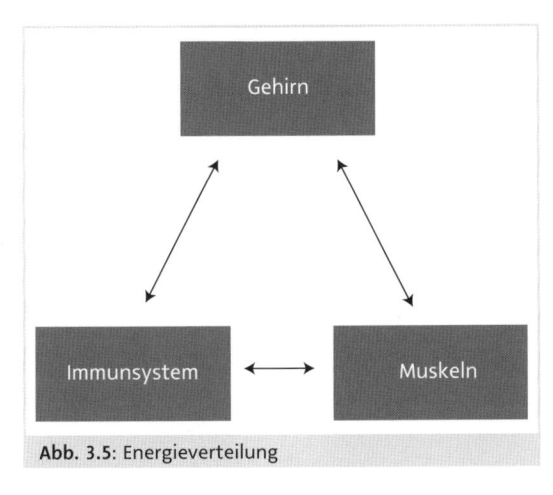

Die Bedeutung des Immunsystems

Den Wert des Immunsystems erkennen wir im Normalfall erst, wenn die Dinge nicht gut funktionieren, wenn z.B. eine Allergie oder eine Autoimmunerkrankung uns zu schaffen macht. Analog zu einer guten Reinigungskraft nehmen wir die gute Arbeit des Immunsystems nicht wirklich wahr. Es kommen täglich Bakterien, Viren, kleine Fremdkörper etc. in unseren Körper. Um im Bild zu bleiben, ist dies der Müll, der unsere Putzhilfe permanent beschäftigt.

Abb. 3.5: Energieverteilung

Die Funktionsweise des Immunsystems können wir an kleinen Kindern sehr gut beobachten. Die Kinder sind entweder ganz gesund oder ganz krank. Wenn sie gesund sind, sind sie fröhlich und aktiv, sie bewegen sich viel und lassen uns Erwachsene teilhaben an ihren Emotionen; die Energieverteilung funktioniert ganz normal.

Kranke Kinder hingegen liegen im Bett und jammern. Sie bekommen hohes Fieber und wollen sich nicht mehr bewegen, Arme und Beine tun ihnen weh. Das Immunsystem sorgt so dafür, dass die Kinder im Bett bleiben und ihrem Körper die Ruhe gönnen, die er zur Genesung braucht. Den Muskeln wird buchstäblich die Energie abgedreht.

Einen ähnlichen Mechanismus finden wir im dritten Supersystem, unserem Gehirn. Während ein gesundes Kind aktiv, fröhlich und sozial aktiv ist, ist das kranke Kind zurückgezogen, traurig und pessimistisch. Dieses Verhalten nennt man im Englischen »sickness behaviour«. Die Verhaltensänderung bei Krankheit ähnelt derjenigen bei einer Depression. Im Gegensatz zu Depressionen ist eine Krankheit in der Regel nach ein paar Tagen überwunden und das Kind ist wieder begeistert, lustig und aktiv. Das Immunsystem ist also in der

Lage, alle anderen Systeme im Sparmodus zu halten und dem Organismus so die Energie für die Heilung zur Verfügung zu stellen.

Krankheit ist extrem ressourcenfressend. Unsere Reinigungskraft hat zwei effiziente Mittel gegen die Eindringlinge: Durch »zur Explosion bringen« oder »fressen« wird der Dreck vernichtet. Für die Ausbildung dieser Zellen (u.a. Makrophagen, natürliche Killerzellen) benötigt der Organismus aber viel Energie. Es wäre also kontraproduktiv, in dieser Zeit anderen Aktivitäten nachzugehen, z.B. viel nachzudenken, neugierig oder sozial aktiv zu sein oder sich viel zu bewegen. Im Optimalfall haben wir zwei klar voneinander unterscheidbare Immunzustände: ganz krank oder ganz gesund.

> **Neuro-agile-Tipp**
>
> Richtig krank zu sein, ist ein gutes Zeichen. Fieber und ein Hochfahren der Immunantwort ist etwas sehr Positives. Betrachten Sie es bei der nächsten Erkältung genauso und verhalten Sie sich dann entsprechend (Ruhe!).

3.1.4 Chronic low grade Inflamation

Leider ist die Abgrenzung zwischen gesund und krank nicht immer so leicht. Viele Menschen leiden unter chronischen, niedriggradigen Entzündungen. Damit ist ein Zustand gemeint, in dem wir weder ganz gesund noch ganz krank sind. Wir befinden uns irgendwo dazwischen und sind ein bisschen angeschlagen, aber nicht wirklich krank.

Dazu zählen chronische Erkrankungen wie Allergien, Autoimmunerkrankungen, ein Bandscheibenvorfall, ein »Tennisarm«, eine Achillesfersenreizung, eine Patellasehnenentzündung u. Ä.

Alle Krankheitszustände, die länger als 4–6 Wochen andauern, haben chronischen Charakter. Auch hier handelt das Immunsystem wieder im Sicknessbehaviour-Modus: Den Muskeln wird die Energie abgedreht, wir fühlen uns schlapp.

Auch das Gehirn wird in den unsozialen, traurigen und pessimistischen Modus gebracht, der ähnliche Symptome zeigt wie eine Depression. Allerdings ist der Unterschied zu akuten Erkrankungen wie einer Grippe der, dass mit chronischen Entzündungen im Körper auch ein chronisches Krankheitsverhalten einhergeht. Deshalb wird in der Medizin zurzeit diskutiert, ob eine Depression auch ein Kosymptom einer anderen Erkrankung sein könnte. So findet man die Entzündungsbotenstoffe, die Gehirn und Muskeln von der Energieversorgung trennen, auch bei einem Großteil der Patienten mit einer Depression. Oft ist nicht wirklich klar, was Ursache und was Wirkung ist. Es könnte sein, dass das Immunsystem depressive Symptome verursacht, umgekehrt ist es natürlich auch möglich, dass die Depression die Bildung der Entzündungsbotenstoffe auslöst.

Richtig problematisch sind solche schleichenden Entzündungen, weil sie die Grundlage für viele weitere Erkrankungen sind. So werden Herz-Kreislauf-Erkrankungen, Demenz, Autoimmunerkrankungen etc. mit dem schleichenden Entzündungsprozess in Verbindung gebracht.

Die Warnsignale, die auf solche Entzündungsvorgänge hinweisen können, sind individuell sehr unterschiedlich. Im Folgenden sind einige, wenn auch nicht alle Hinweise auf ein überaktives Immunsystem aufgeführt:
- Muskelbrennen
- verschleppte Grippe
- verschleppte krankheitsähnliche Symptome
- Hautprobleme
- Östrogen-/Testosteronmangel
- zu viel LDL im Verhältnis zum HDL, zu hoher Blutzucker und zu hoher HBA-1c-Wert
- erhöhtes Kälteempfinden
- verstärktes Zuckerverlangen
- Müdigkeit
- Mangel an Empathie und Güte
- Gewichtsschwankungen
- ängstliches Verhalten
- regelmäßige Erkrankung am 2. Urlaubstag
- mehr als drei Infektionen pro Jahr
- Lernschwierigkeiten

Ein riesiges Problem der niedrigschwelligen Entzündungen ist, dass deren Botenstoffe in den Zellen und den Kraftwerken der Zellen Schäden anrichten. Dies betrifft z.B. die Mitochondrien in den Zellen, die Energie (ATP) produzieren (vgl. Kap. 3.1.2). Die Botenstoffe der Entzündung (Zytokine genannt) sorgen in diesen Zellkraftwerken für oxidativen Stress. Unser Energiegewinnungsprozess klappt in der Folge nicht mehr optimal. Das hat wie oben dargestellt auch massive Auswirkungen auf die geistige Leistungsfähigkeit und auf die Freude an Tätigkeiten. Es ist also ein Muss für jeden Leistungsorientierten, die Botenstoffe, die diese Symptome triggern, möglichst gering zu halten.

Als derartige Trigger kommen infrage:
- entzündungsfördernde Ernährung
- emotionaler Stress wie z.B. Partnerschaftskonflikte
- ein Virus oder eine bakterielle Infektion
- ein Mangel an Mikronutrienten
- Schlafmangel
- Übergewicht
- finanzielle Sorgen
- Umweltgifte oder Amalgam
- ....

Diese Trigger beschäftigen das Immunsystem konstant und oft ist es die Vielzahl an entzündungsfördernden Verhaltensweisen, die das Immunsystem fordern und ständig in Alarmbereitschaft hält.

> **!** **Neuro-agile-Tipp**
> Reduzieren Sie Immuntrigger, beschäftigen Sie sich mit Entzündungen und nehmen Sie Warnzeichen des Immunsystems, insbesondere jede chronische Krankheit, sehr ernst. Je weniger Immuntrigger bei Ihnen aktiv sind, desto mehr Energie steht für Gehirn und Muskeln zur Verfügung.

3.1.5 Der Darm und entzündungsarme Ernährung

Sowohl in der Medizin als auch in der populärwissenschaftlichen Literatur ist in den letzten Jahren ein neues Thema ins Blickfeld gerückt. Die Bedeutung des Darms für unsere Gesundheit ist erst in den letzten Jahren grundlegender erforscht worden. 70–80% des Immunsystems sind demnach im Darm verortet. Insofern gilt der Darm als die größte Abwehrinstitution unseres Körpers.

Die Aufgabe des Darms ist es, gute Nahrung in den Körper zu lassen und sog. Antinutrienten mit der Verdauung auszuscheiden. Diese Auswahl erfolgt durch die Darmzellen. Wenn das Mikrobiom und die Darmwand optimal funktionieren, dann werden die guten Nahrungsbestandteile aufgenommen und die krank machenden Stoffe (z. B Lipopolysaccharide; LPS) ausgeschieden. Nun gibt es einige Einflüsse, die die Darmwand auf Dauer schädigen können. Dazu gehören vor allem:
- glutenhaltiges Getreide
- Antibiotika und andere Medikamente
- Zucker
- individuelle Nahrungsmittelunverträglichkeiten wie z.B. Milch
- Stress

Diese fünf Faktoren können auf unterschiedliche Art und Weise unsere Darmbarriere durchlässig machen für Antinutrienten. Ein nicht optimaler Darm führt dazu, dass das Immunsystem ständig aktiv sein muss. Bei vielen Erkrankungen ist das die Ursache der Ursache der Ursache der Ursachen.

Nun gilt es herauszufinden, welche Lebensmittel tatsächlich ein Problem für den Darm darstellen. Leider ist dies so individuell wie unsere Augenfarbe. Ein pauschales »So ist es für alle richtig« gibt es nicht. Ernährungsratschläge, die dies für sich in Anspruch nehmen, sind unseriös und mit Vorsicht zu genießen. In Bezug auf das Immunsystem ist es wichtig zu verstehen, dass jedes Lebensmittel bei uns eine Entzündung auslöst. Auch das gesündeste Lebensmittel führt zu einer kleinen Abwehrreaktion. Um die eigene Leistungsfähigkeit zu erhalten, ist es entscheidend, dass man seine individuelle Immunreaktion auf Lebensmittel kennt.

Am sinnvollsten, um diese zu testen, ist eine Eliminationsdiät, also zwei Wochen Verzicht auf vermeintlich toxische Lebensmittel. Nach zwei Wochen Verzicht nehmen wir Lebensmittel für Lebensmittel wieder in die Nahrung auf und beobachten, ob unser Körper mit Energieabfall auf den Verzehr reagiert. An unserem Antrieb können wir messen, ob wir mit diesem Lebensmittel ein Problem haben oder ob wir es gut vertragen. Es gibt auch Bluttests, um Unverträglichkeiten zu bestimmen, doch die optimale Methode stellt m. E. eine Eliminationsdiät dar.

Ich möchte auf die oben aufgeführten Nahrungstrigger nun einen etwas genaueren Blick werfen.

Getreide
Eines der Probleme von Getreide ist die Entzündungsreaktion, die es in unserem Körper auslöst. Bei Getreide kann die Entzündung auf mehreren Wegen erfolgen:

Manche Menschen reagieren auf das in Getreide enthaltene Gluten. Es ist inzwischen durchaus »hip«, glutenfrei zu leben, aber vielen ist gar nicht klar, was dahintersteckt. Gluten ist so etwas wie ein Kleber, der unsere Getreidelebensmittel schön fluffig macht. Ohne Gluten wäre das Brötchen bröseliger – soweit der Vorteil.

Ein Problem beim Gluten ist u. a. die Freisetzung von Zonulin im Körper. Dies kann im Darm bewirken, dass sich die Spalten zwischen den Darmzellen öffnen und so Giftstoffe in den Darm gelangen, was zu Entzündungen führt. Dieser Mechanismus wird »leckender Darm« genannt.

Probieren Sie es doch einfach selbst aus: Wir haben viele Teilnehmer, die zwei Wochen lang getreidehaltige Speisen weglassen und dann wieder in die Nahrung aufnehmen. Während der Elimination von Getreide fühlen sich viele Teilnehmer leistungsfähig, danach nicht mehr. Diese Reaktion spricht für eine durch Gluten verursachte Entzündung. Die Verträglichkeit von Gluten ist dabei individuell sehr unterschiedlich.

Aus dem Spitzensport ist eine Aussage des besten Ironman Jan Frodeno (mehrfacher Weltmeister) bekannt: »Natürlich gibt es zwischen den Trainingseinheiten Gemüse und Reis. Getreide würde zu lange schlappmachen.« Er könnte dann nicht mehrmals am Tag hart trainieren. Was für das körperliche Training gilt, ist auch auf die geistige Leistungsfähigkeit übertragbar. In den biologischen Mechanismen liegt zwischen geistiger und körperlicher Leistungsfähigkeit kein Unterschied.

Schimmelpilze

Ein weiteres Problem beim Verzehr von Getreide sind Schimmelpilze, die Getreide und Getreideprodukte befallen können. Ein gewisses Maß an Schimmelpilzgiften, die wir mit Getreideprodukten aufnehmen, kann unser Körper durchaus verkraften, bei größeren Mengen reagiert er aber mit Vergiftungserscheinungen.

Zwar gelten für Lebensmittel, die in den Verkauf gelangen, Grenzwerte für Schimmelpilztoxine. Wenn wir allerdings viele Nahrungsmittel mit Schimmelpilzbefall zu uns nehmen, dann kann zwar jedes Nahrungsmittel unter dem Grenzwert liegen, die Gesamtbelastung ist dann aber unter Umständen trotzdem hoch. Betroffen sind vor allem Getreideprodukte inklusive Bier, aber auch Kaffee oder Schokolade.

Einen ebenfalls negativen Einfluss auf unsere Gesundheit hat Schimmel in der Wohnung. Auch hierdurch werden Entzündungen ausgelöst, eine Schimmelbildung in unseren Wohnräumen ist ein permanenter Trigger für das Immunsystem. Nach einem Umzug können daher unspezifische Entzündungen manchmal schlagartig verschwinden.

Milch

Milch hat zwei Wirkmechanismen, die bei manchen Menschen für Probleme sorgen:
1. Laktose, also der Milchzucker, kann nicht von allen Menschen gleich gut abgebaut werden. Im Laufe unseres Lebens geht die Verträglichkeit von Milch sogar ständig zurück. Natürlich ist auch das individuell verschieden. Viele Allergiker können von großen Erfolgen berichten, wenn sie Milch weggelassen haben.

2. Das Protein Kasein wird bei einigen Menschen in Casomorphin umgewandelt. Diese Peptide können eine opiatartige Wirkung entfalten und wirken wahrscheinlich beruhigend. Milchprodukte können durch diese Mechanismen Müdigkeit verursachen.

3.1.6 Biorhythmus

Wie stark der Einfluss des Biorhythmus auf unser Verhalten ist, konnte in einem bekannten Versuch von Danzinger und Kollegen demonstriert werden: Forscher sind der Frage nachgegangen, was der entscheidende Faktor bei der Entscheidung eines Richters ist, ob ein Häftling auf Bewährung freigelassen wird oder nicht. Unsere erste Vermutung sind Faktoren wie Reue, soziale Prognose oder gute Führung. In diesem Versuch konnte nachgewiesen werden, dass die Tageszeit, zu der die Entscheidung getroffen wird, der entscheidende Faktor ist. Wenn der Richter morgens um 8:00 Uhr entscheidet, dann liegt die Wahrscheinlichkeit für den Häftling, freigelassen zu werden, bei über 60%. Entscheidet der Richter erst am Nachmittag, dann liegt die Wahrscheinlichkeit unter 5%. Wie die Entscheidung ausfällt, hängt also höchstwahrscheinlich vom Biorhythmus ab.

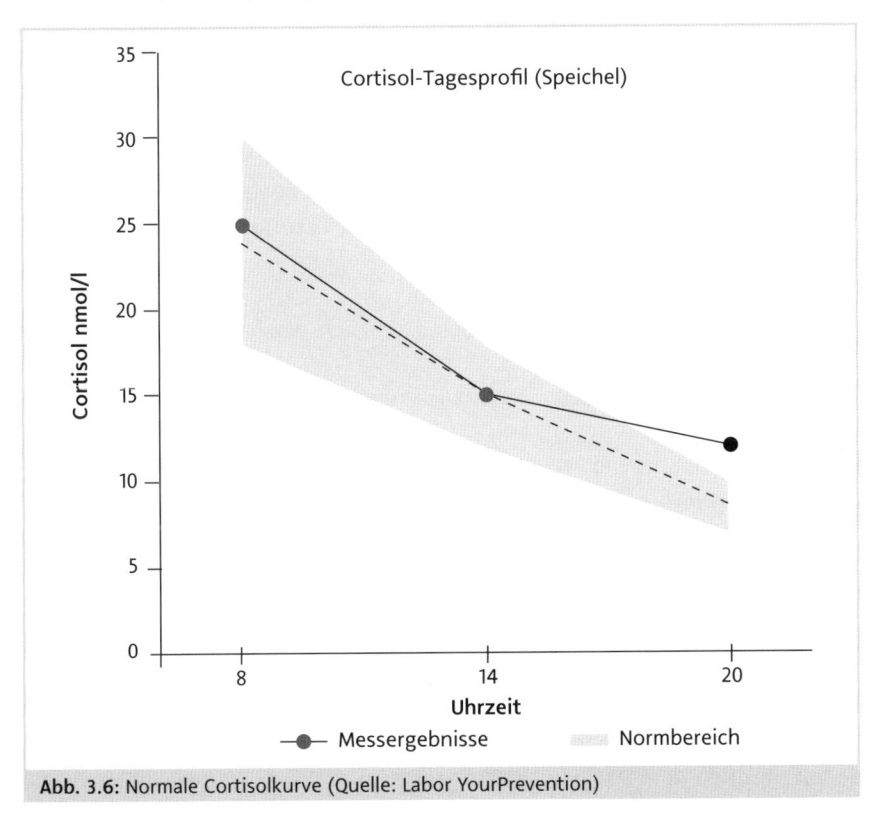

Abb. 3.6: Normale Cortisolkurve (Quelle: Labor YourPrevention)

Das Hormon, das den Biorhythmus beeinflusst, ist Cortisol. Wir wachen auf, weil wir einen hohen Cortisolspiegel haben, Cortisol sorgt für problemloses Aufstehen. Wir können das an unseren Kindern beobachten. Ein Dreijähriger braucht weder drei Kaffee noch einen Wecker, um voller Tatendrang die Welt zu entdecken. Diese Neugierde auf den Tag wird ausgelöst durch den sog. Cortisol Awakening Response. Cortisol sorgt für die Energiebereitstellung in den Zellen.

Hier sieht man einen optimalen Tagesrhythmus: Morgens ist viel Energie da, im Normalfall wird dieser Mensch gut gelaunt und schwungvoll aufstehen. Das Energielevel sinkt dann im Laufe des Tages ab. Aufgrund des geringen Energielevels am Abend wird dieser Mensch gut einschlafen. Seit den Dopingskandalen um Jan Ullrich und Lance Armstrong ist allgemein bekannt, dass Cortisol ein Dopingmittel ist. Es sorgt für mehr Energie in den Zellen.

Wie wird Cortisol nun gebildet? Unser Biorhythmus ist nahezu ausschließlich lichtabhängig. In unserem Gehirn haben wir einen Kern, den »Nucleus suprachiasmaticus«, der der Dirigent unseres Biorhythmus ist. Sobald es hell ist, sagt er dem Organismus: Alle Tagessysteme auf Vollgas, die Energie soll in die Muskeln – jetzt ist Aktivität angesagt.

Wenn es dunkel wird, gibt der Dirigent folgendes Signal: Alle Regenerationssysteme dürfen nun arbeiten. Es kommt zu einer Immunsystemaktivierung, die Reparaturprozesse starten und die Regeneration wird vorangetrieben. Wenn die Regeneration und die Reparaturprozesse abgeschlossen sind, dann stehen wir wieder voller Energie auf und der nächste Tag kann beginnen.

Daraus folgen zwei wichtige Ableitungen:
1. Wir brauchen ausreichend Licht, um wirklich wach zu werden, nämlich mindestens 10.000 Lux.
2. Wir brauchen Dunkelheit, um wirklich regenerieren zu können.

Beides muss sich abwechseln und hat im Idealfall einen Rhythmus von 12 Stunden Licht und 12 Stunden Dunkelheit. Das scheint der Rhythmus zu sein, für den wir Menschen angepasst sind.

Daraus ergeben sich in unserer »modernen« Welt zwei Probleme:
1. Wir haben zu wenig Licht.
2. Wir haben zu wenig Dunkelheit.

Das hört sich zunächst nach einem Paradoxon an. Doch tatsächlich sind wir zu selten draußen dem Sonnenlicht ausgesetzt, wir haben also zu selten 10.000

Lux auf unserer Netzhaut, sodass wirklich eine CAR (Cortisol Awakening Response) entsteht. In den skandinavischen Ländern, die durch ihre geografische Lage bedingt im Winter sehr wenig Tageslicht haben, haben sich sog. Tageslichtlampen etabliert. Entweder setzen wir uns morgens vor eine solche Tageslichtlampe oder wir verbringen mindestens 45 Minuten pro Tag draußen. Auch bei bedecktem Wetter reicht die Lichtintensität dafür aus. Inzwischen gibt es auch Apps, die die Luxzahl messen können: Drinnen sind das meistens ca. 500 Lux, im Freien mindestens 10.000 Lux.

In Bezug auf Dunkelheit haben wir weniger ein qualitatives als vielmehr ein quantitatives Problem. Wenn wir von einem natürlichen Biorhythmus von 12 Stunden Aktivität und 12 Stunden Ruhephase ausgehen, dann erreichen die wenigsten diese Zeiten. Im Durchschnitt schlafen erwachsene Deutsche ca. 6–7 Stunden pro Nacht. Dass ist nur etwa die Hälfte der benötigten Ruhezeit, um wirklich zu regenerieren. Im folgenden Kapitel wird noch deutlich, welche Faktoren tatsächlich zur Ruhe gehören.

An dieser Stelle ist es zunächst auch wichtig zu definieren, was Aktivität ist und was tatsächlich Regeneration bedeutet. In kaum einem anderen Zusammenhang liegen Gefühl und Biologie so weit auseinander. Eine der besten Messmöglichkeiten hierfür ist die Herzratenvariabilität.

3.1.6.1 Messung des Biorhythmus

Mithilfe der Herzratenvariabilität (HRV) kann man messen, wann ein Mensch tatsächlich im Ruhemodus oder im Aktivitätsmodus ist. Dies ist im Diagramm in Abb. 3.7 dargestellt. Aktivität ist durch den dunklen Bereich gekennzeichnet. Dabei ist der sog. Sympathikus, das anregende Nervensystem, aktiv. Der helle Bereich zeigt das Aktivitätsfeld des Vagus oder Parasympathikus, also des beruhigenden Nervensystems an. Ideal ist eine Verteilung mit einem gleichmäßigen Rhythmus zwischen anregend und beruhigend.

Zusammen werden Vagus und Sympathikus als autonomes Nervensystem bezeichnet. Es kann nicht willentlich gesteuert werden, daher die Bezeichnung »autonom«. Die Voraussetzungen für den Ruhezustand sind einfach: keine Nahrung, kein Licht und wenig soziale Interaktion. Dann, und nur dann, wird der Vagus aktiviert und wir entspannen wirklich.

Ein idealer Tag sieht ungefähr so aus: Wir haben eine hohe Tagesaktivität, z.B. einen fordernden Job, eine tolle Aufgabe. Das erkennen wir an den dunklen Säulen. Mittags haben wir eine kurze Pause und abends gegen 20.00 Uhr

Neuro-agile Methoden: modernste Erkenntnisse zum Glücklich-Bleiben

beginnt der Vagus aktiv zu werden, ca. zwei Stunden vor dem Zubettgehen. Um 22.00 Uhr schläft unser Musterklient und steht am nächsten Morgen um 6.30 Uhr fit und erholt auf.

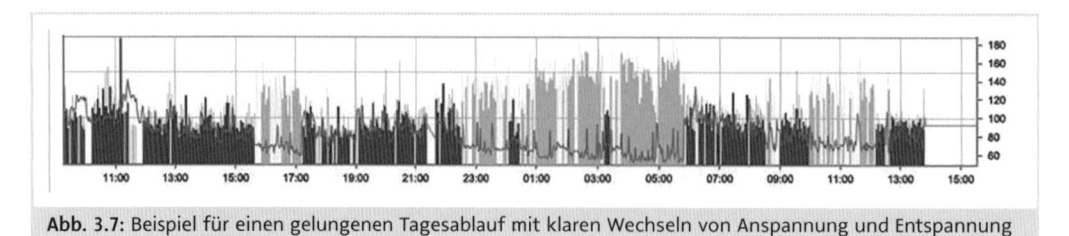

Abb. 3.7: Beispiel für einen gelungenen Tagesablauf mit klaren Wechseln von Anspannung und Entspannung

Beim Problemklienten (s. Abb. 3.8) hingegen erkennen wir nahezu keine Pausen im Tag und vor allem keine Abwechslung. Abends geht dann die anregende (sympathische) Belastung weiter. Wie unschwer zu erkennen ist, findet der Teilnehmer auch nachts keine wirkliche Ruhe. Er schläft zwar, aber der anregende Teil des Nervensystems ist ständig aktiv. Morgens wacht er »wie gerädert« auf, der Tag ist eher eine Qual als ein Vergnügen. Dieser Teilnehmer steht auch nachts häufiger auf, egal ob zum Toilettengang oder aus Hunger – der Rhythmus aus Cortisol, Melatonin, Immunsystem und Nervensystem funktioniert nicht mehr.

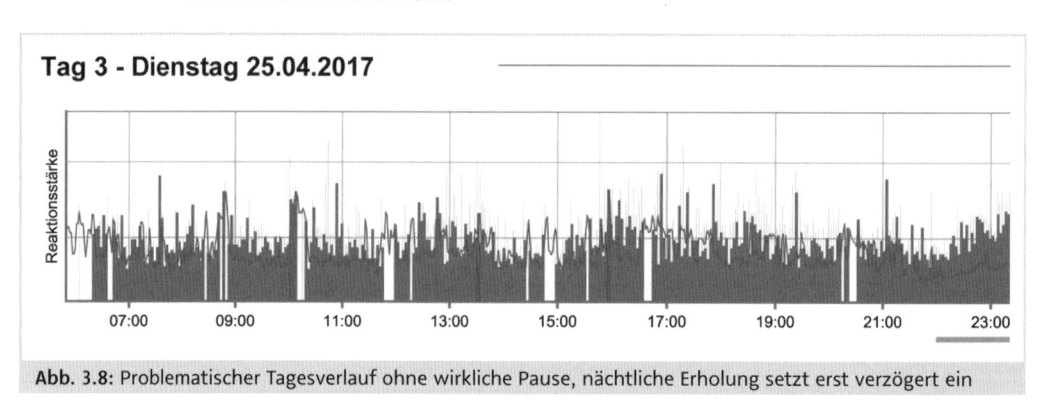

Tag 3 - Dienstag 25.04.2017

Abb. 3.8: Problematischer Tagesverlauf ohne wirkliche Pause, nächtliche Erholung setzt erst verzögert ein

Anhand der HRV können wir auch Aktivitäten auf tatsächliche Entspannung untersuchen. So lässt sich an der HRV eines Klienten, der abends mit sehr hoher Intensität Sport gemacht hat, erkennen, dass die abendliche Belastung auf Kosten der Erholung in der Nacht geht (s. Abb. 3.9). Der Vagus wird erst gegen 3.00 Uhr aktiv. Bis dahin ist das Gehirn des Teilnehmers auf »Tagesaktivität« gestellt, obwohl er schläft. Wir können sogar im Schlaf auf der Flucht sein.

Neuro: Puzzle der Leistungsfähigkeit   3

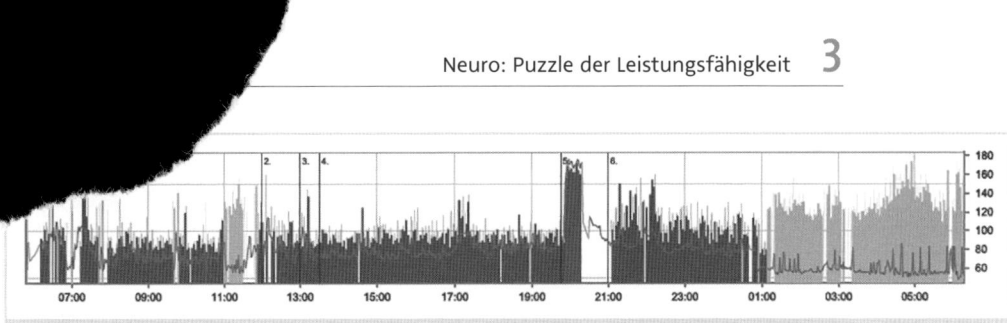

Abb. 3.9: Zu intensiver Sport am Abend (16.00–17.30 Uhr); Erholung tritt erst ab 3.00 Uhr ein

Fernsehen hat einen ähnlichen Einfluss: Ein Teilnehmer hat nach einem mittelanstrengenden Arbeitstag noch zwei Stunden ferngesehen, eine Aktivität, von der die meisten sagen, sie sei entspannend (s. Abb. 3.10). Der HRV zeigt aber immer wieder das Gegenteil: Fernsehen aktiviert unseren Sympathikus und drosselt den Vagus, es bedeutet chronobiologisch »Tagesaktivität«. Das liegt u. a. an der Art des Lichts, aber wahrscheinlich auch an der Vielzahl und Schnelligkeit der Reize.

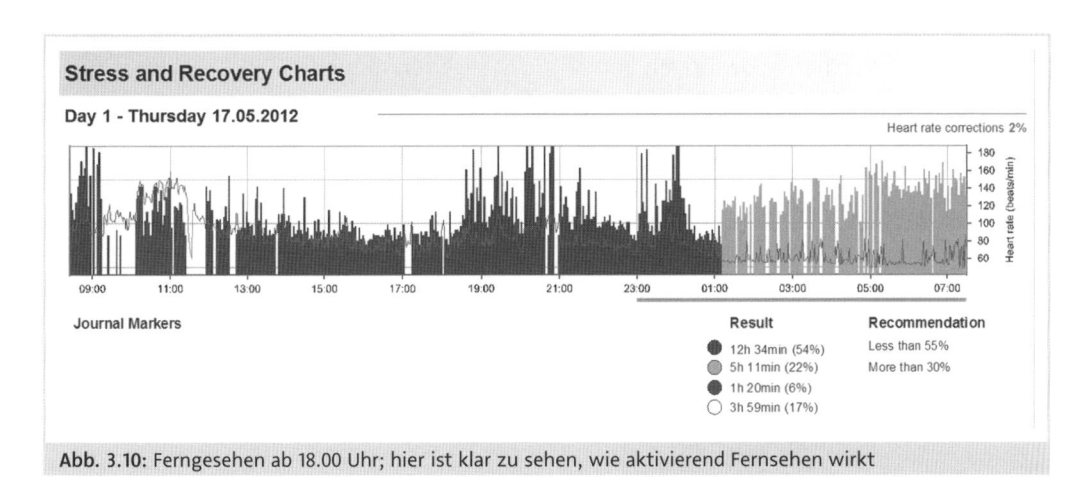

Neuro-agile-Tipp
Wenn Sie fernsehen wollen, dann tun Sie das morgens.

Abb. 3.10: Ferngesehen ab 18.00 Uhr; hier ist klar zu sehen, wie aktivierend Fernsehen wirkt

Mit einem Augenzwinkern hier noch zwei geschlechtertypische Beispiele für chronobiologische Tatsachenverdrehung. Frauen behaupten oft: »Ich kann sehr gut mit den Kolleginnen beim Mittagessen abschalten«, ein typisch männlicher Satz ist: »Beim Autofahren komme ich runter.« Beides könnte biologisch nicht verkehrter sein. Sicher sind beides wahrgenommen angenehme Aktivitäten, allerdings sind beide hochanregend.

> **Neuro-agile-Tipp**
>
> Verlegen Sie aktivierende Tätigkeiten auf den Tag, legen Sie beruhigende Tätigkeiten in die Regenerationszeit.
> Verlassen Sie sich nicht auf Ihr Gefühl, was entspannend und was anregend ist. Viele Menschen verwechseln schön mit entspannend, das sind aber zwei unterschiedliche Kategorien. Schöne Dinge können auch anregend sein (z.B. ins Kino gehen). Seien Sie aufmerksam und realisieren Sie, dass schön und entspannend nicht das Gleiche ist.

3.1.6.2 Umgang mit dem Biorhythmus

Wenn Sie sich nun fragen: »Was darf ich denn überhaupt noch?«, möchte ich betonen, dass es nicht darum geht, Aktivitäten zu verbieten oder zu unterdrücken. Vielmehr soll dies eine Aufforderung sein wahrzunehmen, dass einige Tätigkeiten in den Tag gehören, denn dann sind diese Aktivitäten biologisch richtig aufgehoben. Sie geben unserem System den Impuls: Es ist Tag. Am Abend wären ruhige Tätigkeiten eher angebracht, z.B. das Hören klassischer Musik, etwas Entspannendes lesen, kuscheln, vor dem Kamin sitzen und ins Feuer schauen. Folgendes gehört dagegen zu den Tagesaktivitäten, für die wir Energie benötigen und die nicht regenerativ sind:

- Fernsehen, Medienkonsum
- Arbeit am Laptop oder Handy
- Hausarbeit
- Sport
- emotional belastende Gespräche
- Alkohol

Wie bei der Ernährung geht es hier weniger darum, was man darf, als vielmehr um einen grundsätzlich der Biologie angepassten Lebensstil. Ein Verbot oder eine strikte Auslegung der Aktivitätenregeln wäre in der Tendenz mehr Stress als positive Energie.

> **Neuro-agile-Tipp**
>
> Daher ist der erste Tipp: Legen Sie die Regel weit genug aus, sodass ein Übertreten akzeptabel ist.

Das heißt konkret, dass Ihr Biorhythmus nicht gleich aus den Fugen gerät, wenn Sie einmal in der Woche zum Volleyballtraining gehen, einen Kinoabend genießen oder sich ab und zu ein Glas Wein gönnen.

Ein Problem ist es, wenn solche Abendaktivitäten innerhalb einer Woche mehrfach stattfinden. Wenn also jeder Abend durch Aktivitäten besetzt ist und dem Körper so seine Regenerationszeit fehlt und damit eben auch die Immunaktivitätszeit. Denn Biorhythmus und Schlaf haben einen starken Einfluss auf unser Immunsystem, wir brauchen die Nacht für die Reparaturprozesse im Körper. Wenn zwei von sieben Nächten nicht optimal erholsam sind, dann ist das zu verkraften. Wenn sieben von sieben Nächten nicht erholsam sind, dann bezahlt unser Immunsystem den Preis dafür.

> **Neuro-agile-Tipp**
> Der zweite Tipp in diesem Zusammenhang: Sorgen Sie für 9 Stunden Regenerationszeit. 12 Stunden sind für nahezu alle Berufstätigen unmöglich einzuhalten, selbst 9 Stunden halten die meisten für schwierig oder gar unrealistisch. Trotzdem versuchen es viele Teilnehmer unserer Kurse und sind über die Erfolge überrascht.

Spitzenleistung setzt Spitzenerholung voraus, daher ist für jeden Topsportler ausreichende Regeneration selbstverständlich. Völlig unverständlicherweise hat sich bei den Spitzenleistern im Management ein anderes Leistungsverständnis etabliert. Hier gilt derjenige als stark, der wenig Regeneration braucht, der mit wenig Schlaf auskommt. Das Cortisolsystem reagiert in drei Stufen mit einer entsprechenden Anpassung an diese dem Biorhythmus zuwiderlaufende Situation:

- Wenig Schlaf verbunden mit Stress am Tag bedeutet andauernder Aktivitätsmodus.
- Daraus folgt zunächst eine höhere Cortisolausschüttung, der Cortisolspiegel passt sich nach oben an.
- Die Nebennierenrinde, die für die Cortisolausschüttung zuständig ist, erschöpft sich und der Cortisolspiegel im Blut passt sich nach unten an.

In Abb. 3.11 ist eine solche Anpassung nach unten dargestellt.

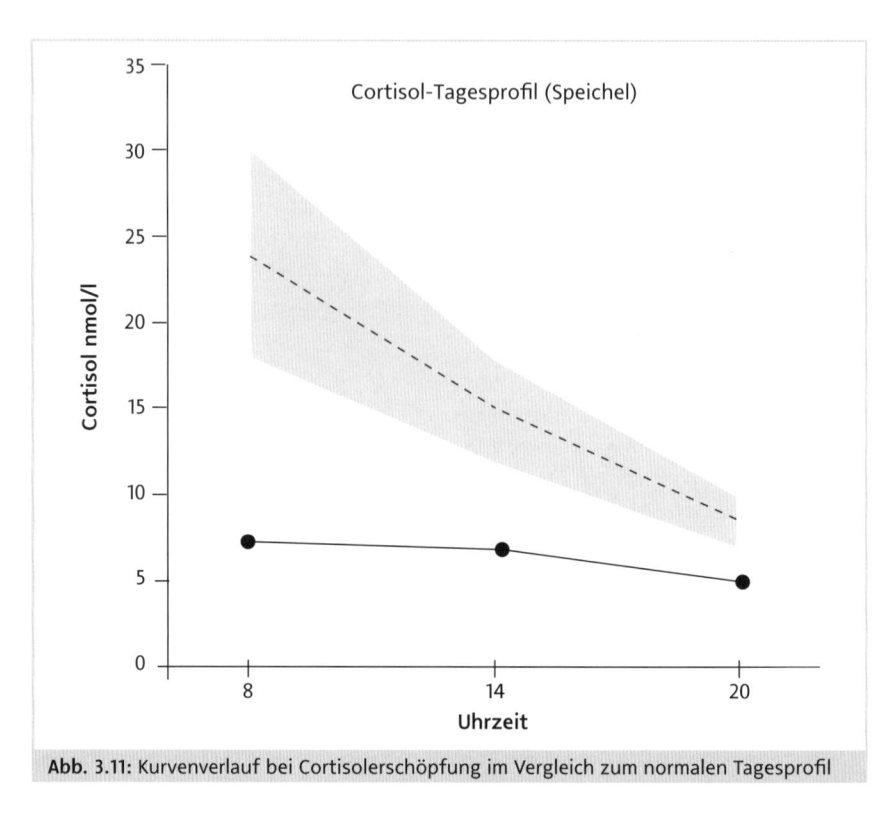

Abb. 3.11: Kurvenverlauf bei Cortisolerschöpfung im Vergleich zum normalen Tagesprofil

Hier zeigt sich deutlich: morgens keine Energie, mittags keine Energie und abends keine Energie. Die Folgen sind verheerend:
1. Spitzenleistung ist nicht möglich, eines der wesentlichen Energiebereitstellungssysteme ist nicht in der Lage, den Körper ausreichend mit Energie zu versorgen. Diese Menschen fühlen sich ausgebrannt und antriebslos.
2. Der Gegenspieler des Cortisols, das Immunsystem, läuft auf Hochtouren. Es kommt zu einer überschießenden Immunreaktion.

! Neuro-agile-Tipp

Die Zusammenhänge zwischen Cortisolspiegel, Immunsystem, Schlaf und Biorhythmus sind für leistungsorientierte Menschen von überragender Wichtigkeit. Hier geht es um weit mehr als die reine Abwehr von Erkrankungen, hier geht es um begeisterte und dauerhafte Leistungsfähigkeit.

Als Selbsttest beantworten Sie für sich diese drei Fragen:
1. Ich wache an sechs von sieben Tagen morgens fit und völlig ausgeruht auf.
2. Ich habe Kraft und Energie für 12 Stunden Tätigkeiten am Tag ohne großes Energieloch.

Neuro: Puzzle der Leistungsfähigkeit **3**

3. Ich brauche keinen Wecker und wache fast immer zur gleichen Zeit ausgeruht auf.

Für Menschen ist es ursprünglich normal, morgens fit und wirklich ausgeruht aufzustehen. Daraus resultieren dann auch die Kraft und die Energie für den Tag.

Wir haben einen Mechanismus, der uns im Normalfall immer zur gleichen Zeit weckt. Dieser Mechanismus wird durch das Tageslicht gesteuert, das das Signal für das Aufwachen gibt. Eine Art »Uhrengene« speichern auf Dauer die Informationen, wann wir in der Regel morgens aufstehen, und bewirken dann immer zur gleichen Zeit die Ausschüttung von Eiweißbotenstoffen, die den Körper daran erinnern, dass es jetzt gleich hell wird, also Zeit ist, aufzuwachen.

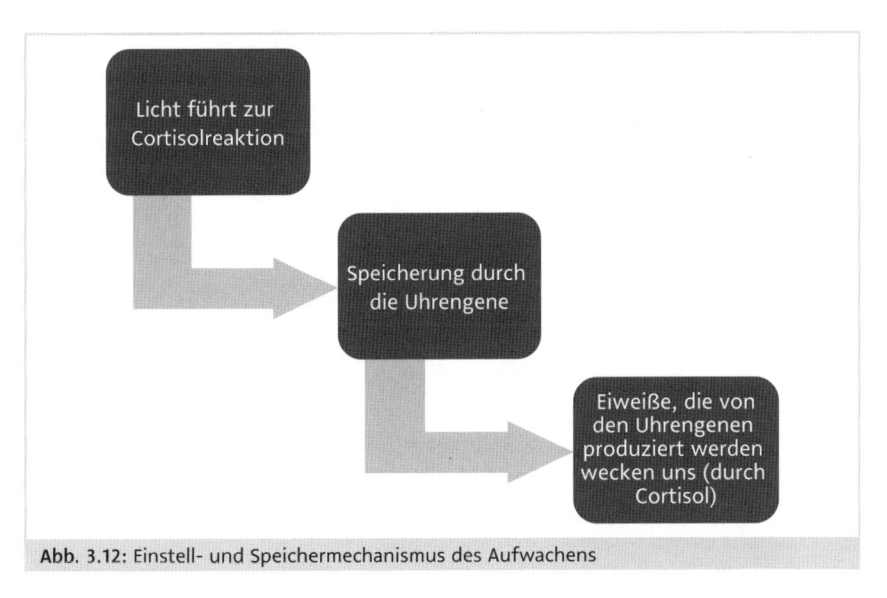

Licht führt zur Cortisolreaktion → Speicherung durch die Uhrengene → Eiweiße, die von den Uhrengenen produziert werden wecken uns (durch Cortisol)

Abb. 3.12: Einstell- und Speichermechanismus des Aufwachens

Doch nicht jeder Biorhythmus ist gleich. Man spricht hier von unterschiedlichen Typen, z.B. von den Lerchen und den Eulen. Die Lerchen stehen früh auf und sind früh im Bett, die Eulen hingegen sind gern lange wach. Nun ist es tatsächlich so, dass bestimmte Genkombinationen eher eine Anlage für Lerchen und andere Genkombinationen eher eine Anlage für Eulen darstellen. Diese genetische Grundeinstellung kann aber durch die Interaktion mit der Umwelt durchaus beeinflusst werden. Eine genetische Eule kann zu einer Lerche werden und umgekehrt. Wie lange eine solche Umstellung dauert, spüren wir bei einer Reise in eine andere Zeitzone, die Übergangszeit ist der sog. Jetlag.

Im Normalfall brauchen wir wenige Tage, bis sich der Organismus an einen neuen Hell-Dunkel-Rhythmus angepasst hat. So lange dürfen wir uns Zeit geben, um in den neuen Rhythmus zu kommen. Für die meisten Menschen ist der Morgen fix terminiert: Die Kinder müssen zur Schule, wir haben ein Meeting oder feste Anfangszeiten. Die Eulen sind in unserer Gesellschaft klar benachteiligt. Die meisten Shops und die meisten Aktivitäten finden am Morgen statt. Sowohl für den Schulerfolg als auch für den beruflichen Erfolg ist es vorteilhaft, eine Lerche zu sein.

Wir brauchen nur ein paar Tage, um unseren Biorhythmus umzustellen, also um eine Lerche zu werden. Hier ein paar Tipps dazu:

> **Neuro-agile-Tipp**
> - Gehen Sie an sechs von sieben Abenden zur gleichen Zeit ins Bett.
> - Verzichten Sie mindestens zwei Stunden vor dem Zubettgehen auf Alkohol und elektronische Mediennutzung.
> - Halten Sie Ihr Schlafzimmer dunkel.
> - Gehen Sie während der Umstellungsphase immer 30 Minuten früher ins Bett als am Abend zuvor.

> **Goldene Management-Regel**
> Dass der Cortisolhaushalt auch eine wichtige Rolle im Arbeitsalltag spielen kann, ist ja schon bei dem Richterbeispiel angeklungen. Ein Kunde von mir, eine Personalberatungsfirma, ist bei einer entsprechenden Überprüfung ihrer Interviews zu dem Ergebnis gekommen, dass die Erfolgswahrscheinlichkeit, also ein zweites Interview führen zu können, von Interviews am Morgen deutlich über der von Interviews nachmittags lag. Ein anderer Kunde hat Geschäftsleitungsmeetings auf den Vormittag gelegt und berichtet, nur ca. 50% der früheren Zeit dafür zu benötigen. Hier wird deutlich, dass in der Beachtung des Biorhythmus ein nicht unerhebliches Wertschöpfungspotenzial für Unternehmen liegt.

3.1.6.3 Licht

Das Thema Licht verdient in diesem Zusammenhang noch einmal eine Extrabetrachtung, denn Licht ist nicht gleich Licht. Im künstlichen Licht fehlen viele Lichtfrequenzen der Sonne, ganz besonders ist dies bei LED-Licht und in Energiesparlampen der Fall. Zwar wird seit vielen Jahren darauf hingewiesen, dass man nicht zu viel UV-Strahlung abbekommen soll. Man verwendet UV-Blocker in Sonnenbrillen, Sonnencremes und auch bei Fensterglas. Zweifellos ist eine übermäßige UV-Belastung schädlich. Aber ganz ohne UV-Licht kommen wir auch nicht aus, weil dieses Licht u.a. dazu benötigt wird, Vitamin D in seine aktive Form umzuwandeln, und es ist auch an vielen weiteren vitalen Prozessen beteiligt.

Das Licht, das wir zu Hause in den Lampen haben, ist daher zwar stromsparend, aber nicht förderlich für die Gesundheit. Neben dem Fehlen bestimmter Lichtfrequenzen ist eines der Hauptprobleme bei künstlichem Licht die Menge des blauen Lichtes. So geben beispielsweise Energiesparlampen bis zu fünfmal mehr blaues Licht ab, als dieses in der Natur vorkommt. Die Verarbeitung des blauen Lichtes kostet Energie und führt zu oxidativem Stress. Dass wir schneller altern, ist dabei nur ein unangenehmer Nebeneffekt. Wesentlich dramatischer ist die mögliche Verbindung zur Makuladegeneration. Über 30% der über 75-Jährigen sind nach Informationen des Bundesverbandes der Augenärzte davon betroffen. Es gibt inzwischen zahlreiche Studien, die einen Zusammenhang zwischen ungesundem Licht und dieser Erkrankung aufzeigen. Durch Energiesparlampen und aufgrund der Tatsache, dass wir immer mehr Zeit vor dem künstlichen Licht von Smartphones, Tablets und Computern verbringen, sind wir diesem ungesunden Licht zunehmend ausgesetzt.

> **Neuro-agile-Tipp**
> - Ideal für uns ist das Vollspektrum der Sonne, wir brauchen Zeit im Freien, jeden Tag, mindestens 45 Minuten, am besten mehrmals pro Tag.
> - Lassen Sie Sonne an die Haut, T-Shirt und kurze Hose sind Pflicht, wann immer es geht. Natürlich müssen Sonnenbrände vermieden werden, aber immer sofort UV-Blocker aufzutragen, bringt nicht nur Vorteile. Ein paar Minuten UV-Licht pro Tag durch die Sonne brauchen wir.
> - Sorgen Sie innen für rote Leuchtdioden.
> - Tragen Sie drinnen eine Blaulichtfilterbrille, gerade bei Computerarbeit kann dies sehr entspannend für die Augen sein. Eine Sonnenbrille mit orangefarbenen Gläsern reicht dafür oft schon aus. Testen Sie einmal, wie entspannend das Arbeiten am Bildschirm dadurch wird.
> - Nutzen Sie auf elektronischen Geräten einen Blaulichtfilter wie »f.lux«. Diese können Sie leicht im Internet, z.B. über Chip.de, herunterladen.
> - Nutzen Sie auf den Bildschirmen zusätzlich eine Schutzfolie mit Blaulichtfilter (auch im Internet erhältlich).
> - Kerzen haben mehr als nur einen romantischen Effekt, das Licht ist gesünder. Nutzen Sie abends also eher Kerzen zur Beleuchtung.

3.1.7 Bewegung

Eng mit Schlaf verknüpft ist auch das Thema Bewegung und Sport. Viele Menschen erzählen, dass sie beispielsweise in Österreich oder im Allgäu viel besser schlafen. Es heißt dann immer, die gute Bergluft sei verantwortlich für den guten Schlaf. Zwar ist die Bergluft sicher schlaffördernder als die Luft in der Frankfurter Innenstadt, aber nur die Bergluft erklärt den besseren Schlaf nicht. Einen großen Einfluss haben auch unsere Bewegungsgewohnheiten – und im Urlaub sind wir oft wesentlich aktiver. Während der Bewegung werden Enzyme und Botenstoffe produziert, die schlaffördernd wirken. Muskuläre Erschöpfung ist also eine Voraussetzung für eine gesunde Schlafarchitektur.

Wie sollte Bewegung nun optimalerweise aussehen? Wie bereits im Kapitel Stoffwechsel dargestellt, hat unser Körper einen Schalter, der zwischen Mangel und Wachstum umschalten kann. Vereinfacht gesagt ist der Mangelschalter die Fettverbrennung. Der Wachstumsschalter dagegen benötigt Kohlenhydrate und Insulin. Daraus ergeben sich zwei verschiedene sportliche Aktivitäten:

- Kraftsport: Hier ist das Ziel Wachstum. Aus einer Muskelzelle sollen zwei Muskelzellen werden. Ein dicker Bizeps soll noch dicker werden. Sportler, die so trainieren, sehen sehr muskelbepackt aus, z.B. Sprinter, Gewichtheber, Handballspieler. Der Sinn dieser sportlichen Aktivität ist Muskelaufbau.
- Ausdauersport: Hier ist das Ziel, eine ausdauernde Leistung zu erreichen. Sportler, die so trainieren, sind sehr schlank. Das Ziel ist es hier, viele Energiefabriken in den Zellen herzustellen. Hierfür eignen sich Ausdauersportarten wie Laufen, Fahrradfahren oder Schwimmen. Triathlon ist daher die optimale Sportart, um Ausdauerfähigkeit mit einigen Kraftkomponenten zu kombinieren.

Da die unterschiedlichen Dimensionen der Sportarten unterschiedlicher Voraussetzungen mit sich bringen, hier eine Aufstellung der Unterschiede:

Kraftsport	Ausdauersport
Wachstum findet bei erhöhtem Blutzucker statt.	Steigerung der Fettverbrennung findet bei niedrigem Blutzucker statt.
Insulin ist als Wachstumshormon erwünscht.	Insulin verhindert die optimale Fettverbrennung.
Nüchtern zu trainieren ist eher nicht förderlich.	Nüchtern zu trainieren ist optimal.
Viele kleine Mahlzeiten	Wenige Mahlzeiten, lange Pausen
Intensität möglichst hoch, bis zur muskulären Erschöpfung	Intensität gering, Grundlagenausdauer I

Tab. 3.2: Unterschiedliche Voraussetzungen für Kraft- und Ausdauersport

Neuro: Puzzle der Leistungsfähigkeit 3

Es ist wie im richtigen Leben, zunächst sollten die Ziele des Trainings klar sein, erst danach lohnt es sich, über die Trainingsform nachzudenken. Wenn wir mehr Leistungsfähigkeit in Form von ATP haben möchten, dann führt wahrscheinlich kein Weg am Ausdauertraining vorbei. Nun ist bereits über den sog. Grundlagenausdauerbereich I gesprochen worden. Dieser Bereich ist dadurch gekennzeichnet, dass die Muskelzellen viel Energie aus Fetten produzieren. Das Verhältnis von Zucker zu Fett fällt zugunsten der Fette aus.

Ein Indikator für die Fettverbrennung ist, dass unser Laktatwert niedrig ist. Laktat wird produziert, wenn Glukose verarbeitet und in die Fabriken transportiert wird. Wenn genauso viel Laktat abgebaut werden kann, wie produziert wird, dann befindet sich der Stoffwechsel im Fettverbrennungsbereich. Mit ansteigender Intensität der Anstrengung steigt auch der Laktatwert in den Zellen an. Die Zelle braucht nun mehr Zucker und die Fettverbrennung wird prozentual heruntergefahren.

Wenn Sie also im niedrigen Laktatbereich Sport treiben, dann ist das ein guter Indikator für eine funktionierende Fettverbrennung. Eine zweite Messmöglichkeit ist die sog. Spiroergometrie. Hier wird über Atemgase gemessen, in welchem Verbrennungsbereich sich der Stoffwechsel befindet. Im Idealfall lässt man seine Werte bei einer bestimmten Sportart bestimmen. Viele Krankenkassen bezuschussen diese Leistungsdiagnostik.

> **Neuro-agile-Tipp**
>
> An dieser Stelle ein ausdrücklicher Hinweis: Eine Leistungsdiagnostik ist aus unserer Sicht nicht nur für Leistungssportler sinnvoll. Es ist sogar eher das Gegenteil der Fall. Der Hobbyathlet profitiert stärker von einer Leistungsdiagnostik als der Profi. Wenn wir unsere Grenzen nicht genau kennen oder sie nicht gut fühlen können, dann sind diese technischen Hilfsmittel sinnvoll. Nur wenn die Bereiche gemessen wurden und man daraufhin mit einer Pulsuhr trainiert, kann man sicher sein, dass das Training auch zielgerichtet stattfindet.

Eine interessante Untersuchung dazu stammt von der Sporthochschule Köln. Die Sporthochschule hat Läufer befragt, was das Ziel ihres Trainings ist. Die meisten Läufer haben angegeben, dass sie etwas fitter sein, Stresshormone abbauen und ein bisschen Gewicht verlieren wollen. Das typische Ziel eines Hobbyathleten ist also nicht Laktattoleranz aufzubauen, sondern die Ausdauerleistung zu verbessern. Dazu aber ist zwingend der Fettstoffwechsel nötig. Daraufhin haben die Kölner Forscher über Laktatbestimmung gemessen, ob die Trainingsintensität zu den Trainingszielen der Teilnehmer passt. Wie nicht anders zu erwarten war, waren die meisten Teilnehmer viel zu intensiv unterwegs für ihre Trainingsziele. Ein zu intensives Training baut Stresshormone auf und verhindert gerade die optimale Fettverbrennung. Ein zu intensives Training fördert Muskelwachstum, aber nicht Muskeleffizienz. Die Pulsbestimmung ist eine wichtige Voraussetzung, um die richtige Trainingsintensität festzustellen.

Ein weiteres wichtiges Trainingsprinzip ist die Superkompensation. Die Superkompensation geht davon aus, dass wir vor dem Training ein höheres Leistungsniveau haben als nach dem Training. Wenn wir unseren Bizeps trainieren, dann erschöpft der Bizeps durch das Training, das Leistungsniveau des Muskels sinkt. Nun kommt es zu einer Erholung, wobei das Leistungsniveau im Idealfall nach dem Training über dem davor liegt. Wir haben also einen Leistungszuwachs. Wenn wir dieses Prinzip nun regelmäßig anwenden und unsere Pausen nicht zu lang sind, dann verbessern wir uns mit jedem Training ein kleines Stückchen. Wir überkompensieren unser ursprüngliches Leistungsniveau. So werden wir durch jedes Training ein bisschen besser.

Anhand der Superkompensation lassen sich die wichtigsten Trainingstipps noch verständlicher machen.

Neuro-agile-Tipp

- Wenn wir zu lange Pausen machen, fallen wir auf das alte Leistungsniveau zurück, wir haben also keinen Trainingseffekt. Die ideale Trainingsfrequenz liegt daher bei zwei- bis dreimal die Woche.
- Trainieren Sie nicht zu oft: Wenn wir nicht richtig erholt sind, sinkt unsere Leistungsfähigkeit.
- Die optimale Pausenlänge beträgt im Ausdauersport 24–48 Stunden, im Kraftsport pro Muskelgruppe 48–100 Stunden.
- Ein Optimum kann erreicht werden, wenn man dreimal pro Woche 45 Minuten nüchtern Ausdauersport im Grundlagenausdauerbereich I durchführt.
- Eine perfekte Abrundung ist ein funktionelles Krafttraining, im Idealfall zweimal pro Woche.

3.1.8 Umgang mit Stress

Die Themen Stress und Sport haben einiges gemeinsam. Für den Umgang mit Stress eignen sich dieselben Prinzipien wie in Bezug auf sportliche Leistungsfähigkeit. Was genau ist aber Stress überhaupt aus biologischer Perspektive? Eine Definition kann lauten:

Stress ist die Ansammlung von Belastungen, die den Körper vor eine Energieanforderung stellt.

Wir können uns Stress verursachende Belastungen wie eine Art Legoturm vorstellen. Jedes Legosteinchen entspricht einer Last. Wie Legosteine können sie unterschiedliche Größen und unterschiedliche Farben haben, doch jedes dieser Steinchen stellt den Körper vor eine Energieanforderung. Das müssen nicht nur negative Ereignisse sein, es kann sich dabei auch um Angenehmes handeln wie z.B. fernsehen, ins Kino gehen, eine befriedigende Arbeit abliefern oder mit den Kindern auf den Spielplatz gehen. Dennoch sind dies Anforderungen, für die wir Energie benötigen. Unser Legoturm kann also wie in Abb. 3.13 dargestellt aussehen.

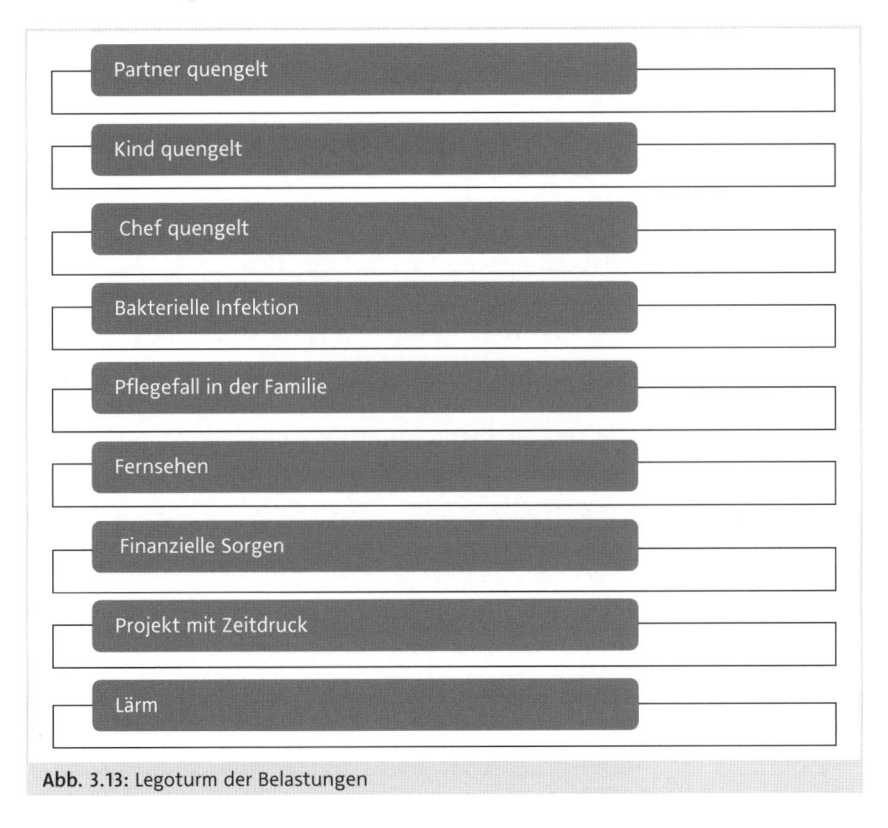

Abb. 3.13: Legoturm der Belastungen

Wie gehen wir nun damit um? Auch hier greifen wir wieder auf ein Beispiel aus dem Sportbereich zurück, nämlich auf das Prinzip der Periodisierung. Ein Sportler wird seinen wichtigsten Wettkampf zu seiner leistungsstärksten Zeit planen und sein Training auf diesen Hauptwettkampf ausrichten.

Im folgenden Beispiel gehen wir von einem Triathleten aus, dessen Hauptwettkampf im August stattfinden wird. Nun plant er die Wochen des Jahres rückwärts. In der Woche vor dem Wettkampf sieht er eine Ruhewoche vor. Die drei Wochen vorher sind intensive Trainingswochen. Die Intensität des

Trainings wird in den drei Wochen gesteigert: In der ersten Woche bleibt er unter seiner gefühlten Leistungsgrenze, in der zweiten Woche geht er knapp darüber. Er trainiert also ein bisschen mehr, als der Körper eigentlich möchte, quält sich ein wenig. In der dritten Woche fordert er sich richtig. Er geht über seine gefühlte Leistungsgrenze hinaus und erschöpft sich wirklich. Danach kommt die Ruhewoche, in dieser trainiert er auch, allerdings deutlich unter seiner Leistungsgrenze. Die Woche dient der Regeneration und der Verschiebung der Leistungsfähigkeit nach oben.

Im Prinzip ist die Periodisierung eine Art Superkompensation, nur für längere Zeiträume. Doch auch hier gelten die Grundprinzipien der Superkompensation:

- In den Pausen findet Leistungszuwachs statt.
- Der Leistungseffekt resultiert aus hoher Intensität in Balance zur Regeneration.

Diese Prinzipien sind nahezu eins zu eins auf das Thema Umgang mit Belastungen zu übertragen. Einer der herausragenden Kognitionspsychologen Deutschlands, Professor Oliver Wolf, spricht von Stress als Impfung.

Ähnlich wie bei einem harten Sporttraining brauchen wir eine gefühlte Lastenüberschreitung für unsere Stressanpassung nach oben. Kein Stress ist also auch keine Lösung. Das Problem vieler Menschen ist, dass sie sich im Übertraining befinden. Die Regenerationszeiten sind zu kurz. Im Sport wird oft die 3:1-Regel angewendet, das bedeutet drei intensive Trainingswochen gefolgt von einer Regenerationswoche. Die intensiven Wochen fallen vielen oft nicht so schwer wie die Regenerationswoche. Fazit ist jedoch: Wir brauchen eine Woche im Monat, in der uns eher langweilig ist.

> **Neuro-agile-Tipp**
> Es ist wichtig, ab und zu das Gefühl zu haben: Ich hätte mehr leisten können.

Erschöpfung im Sport und im Beruf resultiert viel eher aus einem Mangel an Regenerationsmöglichkeiten als aus einem Zuviel an harten Einheiten. Letztere sind zwar sehr gut geeignet, unsere Leistungsfähigkeit, also unsere Anpassung an Lasten nach oben zu verschieben. Fehlender Schlaf auf Tagesebene und fehlende Regenerationswochen auf Monatsebene führen jedoch zu einer Überlastung und damit zu einer Anpassung der Leistungsgrenze nach unten.

Den Extremfall stellen viele Patienten in psychosomatischen Kliniken dar. Das sind oft Menschen, für die die geringste Anstrengung schon eine Überforderung darstellt. Dies macht aber auch deutlich, dass es keine objektive Überlastung gibt. Die Leistungsgrenze ist bei jedem individuell völlig unterschiedlich. Unsere Leistungsgrenze können wir letztlich nur für uns persönlich herausfinden. Das individuelle Gefühl, überlastet zu sein, ist immer richtig, es gibt hier kein Falsch. Der richtige Umgang mit diesem Gefühl ist die strikte Einhaltung der Regenerationsregeln. Ein paar Tipps für die Regenerationswochen können sein:

- Lassen Sie sich im Haushalt helfen.
- Bummeln Sie ein paar Überstunden ab, arbeiten sie z.B. einige Zeit nur 30 Stunden in der Woche.
- Die Kinder freuen sich sicher über einen Tag mit Oma und Opa.
- In dieser Woche bleiben der Fernseher und der Laptop aus.
- Legen Sie belastende Besprechungen erst in die folgende Woche.
- Verzichten Sie auf intensiven Sport.
- Üben Sie Langeweile!

So ähnlich, wie ehrgeizige Sportler lernen müssen, lieber etwas weniger zu trainieren, müssen Höchstleister im Beruf lernen zu regenerieren. Aus unserer Seminarerfahrung ist einer der wichtigsten Grundsätze, dass nicht alles, was schön ist und Spaß macht, gleichzeitig Regeneration ist. Vor dem Fernseher schaltet niemand wirklich ab, sondern wir sorgen für eine zusätzliche Aktivierung des Stresssystems.

> **Goldene Management-Regel** !
> Der richtige Umgang mit Stress gehört in jede Personalentwicklung.

3.1.8.1 Serotonin, der Botenstoff der Gelassenheit

Der entspannte Umgang mit Belastungen ist eng an einen Botenstoff gekoppelt: Serotonin. Menschen mit hohem Serotoninspiegel nehmen Dinge entspannt hin, können auch mit Fairness damit umgehen und bleiben in Drucksituationen gelassen. Wie bekommen wir nun aber diesen Entspannungsbotenstoff?

Hierzu ist es zunächst interessant zu verstehen, wie die Serotoninproduktion funktioniert (s. Abb. 3.14).

Abb. 3.14: Schritte der Serotoninproduktion

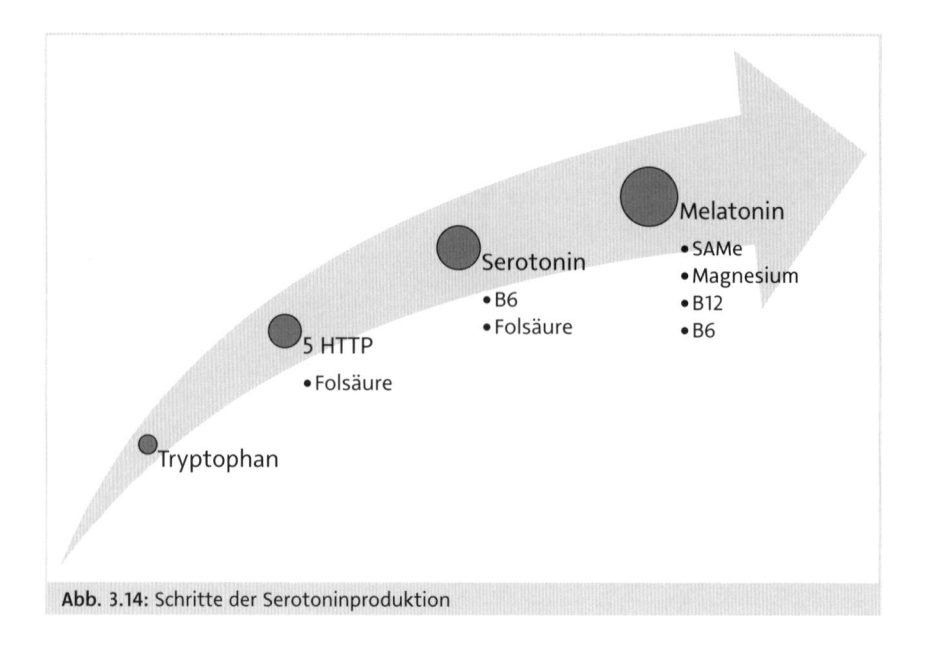

Sie hängt zunächst von einem Eiweiß, dem Tryptophan, ab. Dieses Eiweiß müssen wir über die Nahrung aufnehmen, ein typisches Beispiel also, warum Eiweiß in der Nahrung so wichtig ist. Durch einen bestimmten Mechanismus wird Tryptophan jedoch abgezweigt und steht dann dem Serotoninstoffwechsel so nicht mehr zur Verfügung. Das ist immer bei einer Immunaktivierung der Fall. Abb. 3.15 zeigt, dass Tryptophan bei der Immunaktivierung in die Säure Kynurenin umgewandelt wird und eben nicht in Serotonin.

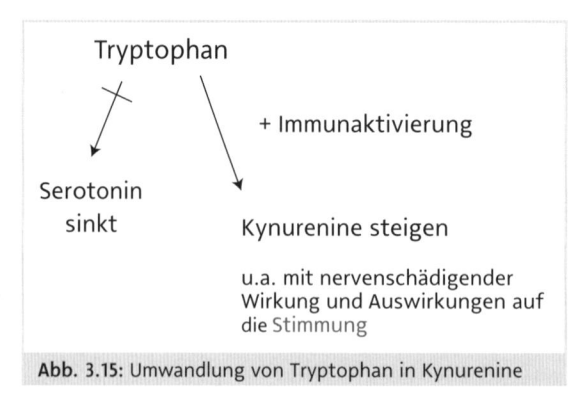

Abb. 3.15: Umwandlung von Tryptophan in Kynurenine

So sorgt das Immunsystem dafür, dass wir bei einer Krankheit nicht entspannt und gelassen sind. Bei akuten Erkrankungen ist dieser Mechanismus sehr sinnvoll, damit wir mit unserer Krankheit nicht zufrieden weiterleben, sondern die Gesundung hohe Priorität erhält. Aber natürlich funktioniert der Mechanismus auch bei chronischen Erkrankungen und einer chronischen Immunaktivierung. Hier besteht also ein weiterer Zusammenhang zwischen dem Immunsystem und unserem Verhalten.

3.1.9 Ernährung

Zum Thema Ernährung könnte man in diesem Zusammenhang Bibliotheken füllen, deshalb soll hier nur auf das Wichtigste eingegangen werden. Die beiden wichtigsten Grundregeln zum Thema Ernährung waren schon Gegenstand von Kap. 3.1.5, wobei es besonders um folgende Grundregeln ging:
- Zum Immunsystem: Finden Sie die Lebensmittel, die für Sie toxisch sind.
- Zum Zellstoffwechsel: Sorgen Sie für lange Pausen zwischen den Mahlzeiten.

Diese sind von entscheidender Bedeutung für die Leistungsfähigkeit, wie folgender Versuch an Ratten zeigte. Eine Gruppe von Ratten erhielt feinstes Bio-Rattenfutter, zu dem sie zwölf Stunden am Tag Zugang hatte. Die andere Rattengruppe erhielt eine sog. Western Diet – also Junkfood mit allem, was der allgemeinen Annahme nach krank macht. Diese Ratten hatten allerdings nur drei Stunden pro Tag Zugang zu ihrem Fressen. Spannenderweise waren die Bio-Ratten nach dem Versuch übergewichtiger und von den Blutwerten her leistungsunfähiger als die Junkfood-Gruppe.

Bevor wir damit anfangen, uns mit Nahrungsinhalten zu beschäftigen, soll also festgehalten werden, dass die Einhaltung der langen Pausen der Schlüssel zur Leistungsfähigkeit ist.

In der folgenden Auflistung finden Sie weitere typische Probleme der Ernährung in westlichen Industrieländern:
- Glykämische Last
- Zuckerlast und die Verzuckerung des Blutes und aller Zellen
- Fettsäurenverteilung (Omega 3 zu Omega 6)
- Vitaminmangel
- Säure-Basen-Gleichgewicht
- Mineralstoffmangel
- toxische Belastung von Lebensmitteln
- individuelle Unverträglichkeiten
- Faserstoffdichte

Verschärft werden diese noch durch eine Reihe ungünstiger Glaubenssätze, beispielsweise:
- Davon werde ich nicht satt.
- Fettreduzierte Ernährung macht schlank.
- Light-Produkte sind besser als Zuckerprodukte.
- Milch ist leistungsfördernd.
- Frühstück wie ein Kaiser, Mittagessen wie ein König, Abendessen wie ein Bettler.

Anhand von einigen wenigen Beispielen möchten wir im Folgenden aufzeigen, wie leistungsentscheidend Ernährung sein kann.

3.1.9.1 Omega-3-Mangel

Fettsäuren werden in verschiedene Klassen eingeteilt, zwei sehr bekannte Klassen sind Omega-6-Fettsäuren und Omega-3-Fettsäuren. Das Immunsystem benötigt beide: die Omega-6-Fettsäuren, um eine Entzündung hervorzurufen, die Omega-3-Fettsäuren, um die Entzündung wieder abklingen zu lassen.

Fehlen nun Omega-3-Fettsäuren, ist es schwerer, die Entzündung zu beenden und es kann passieren, dass das Immunsystem chronisch aktiv bleibt. Deshalb gibt es Beispiele, dass Menschen die einen Bandscheibenvorfall erlitten haben, ihre Schmerzen durch Omega-3-Fettsäuren losgeworden sind. In der Psychiatrie ist bekannt, dass bei leichten und mittleren Depressionen Omega-3-Fettsäuren in der richtigen Dosierung eine hohe Wirksamkeit haben. Auch die Zellmembran, also die Wand, die die Zelle von der Umgebung trennt, profitiert von Omega-3-Fettsäuren. Bei einem Mangel an diesen Fettsäuren wird die Wand undurchlässiger. Das kann den Nachteil haben, dass Kofaktoren der Zellfunktion nicht gut in die Zelle gelangen.

Eine weitere These dazu wird seit einigen Jahren umstritten diskutiert: Omega-3-Fettsäuren begünstigen die kognitive Leistungsfähigkeit. Die Forschungslage dazu ist noch nicht ausreichend, aber es gibt Hinweise darauf, dass diese These stimmt.

Es ist möglich, das Verhältnis von Omega-3- zu Omega-6-Fettsäuren zu bestimmen und aufgrund des Ergebnisses ggf. Omega-3-Fettsäuren zuzuführen.

Welche Nahrungsmittel enthalten nun Omega-3-Fettsäuren? Eine Quelle ist Seefisch. Omega-3-Fettsäuren aus Ölen (Leinöl) sind dagegen nicht ausreichend für die oben beschriebenen Effekte. Wenn der Körper keinen Mangel an Omega-3-Fettsäuren hat, ist der Verzehr von Fisch und Algen wahrscheinlich ausreichend und eine ergänzende Einnahme nicht erforderlich. Eine weitere Möglichkeit ist es, Omega-3-Fettsäuren über Nahrungsergänzungsmittel zu sich zu nehmen was bei einem Mangelzustand empfehlenswert ist. Ein Mangel ist dann vorhanden, wenn das Verhältnis von Omega-3- zu Omega-6-Fettsäuren nicht bei ca. 1:3 liegt, sondern der Omega-6-Anteil höher ist, z. B. 1:20.

Beim Fisch ist natürlich auf die Belastung der Fische zu achten. So sind Barsch, Schwertfisch und Makrelen wahrscheinlich nicht die beste Wahl in Bezug auf Umweltbelastungen.

3.1.9.2 Vitaminmangel

Die unangenehme Folge von Vitaminmangel ist, dass Vitamine oft als Kofaktoren für bestimmte Funktionen notwendig sind. In Abb. 3.14 zur Bildung von Serotonin wurde gezeigt, dass die Bildung von Serotonin ebenfalls solche Kofaktoren voraussetzt. Einer davon ist Folsäure, das durchaus bekannt ist als Mangelvitamin. So wird Frauen mit Kinderwunsch in der Regel geraten, Folsäure zu sich zu nehmen. Zwar besteht bei einem Großteil der Bevölkerung ein Folsäuremangel, bei keiner Bevölkerungsgruppe ist er aber so gravierend wie bei Schwangeren. Als Folge von Folsäuremangel besteht bei Ungeborenen ein erhöhtes Risiko für bestimmte Missbildungen (offener Rücken, Spina bifida).

Bei Menschen mit einem Folsäuremangel kann der Mangel außerdem dazu führen, dass ein weiterer Stoffwechsel, der Homocysteinstoffwechsel, nicht optimal funktioniert. Folsäure trägt dazu bei, dass Homocystein abgebaut werden kann. Eine zu hohe Homocysteinkonzentration im Blut wird mit einem erhöhten Risiko für Schlaganfall und Herzinfarkt in Verbindung gebracht.

Was hier am Beispiel Folsäure aufgezeigt wurde, gilt auch für viele andere Vitamine und damit verbundene Stoffwechselfunktionen. Die Vitamine sorgen für eine optimale Balance innerhalb dieser Stoffwechselvorgänge. Ist diese nicht gegeben, erhöht sich die Wahrscheinlichkeit der Erkrankung.

Der sicherste Weg, einem Mangelzustand entgegenzuwirken, ist ein regelmäßiges, großes Blutbild. Leider übernehmen die gesetzlichen Krankenkassen diese Präventionsmaßnahmen nicht. Entweder bezahlt man diese Untersuchung selbst oder vertraut eben darauf, über die Nahrung genügend Mikronutrienten aufzunehmen. Man kann auch präventiv Nahrungsergänzungsmittel nehmen, über den präventiven Gebrauch von Nahrungsergänzungsmitteln gibt es allerdings verschiedene Meinungen, eine wirklich wissenschaftlich abgesicherte Lage liegt hier nicht vor.

Unsere Meinung dazu ist: Ein Mangel kann verheerende Folgen für die Gesundheit haben, ohne dass der Mangel als solcher erkannt wird oder ursächlich mit einem Mikronutrientenmangel in Verbindung gebracht wird.

Daher empfehle ich folgende Maßnahmen:

1. Wir messen Vitamin D und füllen es bei Mangel über Nahrungsergänzung auf (Test ist bei jedem Arzt durchführbar).
2. Wir messen das Verhältnis Omega-3- zu Omega-6-Fettsäuren und nehmen neben viel Fisch auch Omega-3-Kapseln zu uns.
3. Wir nehmen ein hochwertiges Multivitaminprodukt.
4. Bei Muskelmüdigkeit oder Wadenverspannungen nehmen wir Magnesium.
5. Zweimal pro Jahr machen wir eine Art »Kur« mit B-Vitaminen, OPCs (Oligomere Proanthocyanidine; Traubenkernextrakt), einem Schwefelprodukt und Arginin.
6. Wir nehmen zusätzlich zu dem hohen Eiweißkonsum auch ein Eiweißprodukt.

Das ist selbstverständlich kein Ersatz für eine vernünftige Ernährung, sondern dient der Ergänzung der Nahrung. Beim Anbieter der Nahrungsergänzungsmittel ist es wichtig, einen Qualitätsanbieter auszuwählen, weil die Nahrungsergänzungen an chemische Boote (z.B.: Citrat, Carbonat) gebunden sind. Ohne zu tief in die Chemie einzutauchen: Wenn die Verbindungen durch unsere Zellen nicht gut aufgenommen werden können, dann wird es ein teurer Durchfall.

3.1.9.3 Glaubenssätze und Ernährung

Natürlich spielen Glaubenssätze bei der Ernährung eine große Rolle. Einer der spannendsten Glaubenssätze lautet: Iss morgens wie ein Kaiser, mittags wie ein König und abends wie ein Bettler. Wenn wir in Seminaren fragen, wer sich nach dieser Regel gut ernähren kann, heben ca. 10% der Teilnehmer die Hand. Wenn wir fragen, wer umgekehrt gut ohne Frühstück aus dem Haus gehen kann, aber abends satt ins Bett gehen möchte, dann heben ca. 80% die Hand. Diese Regel scheint also ziemlich an menschlichen Bedürfnissen vorbeizugehen.

Richtig ist: Ein spätes, sehr kohlenhydratreiches Abendessen verhindert die Ausschüttung von Wachstumshormonen. Wer auf sein Abendessen ungern verzichten möchte, der ist gut beraten, den Eiweißanteil der Mahlzeit zu erhöhen und den der Kohlenhydrate zu verringern. Und dann ist noch wichtig, das Essen auch zu genießen!

> **! Neuro-agile-Tipp**
>
> Ernährung ist ein riesiges Feld und es gibt unzählige Expertenmeinungen, deshalb sollte man sich auf ein paar wenige Punkte fokussieren. Die wichtigsten beiden Themen sind »Nahrung und Entzündung« und »Nahrung und Fettstoffwechsel«. Finden Sie zuerst für sich persönlich die individuellen Regeln für diese beiden Aspekte. Nicht alles, was für andere funktioniert, muss für Sie richtig sein.

3.1.10 Meditation und Stressbewältigung

Inzwischen ist hervorragend belegt, welche positive Wirkung Meditation auf unser Gehirn hat. Bei Versuchen, an denen u. a. auch der Dalai-Lama und weitere buddhistische Mönche teilgenommen haben, wurde mithilfe von Magnetresonanztomografie beobachtet, was während der Meditation passiert und wie sich das Gehirn durch regelmäßige Meditationspraxis verändert.

Ein neuer Wissenschaftszweig, die sog. kontemplative Neurowissenschaft, beschäftigt sich inzwischen intensiv mit diesem Gebiet der Hirnforschung und es gelang mithilfe von Gehirnscannern auch tatsächlich zu zeigen, dass bestimmte Hirnareale, die mit positiven Emotionen in Verbindung gebracht werden, beim Meditieren stärker durchblutet werden. Studien weisen auch darauf hin, dass durch Meditation solche Hirnregionen aktiviert werden, die für Vorgänge wie komplexes Denken, Konzentration und Problemlösen zuständig sind.

Ob das tatsächlich heißt, dass Meditation glücklich oder zumindest zufriedener macht, ist wissenschaftlich umstritten. Sicher kann dagegen gesagt werden, dass Meditation unser Nervensystem beruhigt und dass dadurch Stresshormone und die Entzündungswerte gesenkt werden. Allerdings werden solche Effekte in der Regel erst nach jahrelanger Meditationspraxis erreicht.

Für die Beruhigung unseres Nervensystems gibt es aber auch andere Möglichkeiten: So kann ein Achtsamkeitstraining, progressive Muskelentspannung oder Yoga Ähnliches bewirken. Viele Forschungen deuten darauf hin, dass nicht die Dauer, sondern die Regelmäßigkeit der Erfolgsfaktor Nummer eins ist. So ist es wahrscheinlich sinnvoller, jeden Tag fünf Minuten zu meditieren oder eine Achtsamkeitsübung durchzuführen statt einmal in der Woche 20 Minuten.

> **Neuro-agile-Tipp**
> Der Tipp aus diesem kurzen Abschnitt ist: Suchen Sie sich eine Entspannungsform, die Ihnen liegt, und führen Sie diese fünf Minuten pro Tag durch.

3.1.11 Kreativität aus neurobiologischer Sicht

Kreative Einfälle entstehen nur, wenn der Organismus nicht unter Stress steht. Am klassischen Beispiel des Urzeitmenschen, der einem Säbelzahntiger begegnet, kann man erklären, was passiert, wenn ein akuter Stressor vorhanden ist. Dann werden alle Systeme auf Überleben geschaltet. Die Lösungsorientierung und Planungsfähigkeit nimmt ab, dafür steigen die Kampfkraft und die körperlichen Ressourcen für Flucht und Fluchtmöglichkeit. Wer die zugrunde liegenden Mechanismen kennt, kann solche Erkenntnisse nutzen, um seine Führungsfertigkeiten zu optimieren.

> **!** **Goldene Management-Regel**
>
> In den modernen Berufen werden immer höherer Anforderungen an die Kreativität der Mitarbeiter gestellt. Nicht nur Werbedesigner oder Künstler sollen stets kreativ sein, auch Webentwickler, Ingenieure, Vertriebler und Kaufleute sind gefordert. Kreativitätsförderung ist also im Sinne des Unternehmenserfolgs:
> **Kreativität heißt Lösungen für Probleme finden.**

Um konkrete Handlungstipps ableiten zu können, ist es daher bedeutsam, die wichtigsten Schaltkreise im Gehirn zu verstehen. Wenn wir in Situationen geraten, die uns Angst einjagen, wird unser Stresssystem aktiviert und lenkt unsere Aufmerksamkeit sofort dorthin. Der Zugriff auf die neuronalen Netzwerke, in denen all unsere höheren Leistungen und Potenziale beherbergt sind, wird reduziert. Damit verlagert sich unsere Hirnaktivität vom präfrontalen Cortex hin zum Stresssystem. Das ist zunächst einmal entgegen der landläufigen Meinung nichts Schlechtes. Denn dieses Stresssystem ist eine großartige Einrichtung, da es instinktiv und ohne große Verzögerung reagiert und so der Gefahrenabwehr dient. Es lässt uns in einer Gefahrensituation schnell, präzise und ohne lange nachzudenken handeln. Das macht in lebensbedrohlichen Situationen Sinn, ist aber in unserem modernen Alltag eher hinderlich. Erreicht uns beispielsweise ein Anruf des Chefs oder eine unerfreuliche Mail, werden diese Prozesse aktiviert. Wir reagieren mit einer unmittelbar auf das Ereignis fokussierten Aufmerksamkeit. Innovativ und kreativ oder gar gelassen ist unser Gehirn in dieser Phase jedoch nicht, da unsere neuronalen Netzwerke blockiert sind.

Damit wir innovativ denken können, muss unser Belohnungssystem aktiviert werden. Am besten gelingt dies, wenn ein positives Ereignis eintritt: Ein gutes Essen, eine angenehme Berührung, ein schönes Bild und andere Dinge, die mit positiven Emotionen verbunden sind, führen zu einer Ausschüttung von Dopamin (dem sog. Glückshormon). Das Dopamin wirkt im Gehirn als Begeisterungsbotenstoff. Es sorgt für eine Stimulierung der Opiatrezeptoren und damit für gute Laune, für ein High-Gefühl. Wir können uns also selbst glücklich machen und in eine Art Rauschzustand versetzen. Am Arbeitsplatz führt dieser Mechanismus zu Mut und Zuversicht. Vor allem aber sind wir dadurch kreativ und haben innovative Einfälle.

Neuro: Puzzle der Leistungsfähigkeit 3

> **Goldene Management-Regel**
> Als Managementaufgabe resultiert daraus:
> - Schaffen Sie einen angstfreien Raum.
> - Sorgen Sie für viele positive Anregungen, diese sind die Grundlage für Dopamin und damit für kreative Einfälle.

In Bezug auf Ablenkung gibt es eine Reihe interessanter Versuche. Zur Durchführung eines Tests zur Kreativität haben Forscher Probanden gefragt: »Was kann man alles mit einem Ziegelstein machen?« Es wurden für die Beantwortung drei Gruppen gebildet:
1. Spontan antworten
2. Drei Minuten Zeit nachzudenken
3. Drei Minuten Zeit, aber in dieser Zeit mussten die Probanden rückwärts zählend von 1.000 immer 17 abziehen, also 983, 966 …

Wenn wir unsere Seminarteilnehmer fragen, welche Gruppe die meisten und besten Ideen haben wird, lauten die Antworten häufig »Gruppe 1« oder »Gruppe 2«. Überraschenderweise ist aber »Gruppe 3« am kreativsten. Wenn Sie Ihren Verstand für Kreativität nutzen, ist das vergleichsweise so, als ob Sie eine Taschenlampe mit einem engen Lichtkegel auf das Thema »Ziegelstein« richten. Beschäftigen Sie Ihren Verstand mit etwas anderem, z. B. rückwärts zählen, ist dies vergleichbar mit dem sehr weiten Kegel einer Taschenlampe. Der enge Kegel erkennt nur alles im engen, direkten Umfeld, der weite öffnet dagegen den Blick für viele verschiedene Lösungen und sorgt so für kreative Ergebnisse.

> **Neuro-agile-Tipp**
> Das Ergebnis dieser und vieler weiterer Untersuchungen zum Thema Kreativität ist: **Nachdenken schadet, Ablenkung vom eigentlichen Thema führt zu Kreativität.**
> Kreativ sind Sie nicht, indem Sie stark über ein Problem nachdenken, sondern indem Sie alle Informationen sammeln und dann den zuständigen Teil Ihres Gehirns in Ruhe arbeiten lassen.
> Wenn Sie einen Einfall oder eine kreative Lösung für ein Problem suchen, sollten Sie also eines nicht tun: darüber nachdenken.

Das ist in unserer rationalen Zeit eine etwas gewöhnungsbedürftige Aussage, aber wissenschaftlich gesichert. Kreativität entsteht in den Pausen. Dann ist unser Gehirn in einem weiten Modus und findet neue Verknüpfungen.

In diesem Zusammenhang gibt es noch weitere Maßnahmen, die Sie ergreifen können, um Ihre Kreativität zu fördern:

- Es wurde z.B. festgestellt, dass Hintergrundgeräusche wie in einem Café kreativitätsfördernd sind.
- Ebenso schaffen hohe Zimmerdecken eine kreative Atmosphäre.
- Bewegung vor einer Kreativaufgabe verbessert die Ergebnisse.

Es gibt also vieles, was man tun kann, um eine optimale kreative Atmosphäre zu schaffen: ein großer, hoher Raum, in dem viele Menschen sich leise unterhalten, in dem viele Freunde versammelt sind (aber keine Führungskräfte) und wo viele Bewegungsmöglichkeiten angeboten werden (Laufbänder, Spinning Bikes etc.).

3.1.12 Selbstmanagement aus neurobiologischer Sicht

Hier ist besonders die Frage spannend, wie wir unseren Tag und unsere Aufgaben gestalten sollten, damit sie möglichst leicht von der Hand gehen. Ein gutes Selbstmanagement führt u.a. zur Schonung unserer wichtigsten Ressource: der Glukose für unser Gehirn. Einen guten Hinweis darauf gibt uns unsere Cortisolkurve (s. Abb. 3.16).

Eine gute Idee ist es, wichtige Aufgaben zu den Hochzeiten unserer Cortisolkurve einzuplanen. Das setzt allerdings voraus, dass es solche Peaks im Cortisolspiegel tatsächlich gibt (vgl. dazu Kap. 3.1.6).

Beispielsweise können wir analytische Aufgaben morgens besser angehen. Alle Aufgaben, die hohe Konzentration erfordern, sind am besten am Morgen aufgehoben. Ein hoher Cortisolspiegel sorgt zu dieser Tageszeit dafür, dass wir eine hohe Leistungsfähigkeit abrufen können.

Aufgaben, die Kreativität und Verknüpfungsleistung erfordern, sind dagegen besser am Nachmittag, also zu einer Zeit, zu der der Cortisolspiegel bereits absinkt, aufgehoben. Der Hintergrund ist, dass für kreative Prozesse eine starke Fokussierung oder Konzentration auf die Aufgabe gar nicht hilfreich ist. Wenn diese aufgrund des Biorhythmus sowieso geringer sind, fällt uns das natürlich leichter.

Abb. 3.16: Hier eine normale Cortisolkurve

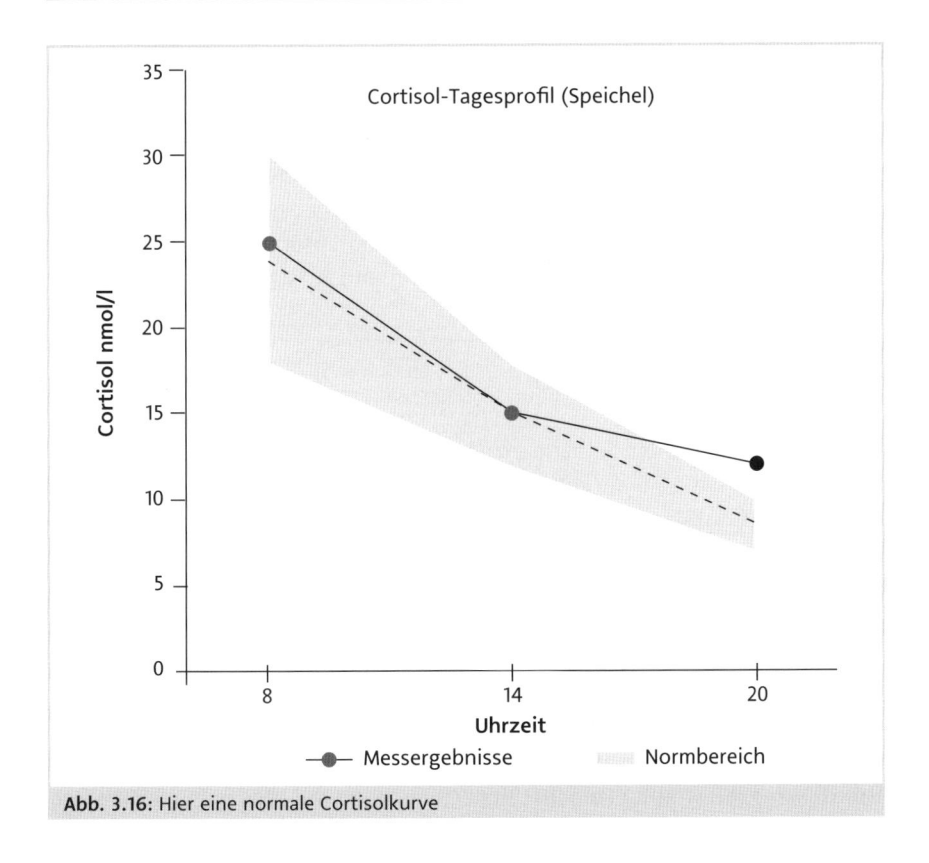

3.1.12.1 Entscheidungen

Ähnlich sieht es bei Entscheidungen aus. Auch hierzu ein Versuch: Den Probanden werden vier Wohnungen mit insgesamt je zwölf Eigenschaften präsentiert, sie erhalten also schnell hintereinander aufgezählt 48 Wohnungseigenschaften. Nun werden wieder drei Gruppen gebildet:
1. Spontan antworten
2. Drei Minuten Zeit nachzudenken
3. Drei Minuten Zeit, aber in dieser Zeit müssen die Probanden rückwärts zählend von 1.000 immer 17 abziehen, also 983, 966 …

Auch hier schnitt die Gruppe, die durch das Rechnen abgelenkt war, am besten ab. Was bedeutet das zum Thema Entscheidungen?
1. Sammeln Sie alle verfügbaren Informationen möglichst während eines Cortisol-Peaks.
2. Entscheiden Sie nicht spontan, sondern erst nach einer Ablenkungszeit.

Hieraus ergeben sich folgende Empfehlungen für die Organisation von Brainstormings:

- Fragestellungen möglichst vor dem Meeting per Mail versenden – einschließlich der Aufforderung, nicht darüber nachzudenken!
- Eine Nacht Pause einplanen.
- Die Ideensammlung möglichst strukturiert durchführen, dann eine Pause einlegen und anschließend die Clusterung und Entscheidung vornehmen.

3.1.12.2 Konzentrationsinseln

Ein weiterer Aspekt des Selbstmanagements ist das Thema Multitasking. Wir können gleichzeitig immer nur eine Aufgabe, die mit Sprache zu tun hat, in unserem präfrontalen Kortex bearbeiten. Wenn wir uns also vornehmen, eine E-Mail zu lesen und gleichzeitig zu telefonieren, dann springt unser Gehirn von E-Mail zu Telefon zu E-Mail zu Telefon zu E-Mail zu Telefon ... Daher ist es von größter Bedeutung, immer nur eine Aufgabe auf einmal auszuführen. Wenn wir dagegen Multitasking betreiben, fallen wir auf das kognitive Niveau eines Zwölfjährigen zurück.

Spannend in diesem Zusammenhang sind weitere Untersuchungen zum Thema Multitasking. So wollten Forscher untersuchen, ob Multitasking erlernbar ist, indem die gleichen Tätigkeiten ständig wiederholt werden. In diesem Fall war die These, dass Menschen, die viel Multitasking betreiben, besser in Multitasking sind als Menschen, die wenig Übung darin haben.

Es kommt nicht ganz überraschend, dass es genau umgekehrt ist. Beiden Gruppen wurden einige Multitaskingaufgaben gestellt und es zeigte sich, dass die Gruppe der Multitasker deutlich schwächer war als die Gruppe der Nicht-Multitasker.

Der eindeutige Tipp der Wissenschaft: Bearbeiten Sie immer nur eine einzige Aufgabe auf einmal – egal, wie schwer es fällt, zwischendurch nicht die E-Mails zu checken.

In diesen Kontext passt auch das Thema Ablenkung. Infolge von Multitasking verlieren wir viel Zeit und Energie dafür, dass wir versuchen, unseren gedanklichen Faden, aus dem uns eine zweite Aufgabe gerissen hat, wiederaufzunehmen. Multitasking und Ablenkung sind Zwillinge. Wenn wir uns nicht ein Umfeld schaffen, in dem wir ohne Ablenkung, d.h. frei von ständiger Erreichbarkeit durch E-Mails und Telefonate oder durch sonstige Unterbrechungen, arbeiten können, verlieren wir immer wieder Glukose bei dem Versuch, den Ball wiederaufzunehmen.

Im Idealfall schaffen wir uns Konzentrationsinseln. Das bedeutet, wir haben einmal pro Tag einen Zeitraum für hochkonzentrierte Arbeit. Da diese hochkonzentrierte Arbeit im Idealfall in die Cortisol-Hochzeit fallen sollte, bedeutet das für die meisten, sich morgens 45 oder 60 Minuten Zeit zu nehmen, um konzentriert zu arbeiten. Die meisten unserer Teilnehmer, die dies eingeführt haben, berichten, dass sie die entsprechenden Tätigkeiten in einem Drittel der Zeit schaffen. Für viel mehr Zeit als 60 Minuten reicht unser Glukosevorrat nicht. Er kann auch durch Essen nicht unbedingt geändert werden.

> **Neuro-agile-Tipp**
>
> Schaffen Sie sich Konzentrationsinseln. Trainieren Sie Ihr Gehirn wieder auf Singletasking, mindestens einmal pro Tag.
> Und nehmen Sie sich nicht zu viel vor. Wir haben nur Glukose für einige wenige Stunden Konzentration am Tag. 45 Minuten pro Tag wirkliches Singletasking reichen am Anfang.

3.1.12.3 Macht Führung glücklich und gibt es ein optimales Mitarbeiter-Chef-Verhältnis?

Was können wir aus der Biologie in Hinblick auf das Verhältnis Chef–Mitarbeiter ableiten? Robert Sapolski, ein amerikanischer Biologe und Neurowissenschaftler an der Stanford University, hat dazu einige interessante Beobachtungen bei Affen gemacht.

Affen leben in einer geordneten Hierarchie doch ab und zu versucht ein niedrigrangiger Affe, sich nach oben zu kämpfen. Der Chef verteidigt dann seine Position. Gelingt ihm das nicht, tauschen die Affen die Position. Die Hierarchiestufe innerhalb der Gruppe bestimmt über Nahrungs- und Partnerverteilung.

So weit, so normal und vielleicht dem einen oder anderen auch von anderen Säugetieren bekannt. Auch niedrigrangige Affen scheinen mit ihrer Position grundsätzlich keine Probleme zu haben; sie haben ihren Platz im System und können den Alphas gut aus dem Weg gehen.

Sapolski hat zunächst bei allen Affen Stressmarker gemessen und festgestellt, dass diese sowohl bei Alphatieren als auch bei den untergeordneten Affen unauffällig waren. Das bedeutet, dass es in geordneten Verhältnissen kein Nachteil ist, ein Alpha zu sein, es verursacht nicht mehr Stress als eine niederere Stellung. Eher das Gegenteil scheint der Fall zu sein, die Alphas hatten sogar tendenziell niedrigere Stresswerte.

Nun kam es zu einer Besonderheit im Serengeti-Nationalpark: Die Affenpopulation wuchs so rasant, dass die Regierung sich entschloss, Affen in Gehegen einzusperren.

Sapolski nutzte diese Maßnahme, um erneut Stressmarker zu messen, und stellte fest, dass die untergeordneten Affen viel höhere Stresswerte aufwiesen und innerhalb von Monaten stressassoziierte Krankheiten entwickelten. Diese Affen bekamen Depressionen (oder sog. Sickness Behaviour), Krebs, Bluthochdruck und Diabetes, entweder nur eine dieser Krankheiten oder gleich mehrere auf einmal.

Die Ursache war: Konnten die Untergeordneten den Alphas nicht aus dem Weg gehen, bekamen sie Stress. In freier Wildbahn war dies kein Thema, es war genügend Raum da, in den Käfigen aber hatten die Untergeordneten keine Ausweichmöglichkeit.

Viel spricht dafür, dass Menschen biologisch ähnlich reagieren. Ist der Chef in der Nähe, gehen unsere Stressmarker hoch, Cortisol- und Adrenalinspiegel steigen und wir können unsere Ressourcen beispielsweise besonders gut zum Fehlerfinden nutzen. Kreative Tätigkeiten sind dann aber nur noch eingeschränkt möglich.

> **Goldene Management-Regel**
>
> Wahrscheinlich ist das sogar recht unabhängig vom Führungsstil des Chefs. **Wenn Sie kreative Ergebnisse wollen, lassen Sie die Mitarbeiter allein.** Während die Mitarbeiter also tendenziell gestresst sind, wird der Chef allein durch die Position in der Hierarchie durch sein Gehirn belohnt. Durch das Wissen, dass er der Alpha in seiner Gruppe ist, werden Begeisterungshormone (Dopamin) ausgeschüttet, wenn er seine »Untergeordneten« sieht.
> In unseren Messungen haben die Chefs (Geschäftsführer und Vorstände) oft die besten Stresswerte.

Anders wird es, wenn die Position in Gefahr ist, dann erhöhen sich die Stresswerte der Alphas. Bei Rangkämpfen ist es natürlich von Vorteil, durch Stress schnell hochaktiviert und fokussiert zu sein. Das macht handlungsfähiger.

> **Neuro-agile-Tipp**
>
> Führung macht glücklich (bzw. senkt Stress), aber nur, wenn Sie unumstritten sind. Ansonsten scheint eine Führungsposition eher lebensverkürzend.

3.1.13 Glaubenssätze

Wir haben beim Thema Ernährung auch bereits von Glaubenssätzen gesprochen. Glaubenssätze sind Konzepte, mit denen wir uns die Welt vereinfachen. So wie wir über das Essen denken, so werden sehr wahrscheinlich unsere Essgewohnheiten aussehen. So wie wir über unsere Partnerschaft denken, so wird sehr wahrscheinlich unsere Partnerschaft aussehen. So wie wir über unseren Arbeitgeber denken, so wird sehr wahrscheinlich unser Engagement für diesen Arbeitgeber aussehen.

Der Weg, wie Glaubenssätze in unser Denken kommen, ist unsere Erfahrung mit der Welt. Wie wir etwas wahrnehmen, entscheidet darüber, wie und wohin im Gehirn es abgelegt wird.

An der Columbia-Universität hat das Team um Psychologieprofessor Kevin Ochsner Versuche gemacht, die mithilfe von bildgebenden Verfahren Vorgänge im Gehirn sichtbar machen konnten. Den Versuchspersonen wurden Bilder gezeigt, die eine weinende Frau vor einer Kirche zeigten. Beim Betrachten der Bilder lagen die Versuchsteilnehmer in einem fRMT, einem Scanner, der die aktiven Gehirnregionen bei einer gegebenen speziellen Situation (in diesem Fall die weinende Frau) sichtbar macht und daraus Bilder des Gehirns errechnet. Abb. 3.17 zeigt ein Bild der besonders aktiven Gehirnareale – in diesem Fall u. a. der Amygdala. Die Amygdala ist ein Gehirnareal, das mit Gefühlen wie Angst und Vermeidung in Verbindung gebracht wird.

Anschließend wurde eine Technik aus der kognitiven Verhaltenstherapie angewandt, das sog. Reframing. Ochsner sagte den Teilnehmern, die Frau warte auf ihre Tochter, die gerade geheiratet habe und nun aus der Kirche käme. Schlagartig war das eben aktive Angstzentrum ruhig und das Zentrum für Begeisterung (der Nucleus accumbens) wurde aktiviert. Das Gehirn hat also die Fähigkeit, blitzschnell umzuschalten, wenn wir eine Gefahrensituation als doch nicht gefährlich oder sogar als das Gegenteil erkennen. Hierin liegt das Potenzial dieser Technik, denn man kann beeinflussen, ob die Schaltkreise für Begeisterung im Gehirn mobilisiert werden sollen. Reframing ist eine der besten Methoden, kognitiv aus einer Gedankenspirale zu entkommen.

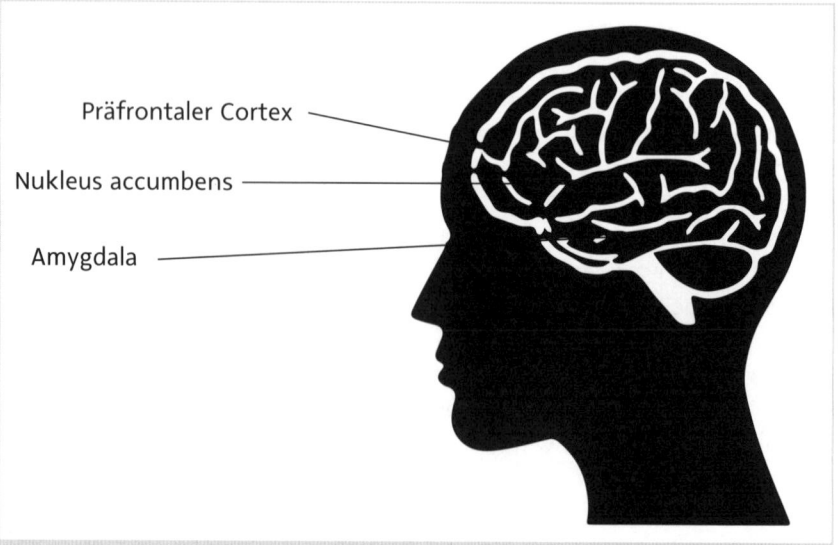

Abb. 3.17: Darstellung des Gehirns mit Amygdala, Nucleus accumbens und präfrontalem Cortex

Labels: Präfrontaler Cortex, Nukleus accumbens, Amygdala

> **!** **Neuro-agile-Tipp**
> Schalten Sie mit dem Verstand blitzschnell zwischen Angst und Begeisterung um. Lernen Sie Reframing.

> **!** **Goldene Management-Regel**
> Gedanken erzeugen Biologie und Biologie erzeugt Gedanken!

Besonders mächtig sind Glaubenssätze, die sich auf uns selbst beziehen. Das sind die Konzepte, die unser Handeln stark beeinflussen. In den Seminaren hören wir immer wieder: »Das ist schwierig umzusetzen.« Auch das ist natürlich ein Glaubenssatz, mit dem eine Veränderung sicher nicht leichter wird.

Ein lesenswertes Buch zum Thema Glaubenssätze und Schutzstrategien ist »Das Kind in Dir muss Heimat finden« von Stefanie Stahl. Der Ursprung für viele Glaubenssätze liegt in unserer Kindheit. Wir entwickeln als Kinder Schutzstrategien, die uns helfen, weniger verletzlich zu sein: Das wäre kein Thema, wenn diese guten Strategien nicht im Laufe des Lebens ein paar Konsequenzen mit sich brächten. So kann es als Kind angemessen sein, Aufgaben sehr gewissenhaft und ordentlich zu erfüllen, um sich vor dem Ärger der Eltern zu schützen. Als Erwachsener könnte diese Schutzstrategie aber in einem Perfektionismus enden, der das Leben eher schwerer als leichter macht. Nach Stahl führt der Zugang zu belastendem Verhalten (z. B. Perfektionismus) über die Schutzstrategie und das kindliche erworbene Muster. Als Erwachsener behalten wir dieses Muster bei und verhalten uns in bestimmten Situationen nicht souverän, sondern eher kindlich. Ein entspannter Umgang mit den damaligen Verletzungen und eine neue Betrachtungsweise, also die Auflösung der hindernden Glaubenssätze, können eine positive Entwicklung unterstützen.

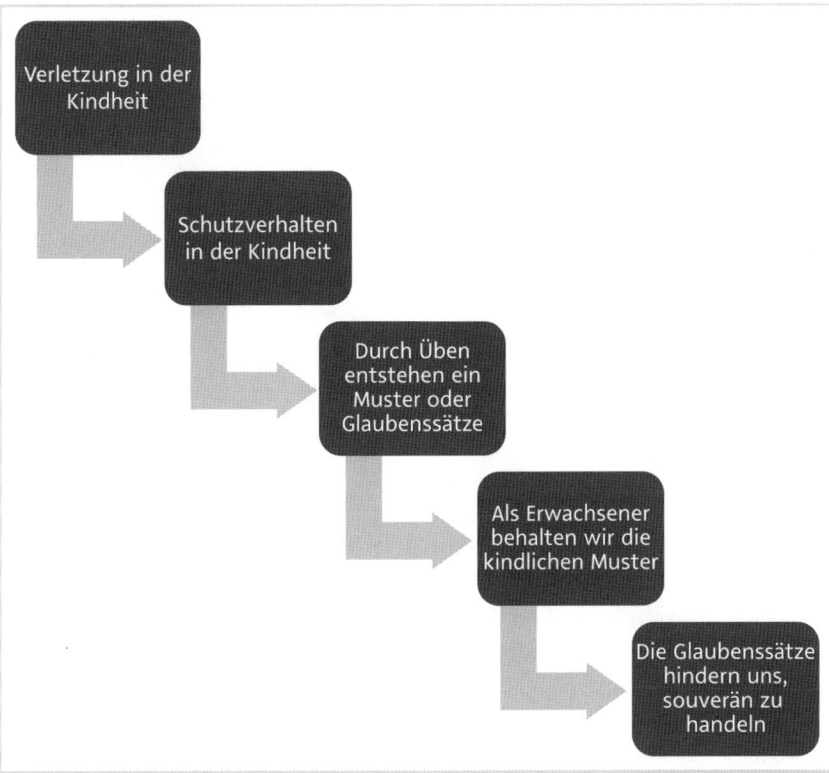

Abb. 3.18: Der Zusammenhang zwischen frühem Schutzverhalten und späteren Glaubenssätzen

Neuro-agile-Tipp
Wenn das Umschalten von Stress auf Begeisterung nicht so richtig klappt und immer wieder ähnliche Themen zu Ärger, Wut und Verzweiflung führen, dann ist die Arbeit mit Glaubenssätzen sinnvoll. Viele unserer verhaltenssteuernden Emotionen können uns so ins Bewusstsein geholt werden und ermöglichen so eine Abschwächung bestimmter Strategien (z.B. Perfektionismus), was sehr entspannend wirken kann.

3.1.13.1 Priming oder Bahnung

Priming bedeutet, dass ein bestimmter Reiz bei uns eine damit durch frühere Erfahrungen gekoppelte Handlung auslöst. Hier ein paar Beispiele:

- Einer Versuchsgruppe wurde ein Text über eine Bibliothek vorgelegt. Die Kontrollgruppe erhielt einen Text über etwas völlig anderes. Im Anschluss wurde unter einem Vorwand ein kleines Interview geführt, bei dem die Redelautstärke der Sprecher gemessen wurde. Die Gruppe, die vorher etwas über Bibliotheken gelesen hatte, sprach ca. 20% leiser. Der Reiz Bibliothek hatte sich in diesem Fall auf das Verhalten ausgewirkt, da der Reiz »Bibliothek« impliziert, dass man sich leise verhält.
- Wenn Menschen mit dem Reiz »Altersheim« konfrontiert und im folgenden Versuchsaufbau darum gebeten werden, unter einem Vorwand einen Zettel in eine Box am Ende des Ganges zu werfen, dann gehen sie 20% langsamer als Probanden, die ein anderes Thema beschäftigte.

Auf diese Weise können wir erkennen, welche Konzepte wir mit bestimmten Begriffen verbinden und was sie, oft unbewusst, bei uns auslösen. Bei Altersheim und Bibliothek ist das relativ leicht, bei Themen wie Geld und Moral ist es meist nicht ganz so offensichtlich. In einem Versuch konnte jedoch gezeigt werden, dass Menschen, die sich vorher mit dem Thema Geld beschäftigt hatten, den Versuchsleiter sehr viel schneller unterbrachen, wenn dieser mit einem anderen Menschen im Gespräch war. Hier kam möglicherweise der Glaubenssatz »Zeit ist Geld« zum Tragen.

Beeindruckend ist auch ein Versuchsergebnis, das nahelegt, dass wir Menschen als sozialfähiger einschätzen, wenn wir ein warmes Getränk in der Hand haben. Ein kaltes Getränk führt eher zu einer negativen sozialen Einschätzung. Und das Sitzen auf einem harten Stuhl kann eher zu hartem Verhandeln führen.

> **!** **Neuro-agile-Tipp**
> Wenn Sie die Chance auf einen positiven Verhandlungsausgang erhöhen wollen, sorgen Sie für warme Getränke und weiche Stühle.

Auch die Frage, wie regelkonform wir uns verhalten, kann untersucht werden. In einem Versuch wurden bei einer Baustelle zwei Schilder an den Bauzaun montiert. Auf dem einen Schild stand »Fahrräder anketten verboten«, auf dem anderen stand »Durchgang verboten«. Der Versuch war so angelegt, dass sich die Passanten durch den Bauzaun quetschen und auch über die Baustelle laufen konnten. Der Weg außenherum war deutlich weiter. Das

Ergebnis war interessant: Wenn kein Fahrrad angekettet war, gingen nur wenige Menschen durch die Baustelle. Anders verhielt es sich, wenn ein Fahrrad direkt unter dem Schild angekettet war. Es missachteten dann deutlich mehr Menschen das Verbot und gingen über die Baustelle. Eine Regelübertretung, in diesem Fall das Angekettetsein des Fahrrads trotz Verbot, war also gewissermaßen die Einladung zu weiteren Regelübertretungen. Das ist besonders für Unternehmen interessant. Wenn Regelübertretungen nicht konsequent geahndet werden, lädt das Unternehmen die Mitarbeiter geradezu dazu ein, auch andere Regeln nicht einzuhalten.

> **Goldene Management-Regel** !
> Ahnden Sie Regelübertretungen sofort und konsequent. Es ist besser, wenn es weniger Regeln gibt, diese von allen aber verbindlich eingehalten werden. Kaum etwas ist gefährlicher für eine Organisation als ein kulturelles Priming des Nichteinhaltens von Unternehmensregeln.

3.1.13.2 Stärken stärken

Ein weiterer spannender Versuch wurde 2005 in den USA durchgeführt. Forscher wollten der Frage nachgehen, warum Mädchen in der Schule schlechter in Mathe sind als Jungs und warum Frauen seltener in technischen Berufen zu finden sind als Männer.

Dazu wurden Studentinnen in verschiedene Gruppen eingeteilt. Eine Gruppe erhielt einen wissenschaftlichen Text, aus dem hervorging, dass Frauen in Mathe genauso gut sind wie Männer. Die zweite Gruppe las einen Text über die Rolle des weiblichen Körpers in der Kunst. Hier wurde ein Stereotyp bedient: Frauen sind schön, aber dumm. In einem dritten Text konnte eine weitere Studentinnengruppe lesen, dass sich das Mathegen auf dem Y-Chromosom befinde, also eine genetische Disposition darstelle, die Einfluss auf die Matheleistung zu Lasten der Mädchen habe. Die vierte Gruppe von Studentinnen las in ihrem Text, dass Mädchen mit Puppen spielten und daher sozial früh gefördert würden, während Jungs mit Bauklötzen spielten und so technisch früh gefördert würden.

Im Anschluss an diese sog. Prime-Reize wurde ein Mathetest geschrieben. Wie nicht anders zu erwarten war, zeigte sich ein großer Einfluss der vorangegangenen Texte auf die Testergebnisse der einzelnen Gruppen. Die Studentinnen aus Gruppe eins, die glaubten, dass sie in Mathe genauso gut waren wie Männer, war weit besser als die Gruppe, die glaubte, dass sie einen genetischen Nachteil in Bezug auf Mathe hatte.

In dem Versuch konnte nachgewiesen werden, dass ein erheblicher Teil unserer Leistungsfähigkeit von unseren Überzeugungen hinsichtlich unserer Leistungsfähigkeit abhängt. In der Psychologie spricht man hierbei von Selbstwirksamkeitserwartung.

> **Neuro-agile-Tipp**
>
> Wenn wir annehmen, dass wir etwas schaffen, dann ist die Chance weit größer, dass wir es auch tatsächlich hinbekommen. Eines der wichtigsten Konzepte, das wir unseren Kindern vermitteln sollten, ist die grundsätzliche Annahme: Ich schaffe das.

Ein tolles Beispiel dazu gibt der Trainer des zurzeit weltbesten Triathleten Jan Frodeno. Er erzählt in einem Interview, wie ihn der Sportler gefragt habe, ob er durch sein Training Weltmeister auf der Langdistanz (Hawaii-Sieger) werden wird. Auf diesem Niveau ist es unmöglich, einen Weltmeistertitel vorauszusagen. Es können so viele Faktoren eine Rolle spielen, die den Plan durchkreuzen. Wäre er ehrlich gewesen, hätte er gesagt: Das ist möglich, aber schwierig. Der Trainer erzählt jedoch, dass er ohne zu zögern sofort Ja gesagt habe. Wenn er gezögert hätte, hätte der Athlet nicht an sich geglaubt. Dies hätte dem Sportler sicher weniger Antrieb gegeben als die Gewissheit des Trainers, dass er Weltmeister werden würde.

Welche Rolle die Selbstwirksamkeitserwartung auch in Bezug auf unsere Leistung spielen kann, hat die Universität Freiburg an Sportlern untersucht. Hintergrund war die Aussage vieler Menschen: »Sport ist mir zu anstrengend«. Alle Versuchsteilnehmer wurden nach ihrer sportlichen Leistungsfähigkeit befragt und erhielten ein Kompressionsshirt. Vor dem Sporttest wurde den Probanden dann ein Film gezeigt. Die eine Gruppe von Sportlern sah einen Film, der die Erwartungen an die Anstrengung an die Sporteinheit realistisch darstellte, die andere Versuchsgruppe einen, der die Vorteile der Kompressionsshirts auf die Anstrengung positiv darstellte und so für eine positive Erwartungshaltung sorgte.

Nun können wir uns das Ergebnis denken: Die mit einer positiven Erwartung auf das kommende Ereignis in den Test gingen, fühlten deutlich weniger Anstrengung. Im Prinzip wirkte der positive Film wie eine selbsterfüllende Prophezeiung (wissenschaftlich etwas zu flapsig, trifft es aber trotzdem gut).

> **Goldene Management-Regel**
>
> Selbstwirksamkeitserwartung bewirkt einen großartigen Placeboeffekt. Egal in welchem Bereich. Richten Sie eine Organisation bzw. ein Team darauf aus, dass es in allererster Linie an sich glaubt. Der Rest kommt später.

Neuro: Puzzle der Leistungsfähigkeit 3

In diesen Kontext passt ein weiterer Versuch, bei dem Schüler gebeten wurden, einen Aufsatz zu schreiben:

- Thema der Versuchsgruppe: Was tue ich gerne (lesen, Fußball spielen, Gitarre spielen)?
- Thema der Kontrollgruppe: Was tut mein Nachbar gerne, ich aber nicht (er spielt gern Fußball …)?

Dies wurde dreimal pro Jahr 20 Minuten durchgeführt. Der Versuch lief über zwei Jahre, die Versuchsgruppe hat sich also insgesamt 120 Minuten mit sich selbst und den eigenen Stärken beschäftigt, die Kontrollgruppe hat sich 120 Minuten mit den Stärken von anderen beschäftigt. Nach diesen zwei Jahren wurden die Gesamtnoten der Schüler miteinander verglichen.

Das Ergebnis ist faszinierend: Die Schüler, die über eigene Stärken geschrieben hatten, waren deutlich besser als die Schüler, die über den Nachbarn geschrieben hatten. 120 Minuten in zwei Jahren haben gereicht, um die Noten deutlich zu verbessern. Und: Je schwächer die Schüler am Anfang waren, desto größer war der Effekt.

Einen Schüler, der in Deutsch und Kunst gut ist, in Mathe aber schwach, würden wir intuitiv in Mathe fördern, damit er ein besserer Schüler wird. Sein Verbesserungspotenzial sehen wir in Mathe. Nach allem, was uns die neuere Forschung dazu anbietet, ist diese Perspektive falsch. Eine optimale Förderung sollte in den Fächern stattfinden, in denen der Schüler am meisten Spaß hat. Wahrscheinlich wäre das in diesem Fall Deutsch und Kunst. Wenn ein solcher Schüler Nachhilfe bekommen sollte, dann in Deutsch und Kunst. Die Studienlage lässt sogar vermuten, dass eine Förderung in seinen Lieblingsfächern auch die Wahrscheinlichkeit auf gute Matheergebnisse erhöht.

In dem oben beschriebenen Versuch mit den Aufsätzen über sich selbst und andere wurde klar, wie entscheidend eine stärkenorientierte Förderung sein kann. In unseren Schwächen werden wir besser, wenn wir uns mit unseren Stärken beschäftigen. Der Fokus auf die Schwächen hat etwas von protestantischer Arbeitsethik. Es ist richtig, wenn es hart ist, schweißtreibend und sich total anstrengend anfühlt. Dann haben wir das Gefühl, etwas geleistet zu haben. Wenn wir hingegen entspannt ein sehr gutes Ergebnis abliefern, ohne viel Aufwand, dann fühlt es sich nicht so wertvoll an. Der Glaubenssatz, der dahintersteht ist: Leistung und Anstrengung sind Zwillinge. Dieser Glaubenssatz führt allerdings nicht zur Ausbildung von exzellenten Fähigkeiten, sondern zu der von hoher Anstrengungsbereitschaft und hoher Verausgabung. Statt sich auf die leichten Früchte der Stärken zu fokussieren, strengen wir uns ungeheuer an, uns in unseren Schwächen zu verbessern.

Neuro-agile Methoden: modernste Erkenntnisse zum Glücklich-Bleiben

> **!** **Neuro-agile-Tipp**
> Daher unser Tipp an dieser Stelle: Wir sollten uns für gute Leistungen, die leicht erreicht wurden, mindestens genauso belohnen wie für solche, die wir durch Anstrengung geschafft haben.
> **Das Prinzip »Leistung ist Anstrengung« gilt nicht!**
> Es gilt stattdessen: Je mehr knallgeile Dinge wir tun, desto stärker werden wir in unseren Schwächen.

Wie sieht nun also ein kluger Umgang mit dem Konzept Stärken stärken in Bezug auf unseren Arbeitsplatz aus?

Tab. 3.3 führt drei Fragen auf, die sich dafür eignen, einen guten Umgang mit arbeitsplatzbezogenen Vorlieben zu finden. In Tab. 3.4 sind die Fragen beispielhaft für die Arbeit eines Programmierers beantwortet.

Frage	Liste der Tätigkeiten
Frage 1: Welches sind Ihre Haupttätigkeiten, zeitlich auf ein Jahr gesehen (was machen Sie die ganze Zeit »auf der Arbeit«)?	1. ... 2. ... 3. ... 4. ... 5. ... 6. ...
Frage 2: Wie viel Zeit verbringen Sie mit diesen Tätigkeiten in %?	1. ... 2. ... 3. ... 4. ... 5. ... 6. ...
Frage 3: Wie viel Spaß macht die einzelne Tätigkeit (Gold = klasse, Bronze = mies)?	1. ... 2. ... 3. ... 4. ... 5. ... 6. ...

Tab. 3.3: Fragen zu arbeitsplatzbezogenen Vorlieben

Frage	Liste der Tätigkeiten
Frage 1: Welches sind Ihre Haupttätigkeiten, zeitlich auf ein Jahr gesehen (was machen Sie die ganze Zeit »auf der Arbeit«)?	1. Code schreiben 2. Code auf Fehler untersuchen 3. Meeting, Abstimmung mit anderen Programmierern 4. Abstimmung mit Kunden 5. Verwaltung

Neuro: Puzzle der Leistungsfähigkeit 3

Frage	Liste der Tätigkeiten
Frage 2: Wie viel Zeit verbringen Sie mit diesen Tätigkeiten in %?	1. Code schreiben: 30% 2. Code auf Fehler untersuchen: 10% 3. Meeting, Abstimmung mit anderen Programmierern: 20% 4. Abstimmung mit Kunden: 30% 5. Verwaltung: 10%
Frage 3: Wie viel Spaß macht die einzelne Tätigkeit (Gold = klasse, Bronze = mies)?	1. Code schreiben: 30% – Gold 2. Code auf Fehler untersuchen: 20% – Silber 3. Meeting, Abstimmung mit anderen Programmierern: 20% – Bronze 4. Abstimmung mit Kunden: 20% – Gold 5. Verwaltung: 10% – Bronze

Tab. 3.4: Beispielantworten für die Arbeit als Programmierer zu arbeitsplatzbezogenen Vorlieben

Wenn Sie diese Bestandsaufnahme für sich selbst durchgeführt haben, dann können Sie Maßnahmen ableiten. Unsere reflexhafte Überlegung ist nun: Wie können wir Bronze-Aufgaben verbessern? Durch das Spielfeld in unserem Gehirn haben wir einen eingebauten Detektor, der sich zunächst auf die Defizite fokussiert. Das ist der Standardmodus unseres Gehirns. Wir sehen zuerst die Bronzetätigkeiten, dann erst die Goldtätigkeiten. Unser Vorschlag ist: Machen Sie es genau andersrum. Ihre Aufmerksamkeit sollte Ihren Goldtätigkeiten gehören. Hier ist unser Vorschlag für die richtige Frage: Wie kann ich Gold goldener machen? Dazu zählt auch: Wie kann ich mehr Zeit in diesem Bereich verbringen? Wie kann der Bereich noch angenehmer aussehen?

Um in unserem Beispiel des Programmierers zu bleiben, könnten die Fragen an ihn so aussehen:

Wie können wir Sie in Ihren Lieblingstätigkeiten fördern?
- Code schreiben:
    a) Was für weitere Qualifikationen benötigen Sie?
    b) Wollen Sie eine neue Programmiersprache lernen?
    c) ...
- Abstimmung mit Kunden
    a) Wie können wir Ihnen helfen, noch bessere Abstimmungen mit den Kunden zu treffen?
    b) Welche Weiterbildung brauchen Sie, um hier noch besser zu werden?
    c) Wie können wir Ihnen helfen, noch mehr Abstimmungsgespräche zu führen?

Das kann natürlich auch bedeuten, dem Programmierer den Besuch einer Fachkonferenz zu ermöglichen, die er nicht zwingen bräuchte, um seinen Job zu erfüllen.

Daraus ergibt sich aber noch eine wichtige Frage: Wer ist verantwortlich für die stärkenorientierte Entwicklung? Aus unserer Sicht ist es der Mitarbeiter. Nahezu jede Führungskraft wünscht sich einen Mitarbeiter, der mit persönlichen Entwicklungsideen in der Tür steht. In der Realität ist die Erwartung des Mitarbeiters häufig: Das Unternehmen muss sich darum kümmern. Mit dieser Haltung bleiben Mitarbeiter in einer selbst gewählten Unmündigkeit. Diese Unmündigkeit passt leider immer noch in unser ganzes Erziehung- und Weiterbildungssystem.

> **Goldene Management-Regel**
> Jeder Mitarbeiter ist für seine Entwicklung verantwortlich. Personalentwicklung und Führungskräfte sind wohlwollende Begleiter und hoffentlich Rat gebende Experten, aber die Verantwortung liegt zu 100% beim Mitarbeiter.

In der Schule geben Lehrer den Lernstoff und die Lernmethodik vor. Es ist ein System, in dem der kluge den weniger klugen Menschen etwas beibringt. Die in den Unternehmen heute erwartete Selbstorganisation fördert dieses System natürlich nicht.

Natürlich ist es auch wichtig, die Bronzetätigkeiten auszuführen. Zunächst erscheint es jedoch passend, sich mit dem Thema Lernen aus neurobiologischer Sicht zu beschäftigen.

3.1.13.3 Lernen aus neurobiologischer Sicht

Wir kommen noch einmal zurück auf das Modell des Spielfeldes in unserem Kopf. Wir haben unser Stresssystem, damit wir bei Gefahren schnell und energievoll reagieren können. Dieses System beinhaltet auch ein Abspeicherungssystem, es ist also gleichzeitig ein Lernsystem. Der Sinn dieses Lernsystems ist es, zukünftige Gefahren möglichst schnell erkennen zu können. In dem folgenden Kapitel geht es nun um die andere Fußballmannschaft, um das Lernsystem der schönen Erlebnisse. Wie funktioniert dieses Lernen?

Wir haben einen Lerninhalt, der uns guttut. Das könnte z.B. ein leckeres Essen sein. Versetzen wir uns in die Lage unserer Vorfahren, die durch den Wald gewandert sind und keinerlei Erfahrung mit roten Erdbeeren hatten. Bis zu diesem Zeitpunkt haben sie immer nur grüne Erdbeeren gegessen, nun hat ein Mutiger einmal eine rote Erdbeere probiert. Diese roten Erdbeeren waren extrem lecker, viel besser als die grünen. Nun kam es zu einer Aktivierung des Belohnungszentrums, das im Nucleus accumbens verortet ist. An diesem Belohnungszentrum kann der Botenstoff Dopamin an speziellen Rezeptoren andocken. Es folgen dadurch zwei Wirkungen auf das Gehirn: Zum einen setzt es endogene Opiate frei, zum anderen sorgt es für die Verknüpfung der Informationen »rote Erdbeeren = lecker«.

> **Neuro-agile-Tipp**
> Das Glücks- bzw. Belohnungssystem hat also die Funktion zu lernen.
> Dieser Satz ist einer der wichtigsten Sätze in der Personalentwicklung und im Schul- und Bildungssystem:
> **Der evolutionäre Sinn von positiven Gefühlen ist die neue neuronale Verknüpfung (Lernen).**

Ein zweiter Botenstoff neben Dopamin sorgt dafür, dass wir Inhalte gut speichern können: Der sog. Gehirndünger BDNF (Brain-derived neurotrophic factor) hilft den Synapsen, sich zu verknüpfen. Als einer der Klassiker in Studien zum Thema BDNF gilt die sog. Nonnenstudie. Bei diesem Versuch wurden an freiwillig teilnehmenden Nonnen jährlich kognitive Demenztests durchgeführt. Eine solche Abfrage beinhaltet u. a. die Fragen nach dem Namen, dem Alter und dem Geburtstag.

Anhand der Antworten konnte eine Demenzwahrscheinlichkeit bestimmt werden. Mit ihrem Einverständnis wurde nach dem Tod der Nonnen untersucht, welche anatomischen Demenzzeichen in den Gehirnen zu finden waren. Bei der Alzheimer Erkrankung findet man z. B. für Alzheimer typische Plaques. Nun kam das erstaunliche Ergebnis: Bei ca. 30% der Gehirne konnte man Krankheitszeichen feststellen, aber diese Nonnen waren kognitiv auch am Ende noch sehr leistungsfähig.

Die Wissenschaft forscht nun mit Hochdruck darüber, wie es sein kann, dass Menschen mit Alzheimermerkmalen im Gehirn trotzdem keine Krankheitsanzeichen zeigen. Ein möglicher Erklärungsansatz ist das Vorhandensein von BDNF. Je mehr BDNF vorhanden ist, desto eher entstehen neue Verknüpfungen. Das würde aber auch bedeuten, dass beim Ausfall einzelner Bereiche durch die Alzheimer-Plaques relativ problemlos andere Bereiche übernehmen können.

3.1.14 Wie funktioniert neues Lernen nun biologisch?

Biologisch gesehen erfolgt Lernen über die Veränderung der Synapsen. Das passiert ständig. Wir können den Synapsen beim Neuaufbau und bei der Rückbildung inzwischen zusehen (Toni 2007). Die Übertragung von Information zwischen zwei Nervenzellen erfolgt chemisch über Neurotransmitter.

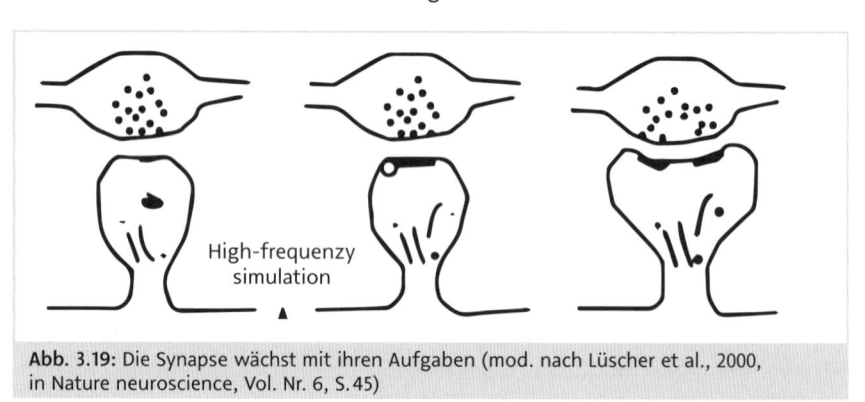

Abb. 3.19: Die Synapse wächst mit ihren Aufgaben (mod. nach Lüscher et al., 2000, in Nature neuroscience, Vol. Nr. 6, S. 45)

Die Vorgänge im Gehirn laufen auf der Ebene der Nervenzellen folgendermaßen ab:
1. Ein Aktionspotenzial erreicht das Ende einer Nervenzelle.
2. Dort werden chemische Botenstoffe freigesetzt, die Neurotransmitter.
3. Diese Neurotransmitter erreichen die nächste Zelle und lösen dort ein Aktionspotenzial aus.
4. Durch den häufigen Gebrauch verändert sich der Übergang, die Synapse und die nächsten Aktionspotenziale haben es leichter, ein neues Aktionspotenzial in der zweiten Zelle auszulösen.

Durch die Aktivierung der Nervenzellen kommt es zu Neuverknüpfungen. Der Fachbegriff dazu lautet syntaktische Plastizität. Es wird das verknüpft, was zusammen abgerufen wird.

Einer der bekanntesten – und umstrittensten – Publizisten auf diesem Gebiet ist Gerald Hüther. Aus einem seiner Vorträge stammt der einprägsame Satz: »Durch die Benutzung der neuronalen Netze werden aus Trampelpfaden Autobahnen«. Für unser Beispiel bedeutet das: Wenn wir nun noch ein paar weitere rote Erdbeeren essen, dann hat sich eine stabile Verknüpfung ergeben und wir werden unser Leben lang rote Erdbeeren mögen.

Seit ca. zwei Jahrzehnten weiß man, dass dieser Prozess täglich stattfindet. Lernen ist also nie beendet, sondern in jedem Alter ohnehin der Normalzustand für das Gehirn. Wir können uns unser Gehirn wie ein Spinnennetz vorstellen. Mit jedem weiteren Knoten entstehen noch mehr Möglichkeiten, Wissen anzuknüpfen. Je mehr Knoten in der Kindheit gelegt werden, desto dichter das Netz und desto leichter ist es, neues Wissen zu verknüpfen.

3.1.14.1 Wie entsteht BDNF?

Ein spannender Versuch ist an Ratten durchgeführt worden. Ratten spielen und toben und bilden im Normalfall genügend BDNF. Macht man den Ratten allerdings Angst, indem man z.B. Katzengeruch in den Käfig strömen lässt, hören die Raten auf zu spielen und zu toben. Gleichzeitig ist ein Absinken des BDNF-Spiegels zu beobachten. Eine angstfreie Umgebung ist also die Voraussetzung für die Bildung des Gehirndüngers. Das ist eine durchaus wichtige Botschaft an unsere Schulen.

Auf der anderen Seite erhalten wir BDNF durch aeroben Ausdauersport. Hier ist die Datenlage überzeugend. Ebenfalls gesichert ist die Verbindung zwischen BDNF und Entzündungen, denn wenn das Immunsystem aktiviert ist, sinkt BDNF, also unsere Lern- und Veränderungsbereitschaft.

3.1.14.2 Vorgänge im Hippocampus

Nun haben Forscher festgestellt, dass nicht nur neue Verknüpfungen zwischen bestehenden Nervenzellen entstehen, sondern sogar neue Nervenzellen gebildet werden können. Das hat zunächst für Verwunderung gesorgt, da man lange davon ausging, dass Nervenzellen im Laufe unseres Lebens nur absterben und sich nicht mehr neu bilden. Einer der Orte im Gehirn, an denen die Neubildung stattfindet, ist der sog. Hippocampus.

Dieses Hirnareal ist für zwei Dinge mitverantwortlich:
- Die Bewältigung von stressigen Situationen. Je größer der Hippocampus, desto gelassener können wir mit stressigen Situationen umgehen.
- Die Zwischenspeicherung von angenehmen Dingen. Je größer der Hippocampus, desto besser können wir lernen.

Eine Messung des Volumens des Hippocampus hat bei US-Irak-Kriegsveteranen ergeben, dass dieser durch den Fronteinsatz massiv geschrumpft war. Evolutionär ist das ein extrem sinnvolles Verhalten, denn bei ständiger Lebensgefahr macht es keinen Sinn, Angenehmes zu lernen und die gelassene Reaktion auf Granateinschläge wäre sicher für das Überleben nicht vorteilhaft.

Wir brauchen also glückliche Gefühle, ein beruhigtes Immunsystem und tolle Erlebnisse, um im Gehirn neue Verknüpfungen zu aktivieren.

> **!** **Goldene Management-Regel**
>
> Somit spielen natürlich auch die Arbeitsbedingungen eine Rolle beim Wachsen des Hippocampus. Es mag zwar nur ein untergeordneter Anteil sein, doch Unternehmen können durchaus dazu beitragen, dass Menschen neugierig und fröhlich bleiben (auf unser Gehirn bezogen: einen großen Hippocampus behalten). Wenn wir dies auf die Arbeitswelt übertragen, dann sind folgende Kriterien förderlich für die Produktivität:
> - Bewegung am Arbeitsplatz: Stehtische waren gestern, heute sind Schreibtische auf Laufbändern und auf Fahrrädern in. Bewegung fördert die Bildung von BDNF und Dopamin.
> - witzige Momente am Arbeitsplatz
> - eine angstfreie Umgebung, das bedeutet eher wenig Kontakt zu der Führungskraft
> - tolle Aufgaben
>
> Ein Unternehmen kann dafür die Rahmenbedingungen schaffen, die Verantwortung, diese Rahmenbedingungen auch zu nutzen, liegt allerdings beim Mitarbeiter. Völlig überholt ist die Idee, dass der Arbeitgeber die Mitarbeiter ausbeutet und ein Betriebsrat oder Gewerkschaftsvertreter für die Interessen der Mitarbeiter sorgt. Denn wenn das Unternehmen sich nicht um die Interessen der Mitarbeiter kümmert, dann werden die Mitarbeiter unkreativ, unproduktiv und wenig wertschätzend. Die neue Funktion des Personalwesens ist die alte Rolle des Betriebsrats. Im Prinzip könnte man beide Funktionen zusammenlegen.

Eine in jeder Hinsicht erfreuliche Untersuchung an Ratten wurde 2010 in den USA durchgeführt. Es wurden die Auswirkungen von Sex auf die Neubildung von Neuronen im Hippocampus untersucht. Die eine Gruppe von (männlichen Ratten) hatte einmal in 14 Tagen Sex, die andere Gruppe jeden Tag. Dies wurde über die »Zuführung« von Weibchen in den Käfig gesteuert.

Die Ergebnisse machen Mut. Die Neurogenese (Neubildung von Nervenzellen) war bei den Vielsexlern deutlich höher. Und ein weiterer Effekt wurde beobachtet: Der Cortisolspiegel stieg bei den Ratten, die nur einmal Sex hatten. Oder anders ausgedrückt: Sex reduziert Stress und führt zu einer Neubildung von Nervenzellen. Viel Spaß!

3.1.14.3 Neugierde und Lernen

Welche Rolle spielt Neugierde im Lernprozess? Der Ulmer Psychiater Manfred Spitzer beschreibt Neugierde als Vorglühen des Belohnungszentrums. Es wird also ein bisschen Dopamin ausgeschüttet, dadurch werden wir auf die Belohnung vorbereitet.

Es gibt Studien, die zeigen, wie stark sich Neugierde auf den Lernerfolg auswirkt. Dafür sollten Probanden zunächst Begriffe auswendig lernen. Im Anschluss daran wurden diese Begriffe abgefragt. Nun wollte man von den Teilnehmern auch noch wissen, ob sie neugierig auf ihre Ergebnisse waren. Dabei stellte sich ein spannender Zusammenhang heraus: Je neugieriger die Teilnehmer waren, desto mehr Begriff hatten sie sich gemerkt. Fazit: Neugierde und Lernen gehören zusammen.

Eine der besten Methoden, Neugierde zu erzeugen, sind unvollständige Informationen. Das macht sich beispielsweise auch die Werbung zunutze: Kurz vor dem Ende eines Spielfilms kommt noch ein Werbeblock und aus Neugierde, wie dieser Spielfilm ausgeht, bleiben wir vor dem Fernseher sitzen. Unvollständigkeit treibt also unsere Neugierde an. Wir mögen es, wenn wir ein Puzzle zusammensetzen können. Wenn ein Puzzleteil fehlt, fühlt es sich unvollständig an und wir werden einiges in Bewegung setzen, um dieses Teil zu ergänzen. Wir sind neugierig auf den Kontext.

Wir wollen immer wissen, wie es weitergeht. Lernen erfolgt also vornehmlich in Situationen, in denen wir nicht wissen, wie es weitergeht. Der Autor Carl Naughton empfiehlt in seinem Buch »Neugier«, situative Blödheit zu erzeugen. Im Idealfall handelt es sich dabei um Wissenslücken. Eine Wissenslücke kann z.B. eine Widersprüchlichkeit sein. Unser Gehirn möchte diesen Widerspruch aufgelöst wissen. Oder es fehlt eine Information in einem bestimmten Kontext. Auch hier ist es erstrebenswert für uns, das fehlende Puzzlestück zu erhalten.

Ein Artikel über Neugierde wäre unvollständig ohne das Yerkes-Dodson-Gesetz (nach Robert Yerkes und John D. Dodson, 1908). Dieses Gesetz hebt die Bedeutung von mildem Stress für die Neugierde hervor.

Goldene Management-Regel
Sorgen Sie für Neugierde, indem Sie witzige Formate wählen, die Wissenslücken oder Knobelaufgaben enthalten. Geben Sie also nicht zu viele Arbeitstechniken und Anweisungen vor.

3.1.15 Wie schnell geht Veränderung? – Das Alpenexperiment

Wie stark sich Lifestyle auf die Leistungswerte auswirkt, wollten wir 2012 in einer eigenen Mini-Studie untersuchen. Wir haben mit zehn Teilnehmern sieben Tage das Steinzeitleben nachgestellt. Das hieß, ohne Frühstück aus dem Schlafsack, jagen und sammeln gehen, viel Bewegung und im Anschluss an die erfolgreiche Jagd ein großes gemeinsames Essen. Natürlich haben wir unter freiem Himmel geschlafen, natürlich hatten wir keine Handys dabei, natürlich haben wir nur gegessen, was wir in der Natur gefunden haben, natürlich sind wir mit Sonnenuntergang eingeschlafen (was hätten wir auch ohne Taschenlampe anderes tun sollen?). Und natürlich sind wir mit Sonnenaufgang aufgewacht und natürlich waren wir jeden Tag ca. 20 Kilometer unterwegs, was in den Allgäuer Alpen durchaus beschwerlich war.

Nicht für jeden unserer Teilnehmer war diese Erfahrung von Beginn an ein großer Spaß. Gerade mit der vielen Bewegung war der eine oder andere überfordert. Oder um es präziser zu formulieren: mit der vielen Bewegung, ohne vorher etwas gegessen zu haben. Nach ca. drei Tagen hatten aber alle die Umstellung geschafft, das Gemaule, die resignierte Einstellung und das Gefühl zu verhungern waren weg. Was war passiert? Die Zellen haben zunächst einmal dem Körper das Signal gegeben: Hol ein Snickers oder wir verhungern. Am leichtesten unterstreichen das unsere Zellen durch schlechte Laune, was eine Veränderung noch notwendiger macht. Nach wenigen Tagen Zuckerverzicht sorgen unsere Zellen nicht mehr für schlechte Laune, sie haben sich daran gewöhnt, statt auf Zucker auf das Fett zurückzugreifen. Sie sind damit nicht mehr auf das Snickers angewiesen.

Wir wollten wissen, wie sich die Blutwerte dadurch verändern. Dazu haben wir sowohl vor als auch nach dem Versuch eine Blutanalyse in der Füssener Klinik durchgeführt. Auch das war super interessant, denn in allen untersuchten Parametern trat eine Verbesserung auf. Auch unsere Blutzuckerwerte haben sich von Tag zu Tag stark verbessert, nahezu alle Teilnehmer hatten eine Blutzuckersenkung um ca. 25 %. Auch unsere Cholesterinwerte wurden besser: Das sog. schlechte Cholesterin LDL ist gesunken, das gute Cholesterin HDL ist gestiegen. Auch die Triglyceridwerte sind gesunken. Diese Werte geben an, wie viel Zucker nicht in den Muskeln landet, sondern in Fettsäuren umgewandelt wird. Sicherlich ist es nicht überraschend, dass sich die Werte verändert haben, aber in der Deutlichkeit von 25–40 % haben wir es zunächst nicht erwartet. Lebensstilveränderung wirkt also sehr schnell und der Körper ist sehr schnell in der Lage, sich einem vernünftigen Lebensstil anzupassen. Diese extreme Form ist natürlich weder erforderlich noch für jeden sinnvoll und auch wir waren froh, als wir danach eine Dusche und einen Kaffee bekommen haben. Es hat aber gezeigt, dass es sehr schnell gehen kann, schlechte Werte in gute zu verwandeln.

> **! Goldene Management-Regel**
> Unterstützen Sie Mitarbeiter bei Lebensstilveränderungen. Für manche Mitarbeiter ist ein Highlight-Erlebnis wie das genannte Alpenexperiment das Richtige, um ins Handeln zu kommen. Für andere ist ein sanfter Übergang geeigneter.

3.1.16 Ziele

Wenn wir uns das Fußballfeld ein weiteres Mal als Grundlage nehmen und es auf das Thema Ziel übertragen, dann wird schnell klar, warum sich so selten Menschen finden, die von ihren Zielen begeistert sind.

Schauen wir uns zunächst die Checklistenziele an. Das sind die Ziele, die das Stresssystem beruhigen sollen. Diese Art von Zielen hat den Sinn, uns Sicherheit zu geben. Dazu gehören Deckungsbeitragsziele, Ziele über Produktivität oder verkaufte Stückzahlen, Projektziele, Qualitätsziele, Cost Savings, Arbeitsplatzbeschreibungen. Alles, was der Mitarbeiter braucht, damit er weiß, was auf seiner Stelle von ihm erwartet wird. All diese Ziele dienen seiner Sicherheit, die aber in vielen Fällen nur eine vermeintliche ist. Gerade Projektziele sind oft am Anfang eines Projekts mehr Wunschgedanken als ernst zu nehmende konkrete Ziele. Oft formulieren wir Ziele, weil wir glauben, das müsste so sein. Solche Ziele sollten SMARTI (spezifisch konkret, messbar, aktiv beeinflussbar, realistisch, terminiert und nach Arne Prieß auch »integriert in die Zielkaskade«) sein.

Das ist alles wichtig, damit Unternehmen funktionieren. Leider löst das bei den allerwenigsten Begeisterung aus. Das Beste, was wir normalerweise erreichen können durch Ziele in diesem Sinne, ist, dass sie uns nicht demotivieren.

Doch gibt es auch Ziele, die wirklich motivierend sein können? Die Antwort darauf gibt uns wieder die Neurobiologie.

Ein interessanter Versuch an Affen verdeutlicht, wie unser Gehirn mit Zielen umgeht. Eine Gruppe von Affen wurde auf bestimmte Symbole konditioniert: Sie bekam für bestimmte Symbole Saft (Plus-Symbol), keinen Saft (Minus-Symbol) oder mit einer 50%igen Wahrscheinlichkeit Saft (Kreis-Symbol). Gemessen wurden die neurochemischen Reaktionen im Gehirn anhand der Dopaminausschüttung. Die Affen lernten schnell, die Symbole zu unterscheiden und sich dann auf Saft zu freuen oder bei einem Minus keinen Saft zu erwarten. Im Verlauf erfolgte bei den Affen bei dem Plus-Zeichen bereits zu dem Zeitpunkt eine Dopaminausschüttung, als das Symbol aufleuchtete, und nicht erst, wenn sie den Saft bekamen. Es wurde im Gehirn somit schon vor der eigentlichen Belohnung Dopamin ausgeschüttet. Wir erhalten also unsere gehirneigenen Drogen schon, wenn wir wissen, dass etwas Positives geschehen wird, und nicht erst beim Ereignis selbst.

Neuro-agile Methoden: modernste Erkenntnisse zum Glücklich-Bleiben

Abb. 3.20: Der Affe will Saft

Am meisten Drogen, also Dopamin, wurden aber bei einer 50 %igen Wahrscheinlichkeit, etwas Tolles zu erhalten (Saft), ausgeschüttet. Sogar schon während der ganzen Zeit, in der der Affe auf die Entscheidung wartete, wurden gehirneigene Drogen ausgeschüttet. Sinn dieser Hirnfunktion ist es, die Motivation durch unsere gehirneigenen Drogen auf dem ganzen Weg bis zur tollen Erfahrung (Saft) aufrechtzuerhalten. Unser Antrieb ist also dann am stärksten, wenn wir eine realistische, ca. 50 %ige Chance sehen, etwas zu erreichen. Dann hält uns Dopamin motiviert für den Weg zu diesem Ziel.

> **!** **Neuro-agile-Tipp**
>
> Der Weg ist das Ziel. Natürlich sollte die Belohnung schmackhaft sein, für Gurkenwasser bewegt sich der Affe nicht. Entscheidend ist hier aber, dass die Erwartung der Belohnung schon auf dem Weg stattfindet und nicht erst durch oder bei der Erreichung. Wenn der Weg keinen Spaß macht, ist es keine richtige Vision.

Als Beispiel können uns wieder Sportler dienen. Die Sportler treiben Sport, weil es so viel Spaß macht. Als Richtwert dient uns also die Frage: Macht uns das, was wir tun, Spaß? Damit wird uns auch klar, wer uns motivieren kann: nur wir selbst. Es ist nicht möglich, Motivation von außen zu erzeugen. Ein besseres Wort für Ziele ist in diesem Zusammenhang Visionen.

Wir dürfen uns also fragen, wie unser Arbeitsplatz-Best-Case-Szenario aussieht. Wie würde uns Arbeit am meisten Spaß machen? Was wäre richtig toll, in diesem Jahr zu erleben?

Diese Fragen zahlen auf unsere Entwicklungsziele ein. Die Entwicklungsziele haben den Zweck, Begeisterung in uns zu wecken. Im Idealfall machen wir aus unserem Job und unserem Leben eine Art Ponyhof. Der Weg dorthin sind Entwicklungs- oder Dopaminziele.

Zusammenfassend können wir sagen, dass wir zwei Arten von Zielen haben:
- Einmal die Was-Ziele (Checklistenziele): Hier ist das Thema Sicherheit von entscheidender Bedeutung.
- Zum anderen die Ponyhof-Visionen (Entwicklungsziele): Wir brauchen Dopamin fördernde Ziele, um leistungsfähig zu sein. Wie Sie zu Ihren Ponyhof-Visionen kommen, wird in Kap. 3.1.19 näher beleuchtet.

Checklistenziele	Entwicklungsziele
Dienen der Sicherheit	Dienen der Entfaltung
Sind SMARTI	Sind knallgeil
Sind realistisch	Sind supergroß
Erreichung ist wichtig	Erreichung ist optional
KPIs	Visionen

Tab. 3.5: Der Vergleich unterschiedlicher Ziele

Goldene Management-Regel
Wir brauchen beides, aber beide Ziele gehören in unterschiedliche Gespräche. Trainieren Sie Ihre Führungskräfte darin, die Kategorien nicht durcheinanderzuwerfen und etwa beim Entwicklungsgespräch persönliche Checklistenziele festsetzen zu wollen.

3.1.17 Sinn

Viele Ratgeber befassen sich mit dem Thema: Was können wir tun, um ein sinnvolleres Leben zu führen? Es wird kaum jemanden geben, der nicht der Meinung ist, dass zu einem erfüllten Leben sinnvolle Inhalte notwendig sind. Aber wie sehen diese aus? Einen guten Hinweis darauf liefert uns die Erforschung des Zusammenhangs zwischen Persönlichkeit und Krankheiten.

So wurde an MS-Patienten (MS = multiple Sklerose) untersucht, wie sich Persönlichkeit und Umwelt zueinander verhalten. Die Versuchsgruppe waren Führungskräfte, die an MS erkrankt waren. Diese Führungskräfte nahmen an einer Motivationsanalyse, dem sog. Reiss Profile teil. Dieses umfasst 16 Lebensmotive. Jedes Motiv kann neutral, stärker oder schwächer ausgeprägt sein. Nun gibt es einen Zusammenhang zwischen Führungserfolg und der starken Ausprägung im Motiv Macht. Für eine Führungskraft hat es also Vorteile, dieses Motiv stark ausgeprägt zu haben. In der Untersuchung zum Thema multiple Sklerose wurde bei einigen Patienten, die sich in Führungspositionen befanden, das Motiv Macht nur schwach ausgeprägt gefunden. Den Teilnehmern wurde daraufhin empfohlen, die Führungslaufbahn zu verlassen. Einige der Patienten folgten dem Ratschlag und in den folgenden Jahren waren bei diesen Patienten signifikante Verbesserungen zu erkennen. Das lässt den Schluss zu: Persönlichkeit und Umwelt müssen übereinstimmen.

Einen Hinweis darauf, ob dies bei uns der Fall ist, kann ein Reiss Profile geben. Die 16 Lebensmotive sind:
1. Anerkennung: Bedürfnis danach, Kritik und Ablehnung zu vermeiden
2. Beziehungen: Bedürfnis nach Freundschaft
3. Macht: Bedürfnis danach, andere dem eigenen Willen zu unterwerfen
4. Ehre: Bedürfnis danach, sich moralisch integer zu verhalten
5. Eros: Bedürfnis nach Sexualität
6. Essen: Bedürfnis nach Nahrung
7. Familie: Bedürfnis danach, seine eigenen Kinder großzuziehen
8. Idealismus: Bedürfnis nach sozialer Gerechtigkeit
9. Körperliche Aktivität: Bedürfnis danach, seine Muskeln zu bewegen
10. Neugier: Bedürfnis nach Kognition
11. Ordnung: Bedürfnis nach Struktur
12. Rache: Bedürfnis danach, mit jemandem abzurechnen
13. Ruhe: Bedürfnis nach innerem Frieden
14. Sparen: Bedürfnis danach, materielle Güter zu sammeln und anzuhäufen
15. Status: Bedürfnis nach Prestige
16. Unabhängigkeit: Bedürfnis nach Autarkie

Die Motive sind weder wissenschaftlich belegt noch trennscharf voneinander zu unterscheiden. Trotz der wissenschaftlichen Mängel kann dieses Verfahren spannende erste Aufschlüsse darüber geben, womit wir mehr Zeit verbringen und in welchen Feldern wir uns idealerweise weiterentwickeln sollten. Mehr aber wahrscheinlich nicht.

> **Goldene Management-Regel**
>
> Die Untersuchung basiert allerdings auf einem eher überkommenen Rollenbild von Führungskräften. Die Gleichung »je machtvoller und dominanter eine Führungskraft, desto erfolgreicher« funktioniert nicht mehr besonders gut. Inzwischen sind etwas andere Führungsmotive gefragt. Dazu folgt in den nächsten Kapiteln mehr. Um den Faden zum Thema Sinn wiederaufzunehmen: Für unser Wohlbefinden ist es entscheidend, einen »Fit« zwischen Persönlichkeit und Umwelt herzustellen. In der Praxis hat sich dazu die Kombination aus zwei Instrumenten besonders bewährt:

- zum einen die Visionen für die nächsten Jahre,
- zum anderen die persönlichen Stärken.

Sinn kann verstanden werden als das Resultat aus der Anwendung dieser Instrumente.

3.1.18 Persönliche Stärken

In der folgenden Argumentation folgen wir dem Beratungsinstitut Gallup[33]: Eine Stärke entsteht aus Talenten, gepaart mit Wissen und Können.

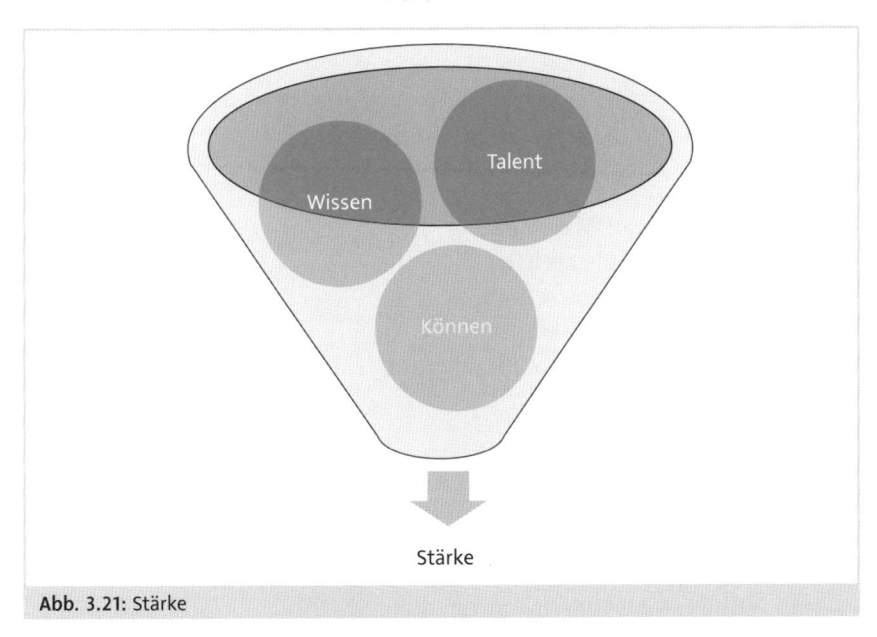

Abb. 3.21: Stärke

Die Talente bringt jemand mit. Für unsere weitere Anwendung ist es dazu unerheblich, ob die Talente genetisch, epigenetisch oder frühkindlich erworben sind. Dies ist zwar eines der spannendsten Felder der Entwicklungspsychologie, aber als Erwachsene können wir nur sehr begrenzt Einfluss auf diese drei Dimensionen nehmen. Für die weitere Diskussion nehmen wir also an, dass die Talente festgelegt sind. Gallup hat dazu ein Verfahren mit 34 Talenten entwickelt. Diese Talente sind folgende:

Talente nach Gallup
- Achiever® / Leistungsorientierung
- Activator® / Tatkraft

---

33 Die Gallup Organization ist eines der weltweit führenden Markt- und Meinungsforschungsinstitute mit Sitz in Washington, D.C.

- Adaptability® / Anpassungsfähigkeit
- Analytical® / Analytisch
- Arranger™ / Arrangeur
- Belief® / Überzeugung
- Command® / Autorität
- Communication® / Kommunikationsfähigkeit
- Competition® / Wettbewerbsorientierung
- Connectedness® / Verbundenheit
- Context® / Kontext
- Deliberative™ / Behutsamkeit
- Developer® / Entwicklung
- Discipline™ / Disziplin
- Empathy™ /Einfühlungsvermögen
- Consistency™ / Gerechtigkeit
- Focus™ / Fokus
- Futuristic® / Zukunftsorientierung
- Harmony® / Harmoniestreben
- Includer® / Integrationsbestreben
- Ideation® / Vorstellungskraft
- Individualization® / Einzelwahrnehmung
- Input® / Ideensammler
- Intellection® / Intellekt
- Learner® / Wissbegierde
- Maximizer® / Höchstleistung
- Positivity® / Positive Einstellung
- Relator® / Bindungsfähigkeit
- Responsibility® / Verantwortungsgefühl
- Restorative™ / Wiederherstellung
- Self-Assurance® / Selbstbewusstsein
- Significance™ / Bedeutsamkeit
- Strategic™ / Strategie
- Woo™ / Kontaktfreudigkeit

Jeder Mensch hat eine einzigartige Kombination aus Talenten. Unsere Aufgabe ist es, unsere Talente zu echten Stärken zu entwickeln. Am deutlichsten wird dies anhand einiger Beispiele:
- **Wettbewerbsorientierung**: Menschen mit hoher Wettbewerbsorientierung lieben es, sich mit anderen zu messen. Dieses Talent können wir nutzen, indem wir eine Umwelt aufbauen, in der wir viele Wettbewerbe zu bestehen haben. Für einen wettbewerbsorientierten Menschen sind personenbezogene KPI (Key Performance Indicator; Leistungskennzahl) durchaus sinnvoll. Menschen mit solchen Talenten landen überdurch-

schnittlich häufig im Vertrieb. Hier wäre jetzt zu diskutieren, ob Geld eine optimale Wettbewerbsdimension ist. Im Unternehmensinteresse und mit Blick auf die aktuelle Motivationsforschung: eher nein. Ein besserer Wettbewerb wäre Kundenzufriedenheit oder Anzahl der Reklamationen. Für Kinder, die hohe Wettbewerbsorientierung besitzen, ist das staatliche Schulsystem ein Traum. Diese Kinder haben jeden Tag die Möglichkeit, sich mit anderen Kindern zu messen. Ein Notensystem ist also nicht per se gut oder schlecht, sondern nur für die eine Persönlichkeit mehr und für Persönlichkeiten mit niedriger Wettbewerbsorientierung weniger passend.
- **Einzelwahrnehmung**: Menschen mit hoher Einzelwahrnehmung haben laut Gallup ein Interesse an der Unterschiedlichkeit der Persönlichkeiten. Dies kann ein guter Ausgangspunkt für eine Führungskarriere sein. Menschen in ihren Stärken wahrzunehmen und auf den Karrierewegen zu unterstützen, ist eine Anwendung von Einzelwahrnehmung. Sinnstiftend für solche Menschen ist es, sich Tätigkeiten und Arbeitsfelder zu suchen, in denen diese Fähigkeit besonders gefragt ist.
- **Bedeutsamkeit:** Bedeutsame Menschen mögen es, im Mittelpunkt zu stehen. Das Paradebeispiel für Bedeutsamkeit ist ein Schauspieler. Dieser lebt vom »Applaus des Publikums«. Abseits der Schauspielerei kann Bedeutsamkeit natürlich ein beruflicher Vorteil sein. Bedeutsame Menschen präsentieren beispielsweise gerne.

> **Goldene Management-Regel**
>
> Wie ist nun der Umgang mit solchen Talenten? Im besten Fall haben wir eine optimale Umgebung für unsere Talente. Ein guter erster Schritt ist es, sich zu fragen, ob unsere momentane Situation und Umwelt, beruflich also der jetzige Arbeitsplatz, unseren Stärken entspricht. Wenn also jemand eher eine stark ausgeprägte Wettbewerbsorientierung besitzt, aber momentan ausschließlich in einem Team arbeitet, dann könnte er damit ziemlich unglücklich sein. Deutlich wird die Interaktion zwischen Persönlichkeit und Umwelt auch bei Führungskräften. Menschen mit hoher Einzelwahrnehmung sind oft in der Führung von Mitarbeitern sehr erfolgreich. Diese fühlen sich wertgeschätzt, da sie als Individuen wahrgenommen werden.

Wie sieht nun ein sinnvoller Umgang mit dem Modell aus?
1. Finden Sie Ihre eigenen Stärken in dem Gallup-Test. Dazu bietet sich ein Online-Fragebogen[34] an.
2. Wenn Sie den Gallup-Fragebogen ausfüllen, erhalten Sie Ihre fünf wichtigsten Stärken. Wenn Sie den Test nur anhand der oben genannten Talente durchführen, können Sie auf vier bis sieben Stärken kommen.

---

34 Der Fragebogen ist zu finden unter https://www.gallupstrengthscenter.com/

3. Bewerten Sie nun Ihren aktuellen Arbeitsplatz unter dem Aspekt, ob dieser Ihren Stärken entspricht.
4. Falls das nicht der Fall ist, gibt es zwei Möglichkeiten:
   a) Welche Maßnahmen können Sie in die Wege leiten, damit Ihr aktueller Arbeitsplatz stärker Ihren Stärken entspricht?
   b) Welcher Arbeitsplatz entspricht eher Ihren Stärken?
5. Nun ist es an Ihnen, die gefundenen Maßnahmen umzusetzen.
6. Falls ihr aktueller Arbeitsplatz Ihren Stärken entspricht: Herzlichen Glückwunsch! Nehmen Sie die Stärken einfach als Kompass für weitere Entscheidungen.

Auch das Gallup-Stärkenverfahren erfüllt nicht alle wissenschaftlichen Kriterien. Anbieter wie Gallup, Reiss Profiles oder anderes Motiv- bzw. Stärkenprofilanbieter werben mit wissenschaftlicher Basis, was bei allen Persönlichkeitsfragen allerdings nur sehr eingeschränkt möglich ist. Einen sehr guten wissenschaftlichen Überblick dazu finden Sie zur Vertiefung bei dem Neurowissenschaftler Gerhard Roth in seinem Buch »Coaching, Beratung und Gehirn«. Allerdings fehlt in diesem Buch die praktische Anwendung. Das Gallup-Stärkenprofil ist eine akzeptable Mischung aus Theorie und Praxis.

> **Goldene Management-Regel**
>
> **Die Anwendungen im Unternehmen**
> Unternehmen haben die Aufgabe, Menschen eine optimale Arbeitsumgebung zu ermöglichen. Wirkliche Leistungsfähigkeit entsteht aus dem »Fit« zwischen Persönlichkeit (Stärken) und Umwelt. Ein Unternehmen muss deshalb dafür sorgen, dass es für verschiedene Persönlichkeiten verschiedene Umwelten anbietet. So können personenbezogene KPI für den Wettbewerbsorientierten durchaus sinnvoll sein, während im gleichen Team der Kollege die Möglichkeit braucht, seine Bedeutsamkeit in Präsentationen häufiger auszuleben. Diese Vielfalt an verschiedenen Arbeitsplätzen in einem Team ist einer der Schlüssel zur Leistungsfähigkeit.

3.1.19 Ponyhof-Visionen

In den oben stehenden Abschnitten wird bereits dargelegt, wie wichtig begeisterte Ziele für unseren Antrieb sind. Ohne begeisterte Ziele, im folgenden Visionen genannt, wird nicht so viel Dopamin ausgeschüttet. Mit dem Thema Ziele verbinden viele auch eher Zahlen, Daten und Fakten. Daher ist der Begriff Visionen in diesem Zusammenhang etwas passender.

Die Studienlage zum Thema Visionen lässt folgende Schlussfolgerungen zu: Das Hinarbeiten auf eine Vision und die Teilhabe an einer herausfordernden anregenden Tätigkeit sind genauso zufriedenstellend wie das tatsächliche Erreichen. Die Arbeit an der Verwirklichung unserer Vision gibt uns das Gefühl, nach etwas Bedeutendem zu streben. Das hat sowohl Auswirkungen auf eine höhere Leistungsfähigkeit als auch (untrennbar damit verbunden) auf unsere körperliche Gesundheit. So fanden die Psychologen Brunstein und seine Kollegen heraus, wie stark persönliche Ziele in den Dimensionen Commitment, Erreichbarkeit und Fortschritt subjektives Wohlbefinden beeinflussen.

Es ist also wissenschaftlich belegt, dass Visionen uns leistungsfähig und gesund erhalten. Allerdings hat sich gezeigt, dass nur wenige Menschen gut darin sind, Visionen zu entwickeln. Hier greift wieder unser Standardmodus des Gehirns. Eine negative Zukunft, ein Worst-Case-Szenario können wir uns sehr gut ausmalen, während wir das Best-Case-Szenario nur unter Schwierigkeiten und mit besonderen Anleitungen zusammenstellen können. Es ist leichter, sich vorzustellen, was alles schiefgehen könnte, als das, was wir Tolles erreichen könnten.

Testen Sie sich doch einmal selbst:
1. Finden Sie fünf bedrohliche Dinge, die Ihnen am Arbeitsplatz passieren können (Projekt vergeigt, Verkauf des Unternehmens, Weltwirtschaftskrise …).
2. Finden Sie fünf Dinge, die Ihnen bestenfalls am Arbeitsplatz passieren können (Gehaltserhöhung bei Stundenreduzierung, tolle neue Projekte, ein toller neuer Kollege im Team).

Was war leichter? Für die wenigsten ist der positive Ansatz der leichtere. Etwas zugespitzt kann man also sagen: **Es ist leichter, Angst zu entwickeln als Visionen.**

Das ist im Übrigen auch ein Kritikpunkt an der Psychologie als Wissenschaft. Sie beschäftigt sich hauptsächlich mit Störungen, Erkrankungen und Bedrohungen. Die Anzahl der Studien, die sich mit Angst beschäftigen, übersteigt die Anzahl der Studien, die sich mit Glück und Zufriedenheit beschäftigen, um ein Vielfaches. Deshalb entwickelte der Psychologe Martin Seligman in den letzten Jahrzehnten die sog. positive Psychologie, die den Fokus mehr auf die Ressourcen als auf die Defizite der Menschen richtet.

Um es den Menschen zu erleichtern, Visionen zu entwickeln, sollte ein entsprechender Prozess zur Verfügung stehen. Inspiration dazu gibt das Buch »Big Five for Life« von John Strelecky. Die Idee der Big Five entstammt afrikanischen Safaris, es sind die Tiere, die man auf einer Safari gesehen haben muss. So beschreibt Strelecky in dem Roman die Big Five als die großen Dinge, die jemand in seinem Leben erreicht haben möchte.

Das Konzept von Lebensvisionen erscheint uns allerdings sehr groß. Da ich im Gegensatz zu meinem Koautor Prieß davon ausgehe, dass wir in unserem Leben ca. 120–140 Jahre alt werden (wenn wir alle Hinweise im Buch in Bezug auf Ernährung, Schlaf etc. befolgen), dann hat ein 40-Jähriger noch knapp 100 Jahre Lebenszeit vor sich. Dafür alle Lebensträume und Visionen jetzt schon vor Augen zu haben, fällt wohl jedem etwas schwer. Daher hat sich in der Praxis ein Fünfjahreszeitraum gut bewährt: Was sind die fünf bis sieben großen Träume, die großen Visionen, die in den nächsten fünf Jahren bestenfalls erreicht werden sollen?

Hier ein paar Ideen für Visionen: Meine Vision ist es, ...

- ... mit meinen Kindern viele Abenteuer zu erleben, im Kleinen und im Großen
- ... mit meinem Partner viele romantische Momente zu erleben
- ... mit meinem Partner besondere Orte zu erleben
- ... allein Campingurlaub zu machen
- ... ein Buch zu schreiben
- ... ein Team zu führen, das befreundet ist
- ... selbst ein Haus zu bauen
- ... ein Haus abzureißen
- ... eine bestimmte Software einzuführen
- ... einen bestimmten Kunden zu gewinnen
- ... einen Ironman in meiner Altersklasse zu gewinnen

Haben Sie Ihre Visionen vor Augen? Es geht dabei nicht nur um berufliche Visionen. Natürlich ist das jetzt etwas grob geschnitzt, klarer wird es, wenn diese Visionen noch beschrieben werden. Abenteuer mit den Kindern bedeutet: zelten gehen, Berge erklimmen, Eis selber herstellen und Gokard fahren ...

Nun haben wir oft betont, wie ungünstig die Struktur des Gehirns ist für Visionen. Einen entscheidenden Vorteil bringt sie aber mit: Unser Gehirn unterscheidet nicht zwischen Fiktion und Realität. Das Spielfeld kann rein durch Fiktion bespielt werden. Während der Verstand den Unterschied zwischen Fiktion und Realität erkennt, ist es für das Angst- und das Begeisterungssystem irrelevant, ob etwas tatsächlich passiert oder nur in unserer Vorstellung. Im Bedrohlichen funktioniert dies natürlich wieder sehr gut, ein Beispiel dafür ist das Gefühl der Eifersucht.

Aber auch bei positiven Emotionen funktioniert dieser Mechanismus. Es spielt keine Rolle, ob ich bereits Kinder habe oder nicht, die Vorstellung, diese Abenteuer zu erleben, löst bereits ein Glücksgefühl aus. Natürlich funkt der Verstand dazwischen und vergleicht die bestehende Realität mit der Vision. Hier setzt bei vielen leider der reflexhafte Gedanke ein: Lieber nicht zu viel träumen, dann werde ich nicht vom Leben enttäuscht.

> **Neuro-agile-Tipp**
>
> Hier setzt unser Trainingsimpuls an und es bietet sich hier ein Vergleich mit sportlichem Training an. Je häufiger wir den Bizeps trainieren, desto dicker wird er. Je häufiger wir unsere Visionen abrufen durch Reden, Nachdenken etc., desto stärker werden die neuronalen Verbindungen in Bezug auf diese Ereignisse. Das sagt zwar noch nichts über die Eintrittswahrscheinlichkeit aus, aber Ihre Vision wird erkennbarer.
> **Trainieren Sie Best-Case-Szenarien, indem Sie viel darüber sprechen und sich die Zukunft ausmalen, wie sie bestenfalls wird!**

Nehmen wir noch einmal das Beispiel mit dem Gewinn eines Ironmans in meiner Altersklasse.
- Ist das wahrscheinlich? Eher nein.
- Ist es ein knallgeiles Ziel? Definitiv.
- Motiviert mich das Ziel? Definitiv.
- Macht es eine Realisierung durch die Motivation wahrscheinlicher? Nach allen Studien: Ja.
- Macht es mich glücklicher? Definitiv.

Was passiert nun, wenn Visionen nicht erreicht werden? Dann war es zumindest eine tolle Zeit, dann war der Gedanke an die Visionen schon befriedigend. Dabei spielt es keine Rolle, ob es sich um private oder berufliche Visionen handelt: Trainieren Sie, in Best-Case-Szenarien zu denken und zu sprechen. Dadurch werden neuronale Bahnen gefördert, die wiederum Antrieb und Motivation mit sich bringen.
- Wenn Sie die Vision einer Promotion haben, bestellen Sie sich jetzt schon Visitenkarten mit dem Doktortitel darauf (mit dem Verteilen können Sie ja warten).
- Wenn Ihr Kind Leistungssportler werden möchte, lassen Sie jetzt schon Autogrammkarten drucken.
- Wenn Sie einen Auftrag haben möchten, schreiben Sie jetzt schon die Rechnung (auch hier ist es clever, auf das Absenden zu verzichten).

> **Neuro-agile-Tipp**
>
> Unser Gehirn wartet auf inspirierende Vorgaben. In die bedrohliche Richtung können wir diese sehr gut entwickeln, in die belohnende Richtung ist es ein Trainingsprozess. Viel Spaß dabei!

3.1.20 Hirn-Hacking

Unter »Hirn-Hacking« versteht man die Entschlüsselung und Optimierung (das Hacken) des Gehirns. Wie wenig unsere Erinnerung unter Umständen mit der Realität zu tun hat und dass uns unser Gehirn durchaus Streiche spielen kann, hat die Rechtspsychologin Julia Shaw untersucht. Die meisten Menschen gehen davon aus, dass ihre Erinnerung der Realität in etwa entspricht. Das ist ja auch die Grundlage für viele Bewertungen, im Berufsleben für Beurteilungen etc.

Shaw stellte sich also die Frage, was notwendig ist, um unsere Erinnerung zu manipulieren. Sie schaffte es tatsächlich, bei 70% der Teilnehmer ihrer Studie eine Erinnerung an eine Straftat herzustellen, die die Teilnehmer gar nicht begangen hatten. Eine große Zahl Unschuldiger gab also fälschlicherweise zu, dass sie straffällig geworden war. Das ist so unglaublich, dass es sich lohnt, diesen Versuch näher zu betrachten:

Die Forscher haben Teilnehmer eingeladen, einen Fragebogen über ihre Kindheit auszufüllen, und anschließend die Eltern über die Kindheit der Teilnehmer befragt. Sie hatten also eine Reihe von wahren Fakten.

Dann haben die Forscher sich im Gespräch zunächst einige wahre Fakten erzählen lassen, um dann die Frage zu stellen: »Was genau ist passiert, als Sie vor acht Jahren straffällig geworden sind? Wie ist der Diebstahl/die Schlägerei gelaufen?« Das wurde wieder mit dem wahren Wohnort und einem real existierenden besten Freund in Verbindung gesetzt und nach einigem Nachdenken gelang es 70% der Teilnehmer, den Hergang zu »rekonstruieren«. Wenn die Forscher die Teilnehmer nach einer Woche wieder einluden, um den zweiten Teil des Interviews zu bestreiten, dann kamen in der Geschichte weitere Details dazu. Wir konstruieren also Wirklichkeit!

Ist das nun eine Lüge? Nein, es ist das normale Konstruieren der Vergangenheit. Das, was wir gefärbt durch Emotionen meinen erlebt zu haben, wird zu unserer Realität. Sprache spielt dabei eine entscheidende Rolle.

Wenn Forscher einer Versuchsgruppe einen Film über einen Autounfall zeigten und im Anschluss Fragen zu dem Film stellten, dann hingen die Antworten von der Fragestellung ab:
- Eine Gruppe erhielt die Frage: Wie schnell waren die Fahrzeuge, als sie sich berührten?
- Die andere Gruppe wurde gefragt: Wie schnell waren die Fahrzeuge, als sie crashten?

Wenn die Forscher fragten, ob auf dem Video Scherben zu sehen waren, so antwortete die Berührungsgruppe einheitlich mit Nein (es waren tatsächlich keine Scherben zu sehen), über 30 % der Crashgruppe aber mit Ja. Natürlich haben die Teilnehmer der Crashgruppe nicht gelogen, sie wurden nur exzellent manipuliert. Ihnen wurde sprachlich die Beobachtung eines Crashs untergeschoben, während der anderen Gruppe durch die Fragestellung eine Berührung der Fahrzeuge vermittelt wurde. Sprache ist also ein wirkungsvoller und unter Umständen gefährlicher Zugang zu unserer konstruierten Wirklichkeit.

Unser Gedächtnis formt und speichert das, was wir annehmen, erfahren zu haben, und nicht notwendigerweise das, was wir tatsächlich erfahren haben. Das ist ein unglaublich großer Unterschied.

> **Neuro-agile-Tipp**
> Wenn meine Erinnerungen und Erwartungen ja ohnehin nicht real sind, mache ich sie mir doch so, wie sie mir am besten gefallen. Hier sind Kinder wie so oft im Vorteil. Wenn wir mit unseren Mädels einen anstrengenden Ausflug haben, mit viel Gequengel und Gemaule, die Kinder aber am Ende ein Eis bekommen und mit dem Eis in der Hand gefragt werden, wie der Ausflug war, dann sagen sie: »Toll«. Das ist nicht gelogen, sondern normales Hirn-Hacking.
> Positiv formuliert kann man aber auch sagen: **Es ist nie zu spät für eine glückliche Kindheit.**

3.1.21 Was bedeutet neuro-agil für die Unternehmen?

Aus unserer Sicht ergeben sich zwei große Handlungsfelder:
1. Hefen Sie Ihren Mitarbeitern im Puzzle der Leistungsfähigkeit. Trainings können die Teilnehmer unterstützen, geeignete Werkzeuge anzuwenden und den Lifestyle zu verändern. Menschen verändern sich in der Regel in vier Schritten, in den ersten drei Schritten dahin können Sie Ihre Mitarbeiter unterstützen. Die vier Schritte sind:
    a) **Wissen:** Hier stehen den Mitarbeitern die vielfältigsten Möglichkeiten offen, z. B. Webinare, Trainings, Bücher. An Wissen mangelt es zwar selten, trotzdem ist es wichtig, die Zusammenhänge auf bewusster Ebene zu verstehen.
    b) **Positive Emotionen:** Das ist der wichtigste Punkt bei Veränderungen. Für viele ist Sporttreiben mit Disziplin und Unwohlsein verbunden, früh ins Bett zu gehen mit einer strengen Kindheit oder gesunde Ernährung mit einem Gefühl von mangelndem Genuss. Statt mit derartigen negativen Emotionen sollten Sport und Schlaf positiv besetzt werden.

Ein Training im Unternehmen kann dazu führen, dass sich Menschen wieder auf Sport freuen.

    c) **Verhalten:** Nun geht es an die Umsetzung. Hierfür braucht unser Gehirn ein wenig Anstrengung, um die alten Bahnen zu verlassen. Statt zu Cola zu greifen wie gewöhnlich, ist es bewusstes Verhalten, stattdessen Wasser zu nehmen. Bis sich ein Automatismus einstellt, dauert es einige Zeit.

    d) **Routine:** Von Routinen können wir nach 20–60 Tagen ausgehen, dann ist die Wahl des Wassers das normale Verhalten und nicht mehr die für Cola. Jetzt haben sich in unserem Gehirn neue Autobahnen gebildet.

2. **Eine Entwicklungskarte** sollte Grundlage jeder Personalentwicklung sein. Aus unserer Sicht hat diese drei Bestandteile:
   a) Meine Tätigkeiten
   b) Meine Stärken
   c) Meine Visionen

> **Goldene Management-Regel**
>
> Auf dieser Basis kann das Unternehmen alles, was möglich und realistisch ist, in Bewegung setzen, um die Mitarbeiter bestmöglich in ihrer Entwicklung zu unterstützen.

3.2 Agile Management Innovations

Über die individuelle Hochleistung hinaus gibt es auch Instrumente, die Unternehmen einsetzen können, um die Leistungsfähigkeit zu steigern. Einige davon sind unter dem Begriff Agile Management Innovations zu finden.

3.2.1 Freundschaften vs. Einsamkeit

Es wird immer klarer, wie stark uns soziale Kontakte prägen und wie gut sie uns tun. Sogar Männern. Es gibt Untersuchungen, die darauf hindeuten, dass ein Mangel an sozialer Unterstützung gefährlicher für unsere Gesundheit ist als 15 Zigaretten pro Tag. Das soll kein Plädoyer für das Rauchen sein, aber zumindest eine Überlegung anregen, wie stark wir unsere engen sozialen Kontakte priorisieren.

Welchen Einfluss haben soziale Kontakte auf unsere Produktivität? Eine Antwort ist recht simpel, wahrscheinlich wird sie daher so oft übersehen: Entscheidend sind Freundschaften am Arbeitsplatz. Wie werden Freundschaften nun gefördert und was für Auswirkungen haben diese? Dieser Frage ist der

Eventanbieter Jochen Schweizer Corporate Solutions GmbH nachgegangen, mit überraschenden Ergebnissen.

Auf die Frage, warum Menschen Ihren Arbeitgeber nicht verlassen, fällt überraschend häufig die Antwort: »Wegen der Kollegen«. Dies ist Anlass genug, Freundschaften am Arbeitsplatz einmal wissenschaftlich in Bezug auf das Unternehmensergebnis zu betrachten.

Dazu haben die US-Wissenschaftler Karen Jehn und Priti Shah einen interessanten Versuch gestartet. Sie haben Studenten gesucht, die eine enge Freundschaft (»close interpersonal relationship«) unterhielten. Mit dieser Information teilten sie die Studenten in zwei Gruppen ein, eine Freundschaftsgruppe und eine beliebig zusammengestellte Gruppe. Nun erhielten beide Gruppen verschiedene Aufgaben, die Zusammenarbeit, Kreativität und Entscheidungen beinhalteten. In allen Aufgaben war die Freundschaftsgruppe deutlich besser, und zwar um bis zu 25%. So viel zu den harten Fakten.

Die Forscher beobachteten in der Freundschaftsgruppe bessere Kommunikation, mehr Engagement, mehr Unterstützung und aufbauende Worte für die Kollegen und mehr Ideen. Es wurde auch eher Feedback gegeben, wenn ein Freund sich verrannt hatte.

> **Goldene Management-Regel**
> Aus dieser Untersuchung geht klar hervor: Freundschaft führt zu besserer Business-Performance.
> Dies bedeutet, wenn Sie es schaffen, dass Menschen einen besten Freund am Arbeitsplatz haben, dann steigt die emotionale Bindung. Somit ist Freundschaft eine Win-Win-Win-Situation:
> - Für Sie: Sie werden glücklicher und produktiver.
> - Für Ihre Freunde am Arbeitsplatz, denen es genauso geht.
> - Für das Unternehmen, das einen Business-Vorteil hat.

Dann stellt sich die Frage: Wie entstehen Freundschaften und was kann ein Unternehmen tun, um Freundschaften zu fördern? Es gibt einige Freundschaft fördernde Aspekte, hier drei wichtige:
- Nähe (physical proximity)
- Vertrautheit (familiarity)
- Ähnlichkeit (similarity)

Nähe und Vertrautheit ergeben sich, wenn Menschen miteinander und an einem Ort zusammenarbeiten. Gerade dadurch, dass physische Nähe durch weltweit verteilte Teams immer schwieriger wird, kommt den Aspekten Vertrautheit und Ähnlichkeit eine größere Bedeutung zu. Spannenderweise werden wir dann besonders produktiv, kreativ und immun gegen Fluktuation, je mehr gemeinsame (nicht zwingend berufliche) Themen uns mit den Kollegen verbinden.

Auch gemeinsame Meinungen und Ansichten verbinden Menschen. Forscher haben untersucht, wie sehr eine geteilte Meinung über ein Erlebnis zu höherer Freude daran führen kann (Raghunathan, 2006). Die Versuchsteilnehmer fühlten sich der Person nahe, mit der sie eine gleiche Meinung (über einen Werbespot) hatten. Gemeinsamkeit zu schaffen, führt zu Verbundenheit.

Im Idealfall sorgen Sie für Grillabende, Floßfahrten, Sektrunden, Kegeln, Fußballbesuche etc. mit den Kollegen. Es ist nicht erforderlich, dass es immer größer, schneller und weiter ist, aber Spaß sollte es machen.

Auch zu dem negativen Aspekt der mangelnden sozialen Kontakte gibt es eine Menge Studien. Einsamkeit macht nicht nur krank, sondern auch unproduktiv.

3.2.2 Geld

Eine interessante These über Geld und Motivation stammt von dem Psychologen Frederick Herzberg. Er unterscheidet Motivation und Hygienefaktoren. Hygienefaktoren sollten erfüllt sein, sonst ist der Mitarbeiter unzufrieden. Geld zählt er zu den Hygienefaktoren. Nach Herzberg kann allerdings Zufriedenheit nicht aus einer Erfüllung oder Überfüllung der Hygienefaktoren entstehen. Das würde bedeuten, dass die Motivation bis zu einem bestimmten Geldbetrag steigt und danach unabhängig vom Geld variiert. Diese Überlegung ist weit verbreitet und führte zu der Aussage, dass finanzielle Anreize nicht motivieren. An dieser Stelle ist wieder spannend, dass eine These ohne empirische Grundlage eine solche Verbreitung findet.

Anhand der neuesten Forschung können wir Geld als Motivator weder bestätigen noch verneinen. Inwiefern wir dafür empfänglich sind, ist individuell sehr unterschiedlich, so ähnlich wie Körpergröße, Intelligenz oder Offenheit für neue Erfahrungen. Es gibt aber eine Reihe von Faktoren, die unser Verhältnis zur Entlohnung beeinflussen. Dazu zählen:

- unsere Gene
- unsere frühkindlichen Erfahrungen in Bezug auf Sicherheit
- das Verhalten unserer Vorbilder (Eltern in Bezug auf Geld)
- unsere Persönlichkeit

- unsere eigenen Erfahrungen mit Geld
- unser soziales Umfeld
- unsere Glaubenssätze, z. B. »Reiche Säcke« oder »Reich sein heißt, viel arbeiten zu müssen«

Wenn wir eine eher ängstliche Persönlichkeit vor uns haben, deren Eltern sicherheitsorientiert waren und deren Erfahrung mit Sparen positiv besetzt sind, dann wird eine Gehaltserhöhung wahrscheinlich nicht der große Motivator sein. Ein risikobereiter, an Reichtum orientierter Mitarbeiter, dem Status anhand von Kleidung und Autos wichtig ist, wird dagegen eher durch eine Gehaltserhöhung zu motivieren sein.

Wie sich Erlebnisse im Verhältnis zu materiellen Vergütungen auswirken, untersuchten auch die Forscher Amit Kumar und Thomas Gilovich. Die einen Teilnehmer erhielten eine Geldzuwendung, die anderen einen Kurzurlaub. Anschließend wurde gemessen, welche Teilnehmer mehr über die Belohnung redeten. Nicht ganz überraschend gewann das Erlebnis, also die Kurzreise, sehr deutlich vor den Scheinen. Über den Urlaub wurde 10–15% mehr erzählt als über eine monetäre Belohnung.

> **Neuro-agile-Tipp**
> Geben Sie Ihr Geld für Erlebnisse aus. Das wird Sie mehr befriedigen als materielle Wunscherfüllung.

Wie sollen Unternehmen nun mit Boni und Prämien umgehen? Im Idealfall wird einmal pro Jahr über Geld gesprochen, nämlich in den Gehaltsgesprächen, die möglichst entkoppelt sind von allen anderen Gesprächen, sowohl über Leistung als auch über Entwicklung. In diesen Gesprächen geht es nur um ein faires Gehalt. Forschungen zeigen uns, dass unser Gehaltsempfinden extrem kontextgebunden ist. Wir verdienen nicht absolut viel oder wenig, sondern relativ zu unseren Arbeitskollegen oder Nachbarn. Wenn mein Nachbar zufällig Gastroenterologe mit eigener Praxis ist, dann verdiene ich immer wenig, wirklich immer!

Wenn ich seit Kurzem in einem Unternehmen arbeite, das vor 20 Jahren für einige Zeit den Gehaltshahn zu weit aufgedreht hat und altgedienten Kollegen jetzt 50% über dem Durchschnitt bezahlt, dann kann es sein, dass mein gleichqualifizierter und gleich motivierter Kollege 50% mehr verdient als ich, obwohl, wir die gleiche Aufgabe haben. Das ist ein so eklatanter Verstoß gegen das Fairnessprinzip, dass es zu Bestrafungen führen kann (eher muss, siehe das Kapitel über Fairness).

> **⚠ Goldene Management-Regel**
>
> Ideal ist es für Unternehmen, Gehaltsbänder zu haben, klar zu kommunizieren, in welchem Gehaltsband ein Mitarbeiter liegt, und davon keine Ausnahmen zuzulassen. Jeder Mitarbeiter kennt die Gehaltsbänder und seine Einordnung: Persönliche Boni und Prämien gibt es nicht, es gibt aber eine Beteiligung am Unternehmensgewinn. Diese Beteiligung sollte möglichst als fair empfunden werden. Gut wäre also entweder eine gehaltsprozentuale Beteiligung (Gehaltsband 1 sind 100 %, Gehaltsband 2 sind 110 % etc. oder noch besser: ein Bonus, der für alle gleich ist).
> Gehalt ist nicht kreativitätsfördernd, kann aber kreativitätsvernichtend wirken.

3.2.3 Verantwortlichkeitsmatrix

Bei Projekten höre ich oft von den Projektleitern und Führungskräften: »Ich würde den Mitarbeitern gern mehr Verantwortlichkeit geben, aber wenn ich das mache, wird der Spielraum nicht genutzt.«

Die Mitarbeiter auf der anderen Seite sagen: »Ich würde mich ja gern mehr einbringen, aber wenn ich einen Fehler mache, dann werde ich ordentlich rasiert.«

Wer hat recht? Natürlich beide aus ihrer Perspektive. Dem Mitarbeiter reicht eine schlechte Erfahrung mit Grenzüberschreitung (Verantwortlichkeitsüberschreitung), um für die Zukunft nichts mehr zu riskieren. Die Führungskraft weiß um die wirtschaftliche Bedeutung von Selbstwirksamkeit und Selbstorganisation und fordert diese, stellt aber frustriert fest, dass es mit diesen Mitarbeitern doch besser über Anweisungen läuft.

Eines der machtvollsten Instrumente zur Verantwortlichkeitsfindung ist die Verantwortlichkeitsmatrix:

Aufgabe	Anweisung	Auftrag	Konsens	Veto	Information	Mach es
A						
B						
C						
D						
E						
F						

Tab. 3.6: Die Verantwortlichkeitsmatrix

Der Mitarbeiter hat verschiedene Aufgaben zu erledigen und für diese Aufgabe gibt es unterschiedliche Verantwortlichkeiten. Natürlich ist der Zeitplan eines Projektes anders abzustimmen als die Agenda eines Meetings. Nehmen wir diese beiden Beispiele zur Verdeutlichung. Wenn die Führungskraft nun vom Projektleiter in diesem Beispiel nur generell mehr Eigenverantwortung fordert, wird dieser entweder beide Aufgaben eigenverantwortlich lösen wollen oder beide Aufgaben mit einer Rückversicherungsmentalität an den Chef zurückdelegieren. Die Verantwortlichkeitsmatrix löst dieses Dilemma.

Mit den Kategorien ist Folgendes gemeint:
- Anweisung: Der Chef entscheidet das Was und Wie.
- Auftrag: Der Chef entscheidet das Was, aber nicht das Wie.
- Konsens: MA und Chef stimmen sich im Konsens ab.
- Veto: Der MA entscheidet, der Chef hat nur ein Veto.
- Information: Der MA entscheidet und informiert den Chef.
- Mach es: Der MA entscheidet, ohne den Chef zu informieren.

Der Ablauf ist nun folgendermaßen:
- **Schritt 1:** MA und Führungskraft schätzen beide die Verantwortlichkeiten der Aufgabe unabhängig voneinander ein.
- **Schritt 2:** Nun besprechen beide die Ergebnisse.
  - Fall A: Es besteht Einigkeit, dann wird es so festgehalten.
  - Fall B: Chef ist in der Tabelle weiter links, möchte mehr Macht, der Mitarbeiter sieht sich kompetenter, als der Chef ihn sieht. Hier ist es eine Frage des Fingerspitzengefühls des Chefs, ob er sich auf die Kompetenzerweiterung zugunsten des Mitarbeiters einlässt.
  - Fall C (der häufigste): Der MA möchte einen engeren Rahmen und wünscht sich Führung. Der Chef möchte Selbstverantwortung des Mitarbeiters in diesem Bereich sehen. Dieser Fall zeigt, dass der Mitarbeiter überfordert ist mit der Verantwortlichkeit, die der Chef ihm überträgt. Die Matrix hat zunächst die Aufgabe, dies zu visualisieren.

Im zweiten Schritt ist es die Aufgabe des Chefs, durch geschicktes Fragen den Mitarbeiter zu ermutigen, mehr Verantwortung zu übernehmen. Solche Fragen könnten sein:
- Was brauchen Sie von mir, um in der Tabelle weiter nach rechts zu kommen?
- Was würden Sie anders machen, wenn Sie weiter rechts wären?
- Welche Organisationsmaßnahme könnte Sie unterstützen?
- In welchem Zeitraum könnten Sie Ihrer Meinung nach unter optimalen Bedingungen rechts auf dem Veto-Feld stehen?

Aufgabe	Anweisung	Auftrag	Konsens	Veto	Information	Mach es
Fall A				beide		
Fall B		Chef		MA		
Fall C		MA		Chef		
Zeitplan eines Projektes abstimmen		beide				
Agenda eines Meetings						beide
Fall A				beide		

Tab. 3.7: Die Verantwortlichkeitsmatrix, Beispiel

In unserem Beispiel könnten sich Mitarbeiter und Chef auf einen »Auftrag« beim Zeitplan einigen, das ist etwas so Übergreifendes, dass es der Mitarbeiter nicht entscheiden kann, und auf ein »Mach es«, hier gibt es keinen Verantwortlichkeitsbedarf der Führungskraft. Diese Absprachen funktionieren in vielen Mitarbeiter-Chef-Situationen ohnehin gut, aber dort wo es immer wieder zu Schwierigkeiten und zu unterschiedlichen Erwartungen kommt, ist die Verantwortlichkeitsmatrix ein tolles Werkzeug.

Gerecht bedeutet nicht gleich. Wenn der Chef sieben Mitarbeiter hat, kann die Verantwortlichkeitsmatrix für jeden Mitarbeiter anders aussehen. Natürlich ist ein Projektleiter, der bereits seit zehn Jahren für das Unternehmen Projekte leitet, anders zu behandeln als ein Projekt-Rookie. Diese Ungleichbehandlung ist weder ungerecht noch ungerechtfertigt. Leider haben manche Chefs aber die Vorstellung, Gerechtigkeit bedeute, alle Mitarbeiter gleich zu behandeln.

! Goldene Management-Regel

Auch für ein Team lohnt sich eine solche Matrix. Die Teammitglieder, beispielsweise in einem Projekt, können die Matrix mit dem Projektleiter anwenden und im Team über Verantwortlichkeiten diskutieren. Das funktioniert hervorragend, sollte aber zunächst extern moderiert werden.

3.2.4 Abweichung

Bei Abweichungen durch den Mitarbeiter kann der Chef auf die Vereinbarung verweisen und umgekehrt genauso. Wenn nun durch Entscheidungen des Mitarbeiters Unmut an höherer Stelle ausgelöst wird, dann ist es entscheidend, dass die Führungskraft für die selbstverantwortlichen Entscheidungen geradesteht und nicht auf »Druck von oben« stärker eingreift: Das passiert in der Praxis leider häufig. In diesem Fall leuchten beim Mitarbeiter Gefahrenlampen auf und er wünscht sich wieder mehr Sicherheit und Verlässlichkeit. Es wird sofort eine Rückversicherungsmentalität eintreten. Wichtig ist aber, dass Mitarbeiter ihre Freiheitsgrade verteidigen können, sollen und sogar müssen. Es kommt auch immer wieder vor, dass eine Führungskraft trotz anderer Absprachen »Aufträge« verteilt, »weil es nicht schnell genug geht«, dann ist es am Mitarbeiter, sein »Veto« einzulegen.

> **Neuro-agile-Tipp** !
>
> Es lohnt sich, für beste Arbeitsbedingungen zu kämpfen und für die eigenen Freiheitsgrade zu sorgen. Nicht nur weil es im Sinne des Unternehmens ist, sondern weil Kontrolle über die eigene Zeit und die eigene Tätigkeit stressmindernd wirkt, wie einschlägige Untersuchungen gezeigt haben.

3.2.5 Fehlerkultur: Differenzielles Lernen

Wir hören immer wieder, dass Unternehmen eine gute Fehlerkultur pflegen und Fehler nicht bestrafen sollten. Aber stimmt das? Was sagt die Wissenschaft zu der Frage, wie wir uns am besten entwickeln? Das haben Sportwissenschaftler um Prof. Wolfgang Schöllhorn bei Kugelstoßern untersucht. Die Wissenschaftler haben zwei Gruppen gebildet:
- Eine Gruppe hat »normal« trainiert. 50 Versuche, immer bemüht, den optimalen Stoß zu finden, immer bemüht, den optimalen Ablauf des Stoßes zu erreichen.
- Die andere Gruppe hat in ebenfalls 50 Versuchen bei jedem Stoß eine Differenz eingebaut: Schulter zu weit hinten, zu schräg stehen, Ellbogen zu hoch, Ellbogen zu tief, Kopf zu weit links usw. Diese Gruppe hat also extra Fehler (Differenzen zum optimalen Stoß) gemacht.

Abschließend machte jeder Sportler einen 51. Versuch und es wurde gemessen, wer den besten Stoß machte, die Optimierungsgruppe oder die Differenzengruppe. Ergebnis: Die Differenzengruppe war deutlich besser. Diesen Effekt fanden die Sportwissenschaftler auch bei anderen Sportarten. Das »Differenzielle Lernen« war geboren.

Die Sportwissenschaftler gehen davon aus, dass Bewegungen ohnehin sehr individuell sind und es keine Wiederholung einer perfekten Bewegung gibt. Das führt zu einer völlig anderen Interpretation von Fehlern. Wenn es ohnehin nicht möglich ist, sich »ohne Fehler« zu bewegen, dann sollten diese »Fehler« doch produktiv genutzt werden. Besser als Fehler wäre hier das Wort Schwankungen. So wird Sportlern inzwischen in allen Sportarten geraten, gezielt Unterschiede in den Bewegungen zu schaffen, um den Körper dazu zu bringen, sich neuen Situationen immer wieder anzupassen. Die ehemaligen Trainer Tuchel (Borussia Dortmund) und Guardiola (FC Bayern München) haben dies auch im deutschen Fußball bekannt gemacht. Es wurden immer Differenzen in den Übungen eingebaut: mal auf vier Tore, mal den Ball nur mit der linken Innenseite spielen, mal nach vorne spielen, mal 4:2 spielen, mal ohne Tore usw.

Der Effekt könnte so erklärt werden: Die Gründe für den Erfolg sind wahrscheinlich die höhere Motivation des Sportlers. Dopamin spielt auch hier eine Rolle. Immer wenn etwas Neues und Tolles passiert, dann sorgt Dopamin für ein angenehmes Gefühl und gleichzeitig für ein verbessertes Lernen.

Auch in den Musikwissenschaften wird dieses Konzept inzwischen erprobt und angewendet.

> **Goldene Management-Regel**
> In Bezug auf Unternehmen sind die Ableitungen bislang nicht durch wissenschaftliche Untersuchungen gestützt, das liegt schlicht daran, dass es bislang keine Daten zu differenziellem Lernen im Unternehmenskontext gibt. Trotzdem wagen wir uns auf dieses Feld, verlassen damit aber die evidenzbasierte Wissenschaft.

Personalentwicklung

Wir trainieren immer wieder, wie Dinge richtig funktionieren. Vielleicht sollten wir Gespräche trainieren, indem wir den Teilnehmern differenzielle Lernaufgaben geben. Sie sollen bewusst Schwankungen (Fehler) einbauen. Wenn ein Schüler ein Diktat schreiben soll, könnte eine Anweisung sein: Bau drei »h« an unsinnigen Stellen ein. Wäre zumindest lustiger als die Diktate, die mir in Erinnerung sind. Im Kommunikationstraining könnte die Vorgabe sein: »Unterbrich dein Gegenüber zweimal an Stellen, an denen er es nicht erwartet.«

Tägliches Arbeiten

Hier sollten zwei Arten von Fehlern oder Differenzen unterschieden werden. Fehler im Prozess des Unternehmens (z. B. die Eingabe des Vornamens im Feld Geburtsdatum im SAP-System) sind zwar lustig, aber natürlich nicht dauer-

haft leistungsverbessernd. Differenzen zu bilden in komplexen Abläufen, Prozessen oder Projekten, kann eine sehr lohnende Idee sein. So könnte eine Frage des Projektleiters sein:
- Was können wir tun, um an dieser Stelle Sand ins Getriebe zu streuen?
- Welche Schwankungen (Fehler) fallen euch ein, die eigentlich eine schlechte Idee sind?
- Was haben wir schon mal an ähnlicher Stelle ohne Erfolg versucht?
- Wie könnten wir an dieser Stelle einen Fehler machen?
- Jeder überlegt sich erst mal drei »falsche« Möglichkeiten zur Problemlösung.

Ein Hauptaspekt ist die Schutzstrategie, »Scham« zu überwinden: Wir glauben, dass wir uns für Fehler und nicht funktionierende Ideen schämen müssen. Das führt natürlich nicht zu Kreativität. Diese Scham zu überwinden, kann daher produktiv wirken.

> **Goldene Management-Regel**
>
> Meine Prognose: Das Konzept »Differenzielles Lernen« wird sich früher oder später auch in der Pädagogik durchsetzen, sowohl in Schulen als auch in Unternehmen, zumindest als Ergänzung. Es ist eine praktische Antwort auf die Erkenntnis, dass wir zum Lernen Dopamin benötigen.

3.2.6 Pair Working

Das bedeutet, dass zwei Mitarbeiter den gleichen Job erledigen, zumindest in Teilen. Das, was in manchen Fällen aus der Not geboren wurde (z.B. Teilzeit), kann auch als Konzept eingesetzt werden. Warum ist das so erfolgreich? Weil unsere soziale Sehnsucht ein Grundbedürfnis ist und ein gemeinsames Arbeiten mit einem vertrauten Menschen (das ist natürlich Voraussetzung) für viele Menschen eine Belohnung darstellt (neurobiologisch besser ausgedrückt: auslöst).

3.2.7 Peer Feedback

Statt einen Feedbackprozess top-down zu etablieren, indem die Führungskraft Feedback gibt, wäre eine tolle Überlegung, die Pflicht zum Feedback einzuführen, aber egal von wem. So kann sich bei TechDivision, einem Software-Entwicklungsunternehmen, der Feedbacknehmer die Feedbackgeber aussuchen. Jeder erhält pro Jahr fünf Feedbacks in einem geordneten Prozess, aber von Menschen, deren Feedback er schätzt.

3.2.8 Slack Time

Google hat dieses Konzept bekannt gemacht, dort haben die Mitarbeiter 20% ihrer Zeit zur freien Verfügung. Es müssen nicht 20% sein, aber die Idee, Tage oder Stunden für eigene Ideen und Projekte zur Verfügung zu stellen, kann extrem gewinnbringend sein. Gerade für Menschen, die in ihren Stärken »Analyse« oder ein vergleichbares Talent mitbringen, ist es häufig frustrierend, nur die alltäglichen Arbeiten abzuarbeiten und sich nicht wirklich tief mit einem Thema auseinanderzusetzten. Slack Time würde diese Möglichkeit bieten.

3.2.9 Priorisierung durch Boards

Es gibt Mitarbeiter, die das Gefühl haben, nicht zu wissen, wo sie anfangen sollen bei der vielen Arbeit und den vielen Aufgaben. »Es kommt ja immer etwas dazwischen, ich würde ja gern einen strategischen Beitrag leisten, aber das geht nicht.«

Ein Mittel, dieser Überforderung entgegenzuwirken, ist ein Board. Das Board ist vielen aus dem agilen Framework Scrum bekannt. Hier ist es vereinfacht dargestellt in Bezug auf den einzelnen Mitarbeiter. Ein Einsatz empfiehlt sich immer, wenn der Mitarbeiter vielfältige Aufgaben hat, die er anders priorisiert als sein Chef, oder wenn der Mitarbeiter in einer Aufgabenflut erstickt.

Das Board besteht aus vier Spalten:
- Backlog: Hier werden alle anfallenden Aufgaben gesammelt. Alles was zu tun ist, erhält eine Karte.
- Sprint: Nun wird ein Sprint festgelegt, im Scrum klassisch zwei Wochen, das können aber auch zwei Tage sein oder vier Wochen, je nach Abstimmung zwischen Mitarbeiter und Führungskraft.
- Erledigt, auf Antwort wird gewartet: Die Aufgabe hat den eigenen Schreibtisch verlassen, der Ball liegt bei jemand anderem, es ist noch nicht fertig, aber für den Augenblick erledigt.
- Erledigt, für immer ☺: Diese Karte ist eine Erfolgsmeldung und wird aufbewahrt.

Agile Management Innovations 3

Backlog	Sprint	Erledigt, Antwort erforderlich	Fertig
Aufgabe A			
Aufgabe B			
Aufgabe C			
Aufgabe D			
Aufgabe E			

Tab. 3.8: Board: Aufgabensammlung im Backlog

Nun treffen sich Mitarbeiter und Führungskraft zu den Sprintsitzungen und legen fest, welche Aufgaben in den Sprint gehören, in diesem Beispiel in die kommende Woche.

Backlog	Sprint	Erledigt, Antwort erforderlich	Fertig
Aufgabe A	Aufgabe B		
Aufgabe C	Aufgabe D		
Aufgabe E			

Tab. 3.9: Board: Priorisierung der Aufgaben im Sprint

Nun sind die Aufgaben für den Mitarbeiter priorisiert und alle anderen Aufgaben spielen keine Rolle mehr, sie dürfen nicht gemacht werden. Wenn B und D fertig sind, ist die Arbeit erledigt. Im nächsten Sprinttreffen wird der vorherige kurz nachbesprochen (inhaltlich und menschlich) und der nächste Sprint wird festgelegt. Natürlich sind im Backlog auch neue Aufgaben dazugekommen.

Backlog	Sprint	Erledigt, Antwort erforderlich	Fertig
Aufgabe A	Aufgabe C		Aufgabe B
Aufgabe E	Aufgabe F	Aufgabe D	
Aufgabe H (neu)			

Tab. 3.10: Board: Nachbesprechung erledigter Aufgaben, neue Priorisierung

> **! Goldene Management-Regel**
> So entsteht nicht mehr die Aussage: »Ich hätte das ja gemacht, wenn ich mehr Zeit gehabt hätte.« Wie die Verantwortlichkeitsmatrix ist auch das Board eine schöne Möglichkeit, die Aufgaben zu visualisieren. Ein großer Vorteil des Boards ist, dass die Aufgaben aus dem Kopf sind. Es wirkt also glukoseschonend. Daher ist unsere Empfehlung, auch physisch Karten zu nehmen und im Zweifel bei verteilten Teams telefonisch oder über Skype die Sprintmeetings zu machen.

3.2.10 Persönlicher Kundenkontakt

Jeder Mitarbeiter sollte seine Kunden persönlich kennen. Hierzu gibt es eine schöne Untersuchung aus einem Callcenter. Die Versuchsleiter sorgten dafür, dass sich Kunden und Callcenter-Agent kennenlernten. Es wurde in der Folge festgestellt, dass sich die Produktivität (Anzahl der Telefonate) deutlich erhöht hatte. Die Verbindung zu den Endnutzern scheint ein wesentlicher Motivator zu sein, auch hier werden wieder persönliche Bedürfnisse befriedigt. Diese Mitarbeiter arbeiten nicht für ein Unternehmen, sondern für die Kunden, das macht einen großen Unterschied.

3.2.11 Bar Camps

Bar Camps sind Unkonferenzen. Statt einer klaren Agenda suchen sich die Teilnehmer die Themen, die sie interessieren. Diese Unkonferenzen werden häufig durch die Open-Space-Methode moderiert. Teilnehmer stellen ihre Themen vor und werben für diese. Dann werden in Arbeitsgruppen diese vorgestellten Themen vorangetrieben. Bar Camps eignen sich für Unternehmen, deren Konferenzen oder größere Meetings an Anziehung verloren haben.

3.2.12 Retrospektiven

Retrospektiven (Retros) sind ein Werkzeug aus dem agilen Projektmanagement-Koffer. Sie sind vergleichbar mit den Lessons Learnt des klassischen Projektmanagements, der Unterschied liegt im Wesentlichen an der strukturellen permanenten Verbesserung, während die Lessons Learnt klassischerweise am Ende des Projektes stehen.

Retros sollen möglichst im Abstand von zwei bis fünf Wochen durchgeführt werden (am Sprintende) und dienen der kontinuierlichen Verbesserung auf menschlicher Ebene. Die menschliche Ebene wird bewusst vom fachlichen

Zielerreichen getrennt. So soll sich der Ärger über den Kollegen nicht anhand der Arbeitsergebnisse entladen, sondern es besteht ein Extraraum für das Thematisieren zwischenmenschlicher Konflikte.

Retrospektiven werden normalerweise in den folgenden fünf Phasen ausgeführt:
1. Intro: Begrüßung, Klärung der Ziele der Retrospektive, Ankommen
2. Sammlung: Was ist in letzter Zeit passiert? Was war gut? Was war schlecht? Welche Daten über Qualität/Produktivität etc. stehen zur Verfügung?
3. Einsichten gewinnen: Warum sind die Prozesse so gelaufen? Das Warum ist die zentrale Frage. Die Aufgabe des Moderators ist es hier besonders nachzubohren und sich nicht mit der ersten Antwort zufriedenzugeben.
4. Maßnahmen: Was werden wir ändern?
5. Abschluss: Dieser Teil dient dem Rückblick auf die Retrospektive. War die Zeit sinnvoll investiert? So kann auch die Retrospektive ggf. verbessert werden.

> **Neuro-agile-Tipp**
> Setzen Sie Retros auch außerhalb von Projekten ein. Auch einem Linienteam kann es helfen, sich bewusst Zeit zu nehmen, um anzusprechen, was gut in der Zusammenarbeit war und was schlecht und vor allem, warum es so war.
> Nach ein paar Monaten (5–8 Sitzungen) entsteht in der Regel ein guter Erfolg.

3.2.13 Handyfreier Urlaub

Ein schönes Beispiel, wie Unternehmen aus den Wissenschaften die richtigen Schlüsse ziehen können, ist FullContact, ein amerikanisches Softwareunternehmen. Dort werden Mitarbeiter mit 7.500 Dollar Bonus belohnt, wenn sie ihre Mails im Urlaub nicht abrufen. Es gibt eine Prämie für Erholung. Natürlich ist das für manche motivierten Mitarbeiter zunächst befremdlich, aber ein Schritt in die richtige Richtung. Die Prämie ist aus unserer Sicht nicht optimal, ein weiterer Urlaubstag wäre geschickter (s. Kap. 3.2.2), aber sie ist besser als der Versuch, die Mitarbeiter über Mailserversperren zu zwingen. Aber auch das ist ein Versuch, dem Digital Overload zu entkommen: die Sperrung des Mailservers ab 20.00 Uhr (oder später). Dies wird von vielen als zu scharfer Eingriff in die Arbeitsautonomie empfunden und ist in vielen Fällen unkomfortabel, z. B. bei eiligen Projekten.

Eine bessere Lösung ist da das automatische Löschen der Mails, die im Urlaub eintreffen, ein Pilotprojekt, das Daimler gestartet hat und dem sich immer mehr Unternehmen anschließen.

Beim Thema Urlaub ist es auch möglich, in eine andere Richtung zu denken. Es gibt inzwischen Unternehmen, die keinen Jahresurlaub mehr vorgeben, sondern jeder kann so viel Urlaub nehmen, wie er braucht. An dieser Stelle gilt natürlich wieder der Hinweis: Zu Risiken und Nebenwirkungen mit Gewerkschaften und Betriebsrat fragen Sie Ihren Anwalt.

3.2.14 Leistungsfähigkeit und Urlaub

Wie das Thema »Begeisterte Hochleistung« zu einem Unternehmensziel operationalisiert werden kann, macht United Domains vor. Der Internetanbieter aus Starnberg belohnt die Teilnahme an Lauf- und Yogatreffs mit Urlaubstagen. Wer eine bestimmte Anzahl von Sporteinheiten absolviert hat, bekommt einen zusätzlichen Urlaubstag. Hier wenden wieder viele ein: Das ist ja Privatsache. Unsere Argumentation ist: Das Wertschöpfungspotenzial fitter Mitarbeiter ist eben ein Wettbewerbsfaktor, es ist nicht (nur) Nächstenliebe, sondern wirtschaftlich sinnvoll.

3.2.15 Fairnessrunden

Jede Führungskraft hat bereits gehört, wie wichtig ein faires Verhalten gegenüber dem Mitarbeiter ist. Darüber kann inzwischen auch die Neurowissenschaft gute Aussagen treffen.

Eine Studie zur Fairness stammt von Nowak und anderen (Nowak, 2000). Die Grundlage bildet das Ultimatum-Spiel: Der Mitspieler A erhält 10 Euro und darf die Summe beliebig aufteilen zwischen sich und Mitspieler B. Mitspieler B kann den von A angebotenen Betrag annehmen, womit beide Geld bekommen. Er kann aber auch ablehnen, dann erhält niemand etwas. Falls also Mitspieler B die ihm angebotene Summe ablehnt, verliert auch Mitspieler A sein Geld.

Der »rationale« Mitspieler B müsste ab einem Cent den Deal annehmen, denn er hat dann mehr als vorher, er hat also etwas gewonnen. In der Realität nimmt kaum ein Mitspieler einen Cent an, sondern lässt den Deal platzen. Erst ab ca. drei bis fünf Euro nehmen die meisten an. Daraus folgt im Hinblick auf die Fairness: Menschen schaden sich eher selbst, als dass sie unfaires Verhalten eines anderen akzeptieren.

Das ist nicht rational, sondern biologisch. Der Scanner zeigt die Gehirnareale, die bei der Ablehnung eines unfairen Angebots aktiviert werden. Es ist überraschenderweise das dopaminerge Belohnungssystem! Wir werden von unserem Gehirn dafür belohnt, dass wir unfaire Menschen bestrafen, auch wenn es zu unserem Nachteil ist.

> **Goldene Management-Regel**
>
> Das bedeutet im Unternehmenskontext, dass Fairness einer der wichtigsten Werte ist. Dazu sollten regelmäßig Fairnessrunden durchgeführt werden, in denen die Mitarbeiter befragt werden, ob sie sich fair behandelt fühlen und was nötig ist, um noch mehr Fairness zu erzeugen. Fair behandelt zu werden heißt aber nicht, gleich behandelt zu werden. Es darf durchaus eine Ungleichbehandlung in Bezahlung oder Verantwortlichkeit stattfinden.

3.2.16 Meetingreduktion

Bis Ende des letzten Jahrtausends war die wissenschaftliche Gemeinde nahezu einig, dass körperlicher Schmerz sehr klar von emotionalem Schmerz zu trennen ist. Ein Beinbruch ist etwas völlig anderes als eine Trennung oder der Verlust eines geliebten Menschen. Die Grundlage ist philosophisch der Dualismus von Descartes: die Trennung zwischen Körper und Geist. So haben sich Sprichworte entwickelt wie: »Der Geist ist willig, aber das Fleisch ist schwach.« Schwach ist hier jedoch nur die wissenschaftliche Basis, diese Trennung zwischen Kopf und Herz, Körper und Geist gibt es nicht.

Wie stark Emotionen und Verhalten zusammenhängen, dazu haben Matthew Liebermann und Kollegen vor einigen Jahren eine Untersuchung gemacht. Sie haben Versuchspersonen zu dritt »Cyberball«, eine Art virtuelles Tennis, spielen lassen. Ein Spieler wurde währenddessen von dem Spiel durch die anderen beiden ausgeschlossen und ein Hirnscanner nahm auf, was im Kopf des ausgeschlossenen Spielers passierte. Die Gehirnregion, die für körperlichen Schmerz zuständig ist, war auch bei emotionalem Schmerz besonders aktiv. Wenn ein Spieler ausgeschlossen wird, empfindet er neuronal Schmerzen, so als würde er ständig vor das Schienbein getreten. An eine gute Arbeitsleistung ist bei ständigem Schmerz nicht zu denken. Auch das haben wir der Evolution zu verdanken. Schmerz ist ein wichtiges Signal und eine Art Vorfahrtsstraße unter den Nervenzellen. Wenn wir uns verbrennen, dann sollen wir nicht warten, bis Zeit ist, die Hand aus dem Feuer zu nehmen, sondern müssen sofort reagieren.

Neurobiologisch bedeutet das in diesem Fall auch: Bevor uns dieser Mechanismus bewusst wird, ist unser Alarmsystem bereits aktiviert. Wenn wir unsere Hand im Feuer haben, müssen wir nicht erst darüber nachdenken, sie zurückzuziehen. Übertragen auf unser Berufsleben bedeutet das: Wenn wir Außenseiter sind, müssen wir nicht erst nachdenken, bevor unser Gefahrenabwehrsystem aktiviert wird.

In diesem Zusammenhang ist ein weiterer spannender Punkt die inflationäre Verbreitung von schmerzhemmenden Medikamenten. Diese wirken auf die Schmerzvorfahrtsstraße und machen die Neuronen unempfindlicher. Durch die Medikamenteneinnahme sollten die Menschen also auch für sozialen Schmerz unempfindlicher sein. Problematisch wird es durch einen Anpassungseffekt. Das Gefahrensignal Schmerz hat durch die Medikamente eine schmalere Vorfahrtsstraße. Wenn wir unsere Hand verbrennen, muss das Signal also stärker sein, damit wir die Hand zurückziehen können. Wenn wir aus der Gruppe ausgeschlossen werden, muss das Signal stärker sein, damit es angemessen wahrgenommen wird. Werden die Schmerzmittel nun abgesetzt oder reduziert, dann haben wir ein überstarkes Signal auf der nun wieder breiten Vorfahrtsstraße des Schmerzes. Das Ergebnis sind Menschen, die extrem stark auf soziale Störung und Ausgrenzung reagieren. Diese Mitarbeiter brauchen ständige Bestätigung, dass sie für die Gruppe wichtig sind. In diesem Fall hat ein biologischer Eingriff für eine soziale Verschiebung gesorgt.

> **!** **Neuro-agile-Tipp**
> Menschen mit chronischem Schmerz (Migräne oder häufigen Rückenschmerzen) haben unter Umständen eine veränderte soziale Wahrnehmung, wenn sie dagegen Schmerzmittel nehmen.

Wichtig ist die neue neurobiologische Erkenntnis, dass ein sozialer Ausschluss zu denselben Schmerzsymptomen im Gehirn führt wie körperlicher Schmerz, in Bezug auf Meetings. Dies ist der Grund, warum bei Meetings so viele Teilnehmer erscheinen, obwohl die Anwesenheit nicht zwingend erforderlich gewesen wäre.

Bei einem Nichterscheinen sind die Schmerzbahnen wegen des sozialen Ausschlusses aktiviert. Hier helfen nur eine sehr gute Kommunikation und das Wissen um diese »Falle«. Ich habe »Falle« in Anführungsstriche gesetzt, weil sie unsere Vorfahren noch vor dem Ausgestoßensein aus dem lebenswichtigen Clan bewahrt hat. Unter diesem Blickwinkel hat die Teilnahme an Meetings eine ganz andere Bedeutung.

> **Goldene Management-Regel**
> Die Agenda ist nicht nur für die Anwesenden wichtig, sondern ebenfalls für die Abwesenden.
> Das Protokoll ist nicht nur für die kommenden Aufgaben entscheidend, sondern auch für die Nicht-Anwesenden ein wichtiges Instrument der Zugehörigkeit.

3.2.17 Beurteilung durch die eigenen Leute

Ein lohnenswerter Roman ist John Streleckys »Das Leben gestalten mit den Big Five for Life: Das Abenteuer geht weiter«, Fortsetzung des Buches »The Big Five for Life«. Der Roman erzählt die Geschichte des kanadischen Unternehmens DLGL, Human Resources Software (www.dlgl.com). Eine Idee dieses Unternehmens ist es, auf Beurteilungen durch die Führungskraft zu verzichten und stattdessen alle drei Monate eine Beurteilung durch die Mitarbeiter durchzuführen, anhand nur einer einzigen Frage: »Was hat der Kollege in den letzten drei Monaten durch sein Engagement zum Erfolg beigetragen?«

Es gibt eine Bewertung von 1 (nichts) bis 10 (unglaublich, außergewöhnlich viel) und jeder Kollege bewertet jeden. Den Durchschnitt erhält nur die Geschäftsleitung und dieser Durchschnitt ist der Indikator für Engagement. Wer sollte dies besser beurteilen als die Kollegen zusammen? Die Verantwortlichkeit liegt dort, wo sie hingehört.

Natürlich ist dies nur in einer überschaubaren Gruppe möglich, im Konzern mit 40.000 Mitarbeitern ist das kein praktikabler Weg. Hier bieten sich Gruppen (Abteilungen, Teams, Einheiten) mit einer Größe von 30 bis 150 Menschen an. Und natürlich ist so etwas nur mit dem Betriebsrat, den Juristen, der HR-Abteilung und in Kommunikation mit den Mitarbeitern umsetzbar. Die Idee, die Verantwortung für die Beurteilung der Leistung auf die Mitarbeiter zu übertragen, entspricht dem neuro-agilen Unternehmenskonzept.

> **Goldene Management-Regel**
> Es lohnt sich, über hierarchiefreie Beurteilungen nachzudenken.

3.3 Neuro-agile Konzepte in der Praxis

Wie Neurotransmitter unser Verhalten beeinflussen und wie wir durch die Beeinflussung unserer Gehirnbotenstoffe leistungsfähiger, gerechter, antriebsstärker und entspannter werden, lesen Sie auf den nächsten Seiten.

3.3.1 Dopamin: unser Drogendealer

Dopamin ist unser körpereigenes Drogenhormon. Es macht uns high. Wir erhalten durch unseren hirneigenen Drogendealer immer Dopamin, wenn etwas unerwartet Tolles passiert: ein Kuss, schöne Musik, ein erfolgreicher Anruf, ein Lob vom Chef, ein gutes Gespräch, ein Keks, all das sorgt für eine Dopaminausschüttung.

Für Unternehmen ist der große Vorteil dopaminerger Mitarbeiter die erhöhte Veränderungsbereitschaft. Dopamin lässt uns neugierig und wissensdurstig werden, insofern ist es eigentlich unser Lern- und Veränderungshormon. Kein Change ohne Dopamin!

Persönliche Tipps zur Steigerung des Dopaminspiegels
- Bewegung: Aufstehen, herumgehen – Bewegung sorgt für Dopamin. Im Idealfall in Form von sportlicher Betätigung, aber auch schon durch Aufstehen und Herumlaufen wird die Dopaminausschüttung gesteigert.
- Eiweiß: Dopamin wird aus Tyrosin gebildet, diese Aminosäure ist besonders in Mandeln, Avocados, Bananen, fettarmen Milchprodukten, Fleisch und Geflügel enthalten. Letztlich ist es wahrscheinlich nicht wichtig, welches Eiweiß Sie essen, Hauptsache, Sie essen ausreichend davon.
- Antioxidantien: Vor allem Gemüse, aber auch Obst ist reich an Antioxidantien. Abwechslungsreiche und große Mengen an Gemüse sorgen für Antioxidantien.
- »Western Diet« verhindern: Viele Kohlenhydrate in Kombination mit schlechten Fetten verhindern die Dopaminausschüttung.
- Steigerung auf pflanzlichem Wege: Mucuna pruriens (Juckbohne) kann den Dopamingehalt im Gehirn steigern.

Tipps: Was können Unternehmen tun?
- Ziele: Stecken Sie sich ein begeisterndes Ziel, lassen Sie SMART einmal kurz SMART sein und suchen Sie sich ein Ziel, dass Sie völlig begeistert.
- Vergangenheit: Was war früher super, was war im letzten Projekt am tollsten?
- Bauen Sie eine Erfolgswand auf, die Erinnerung an die Erfolge fördert Ihr Dopamin wieder.
- Führen Sie ein Lobsystem (Heftzettel oder Bücher) ein: Lob steigert Dopamin.
- Buchempfehlung zum Thema: Spitzer, M., »Dopamin und Käsekuchen«.

3.3.2 Cortisol: Alarmsignal ohne Alarm

Cortisol ist das Energiehormon, das dem Körper bei höherer Belastung zu höherer Leistung verhilft. Daher wird es auch als Stresshormon bezeichnet. Cortisol versetzt den Körper in eine Art Alarmzustand, das ist akut sehr gut, aber chronisch ein Problem. Wir brauchen Cortisol, um Energie in die Muskeln zu bekommen, bei Lebensgefahr ist das ein super Alarmmechanismus, bei Bürostress natürlich nicht. Es ist eine Art »falscher Alarm« Die Cortisolmessung ist eine objektive Methode zur Beurteilung des Grades von Erschöpfung und von Leistungsbereitschaft.

Persönliche Tipps zur Steigerung des Cortisolspiegels
- Der erste Tipp: Lassen Sie Ihr Cortisol messen. Es ist ganz einfach: drei Speichelproben morgens, mittags, abends entnehmen.
- Biorhythmus. Der Mastertipp für einen optimalen Biorhythmus:
    - Stehen Sie immer zur gleichen Zeit auf.
    - Der Tag hat 12 Stunden für volle Aktivität ...
    - ... und 12 Stunden für Ruhe (Schlafen, Lesen und ein gutes Gespräch).
    - Alkohol gehört zu den Aktivitäten, Fernsehen auch.
- Ärztliche Abklärung: Wenn die Verbesserung des Biorhythmus nicht hilft, dann ist es sinnvoll, ärztlich abklären zu lassen, ob eine Nebenniereninsuffizienz vorliegt.
- Als Nahrungsergänzung könnte Lakritz helfen, aber nicht als Süßigkeit, sondern aus dem Reformhaus.
- Probieren Sie Südfrüchte: Ananas, Papaya und Mango.
- Lassen Sie den Vitamin-D-Spiegel messen und substituieren Sie bei Bedarf Vitamin D. Ein zu niedriger Spiegel steht im Zusammenhang mit einem Cortisolmangel.

Tipps: Was können Unternehmen tun?
- Zahlen Sie den Mitarbeitern Vitamin-D-Messungen und Vitamin D, günstiger können Sie keine Prävention betreiben.
- Bieten Sie Psycho-Neuro-Immunologische Sprechstunden an, bieten Sie Cortisolmessungen an, die sind günstig und ein exzellenter Indikator für Überbelastung und Energieverlust.
- Buchempfehlung zum Thema: Pruimboom, L., »Wirkkochbuch«; Spörer, S./ Prieß, A., »Selbst- und Projektmanagement«.

3.3.3 BDNF: das Schlauhormon

BDNF (brain-derived neurotrophic factor) ist der Gehirndünger. Wenn wir Lernen als synaptische Veränderung von Nervenzellen verstehen, dann gibt es einen Stoff, der eine wichtige Rolle dabei spielt, diese synaptischen Veränderungen zu unterstützen. Viel BDNF heißt viel Lernen, wenig BDNF bedeutet wenig neue Verschaltungen. Das gilt für jedes Alter, für die Reifung und Impulskontrolle bei kleinen Kindern bis zum Demenzrisiko.

Persönliche Tipps zur Steigerung des BDNF-Spiegels
- Musik: Musizieren Sie. Egal, wie gut Ihre musikalischen Talente ausgeprägt sind: Wille, Lautstärke ☺ und Spaß zählen, nicht Leistung.
- Intensives Training und Kontaktsportarten wie Fußball, Handball, Basketball.
- Vermeidung von Junkfood. Hier besteht ein Zusammenhang zwischen Darm und Gehirn, je kränker (entzündeter der Darm), desto weniger BDNF wird gebildet. Ernährung ist ein Hauptentzündungsgrund und kann damit die Ursache der Ursache der Ursache für BDNF-Mangel sein.

Tipps: Was können Unternehmen tun?
- Fördern Sie immer soziale Kontakte. Wenn Sie schlaue und kreative Mitarbeiter wollen, dann muss es Spaß machen, die Kollegen zu sehen: Spannenderweise erreichen Sie dies am besten über die Förderung von nicht arbeitsbezogenen Aktivitäten (Grillen, gemeinsame Ausflüge).
- Fördern Sie intensives Training und Kontaktsportarten wie Fußball, Handball, Basketball.
- Lassen Sie Sinn für die Mitarbeiter zu, stellen Sie den Mitarbeitern die Fragen: Warum arbeiten Sie in diesem Unternehmen? Was ist Ihr persönlicher Lebenssinn? Wie passen Ihre Lebensziele zu den Unternehmenszielen?
- Buchempfehlung: Strelecky, J., »Big Five for Life«.

3.3.4 Testosteron: Kraft und Tatendrang

Testosteron ist viel mehr als nur ein Männlichkeitshormon. Es verändert das Verhalten. Ein hoher Testosteronspiegel (in Verbindung mit dem Hormon Cortisol) macht mutiger und entscheidungsfreudiger. Das ist die gute Nachricht für die Unternehmen: Wenn Mitarbeiter einen hohen Testosteronspiegel haben, dann entsteht leichter Fortschritt.

Für die Mitarbeiter hat ein hoher Testosteronwert den Vorteil, eine optimale Körperzusammensetzung zu wahren. Es hilft beim Muskelaufbau und verhindert die Fettspeicherung.

Persönliche Tipps zur Steigerung des Testosteronspiegels
- Erhöhen Sie die Einnahme von essenziellen Fettsäuren. Gute Quellen dafür sind Erdnüsse, Avocados, Fisch und gesunde Öle wie Leinsamen- und Olivenöl. Dies ist ein guter Weg, um den Testosteronspiegel natürlich zu erhöhen.
- Senken Sie den Konsum von Alkohol. Alkohol wirkt sich negativ auf den Testosteronspiegel aus.
- Steigern Sie Ihre sexuelle Aktivität. Da Hormone immer in Wechselwirkung zum Verhalten stehen, steigern Sie das Hormon durch das Verhalten. Viel Sex führt zu viel Testosteron und viel Testosteron führt zu viel Sex.
- Achten Sie auf einen hohen Zinkgehalt in der Nahrung oder nehmen Sie ein Zinkpräparat.

Tipps: Was können Unternehmen tun?
- Richten Sie einen Kraftraum ein: Bringen Sie den Mitarbeitern einfache Grundübungen als Grundlage ihres Trainings bei: Kniebeugen, Rudern, Bauchübungen und Rückenstabilisation.
- Gestalten Sie aktive Pausen mit Kraftübungen für den oberen Rücken (viele Androgenrezeptoren).
- Führen Sie regelmäßig Erfolgsrunden durch. Lassen Sie die Mitarbeiter von Erfolgen erzählen.
- Holen Sie sich einen Vortrag über »Power Posing«. Allein über Körperhaltung und -spannung erhöhen Sie den Testosteronspiegel.
- Buchempfehlung: Michalk, C., »Das Handbuch zu Ihrem Körper«.

3.3.5 Oxytocin: das Bindungshormon

Beim Fußball wurde festgestellt, dass Mannschaften, die sich mehr berühren, erfolgreicher sind. Menschen, die einen höheren Oxytocinspiegel haben, haben mehr Vertrauen zu anderen, geben einem Fremden z.B. größere Geldbeträge, als Menschen mit einem niedrigeren Spiegel des Vertrauenshormons. Vertrauen bedeutet zunächst Risiken einzugehen, das Hormon hilft dabei, indem es das Angstzentrum beruhigt und uns gelassener werden lässt. Auch gesundheitliche Vorteile werden gerade erforscht und diskutiert. So wird in der neueren Forschung das Hormon mit einer jungerhaltenden Wirkung auf die Muskeln und einer verbesserten Regeneration nach Verletzungen in Verbindung gebracht.

Persönliche Tipps zur Steigerung des Oxytocinspiegels:
- Sorgen Sie für viele Berührungen.
- Stellen Sie ein Bild Ihres (oder eines) Säuglings auf. Der Anblick reicht. Ein hoher Serotonin-Spiegel steht in Zusammenhang mit einem hohen Oxytocinspiegel. Gelassenheit, Glück und Zuneigung sind also Zwillinge.

Tipps: Was können Unternehmen tun?
- Führen Sie ein Delegation Board ein. Es schafft Klarheit über Verantwortlichkeit.
- Sorgen Sie für Transparenz, auch bei Themen wie Gehalt, Leistung, Aufgaben und Vereinbarungen.
- Nutzen Sie weitere agile Methoden und Techniken, um Vertrauen zu stärken.
- Buchempfehlung: Bartens, W., »Wie Berührung hilft«.

3.3.6 Melatonin: Schlafen ist die beste Medizin

»Schlafen kann ich noch, wenn ich tot bin.« Die Prophezeiung in dieser »Weisheit« einiger Berater kann sich für die Wenigschläfer sehr schnell erfüllen. Der Schlaf ist für alle Reparaturprozesse im Körper essenziell.

Ohne guten Schlaf findet keine ausreichende Heilung von Wunden statt. Und Wunden ziehen wir uns täglich viele zu, die Belastungen oder unser täglicher Stress fügt dem Körper Schaden zu. Ob das ein Bakterium, ein Virus, Geldsorgen, ein enges Projekt oder ein Übermaß an Sport ist, auf eine Belastung sollte immer auch Regeneration folgen. Melatonin hilft uns, diese Regeneration zu ermöglichen.

Persönliche Tipps zur Steigerung des Melatoninspiegels:
- Messen Sie Melatonin bei Schlafstörungen.
- Halten Sie Ihr Schlafzimmer dunkel und ruhig.
- Keine Mediennutzung nach 20.00 Uhr.
- Kaufen Sie sich eine Blaulichtfilterbrille.

Tipps: Was können Unternehmen tun?
- Klären Sie Mitarbeiter, besonders im Schichtdienst, über die optimale körpereigene Herstellung von Melatonin auf.
- Sorgen Sie für Rahmenbedingungen, damit jeder Mitarbeiter 30 Minuten am Mittag draußen verbringt.
- Seien Sie bei Nebentätigkeiten wachsam, eine abendliche Nebentätigkeit kann zu massiven Leistungseinbußen führen.
- Bieten Sie den Mitarbeitern Sprechstunden zur individuellen Betreuung bei Schlafproblemen. Jeder Euro zahlt sich x-fach aus.
- Buchempfehlung: Spork, P., »Das Schlafbuch«.

3.3.7 Serotonin: entspanntes Glück

Serotonin wird häufig mit Depressionen in Verbindung gebracht, ein Mangel kann Verstimmungen bis hin zu psychischen Erkrankungen nach sich ziehen. Haben Menschen einen Drink mit viel Serotonin (eigentlich mit viel Tryptophan, dem Vorläufer von Serotonin) erhalten, dann werden diese Menschen weniger empfindlich gegenüber Ungerechtigkeiten. Sie lassen also »fünfe« gerade sein.

Andererseits werden Menschen, deren Serotoninspiegel Forscher künstlich gesenkt haben, sehr ungehalten gegenüber Ungerechtigkeiten. Das könnte der evolutionäre Sinn von Depressionen sein: sich und die Gruppe vor Ungerechtigkeit schützen.

Wenn Sie viele Mitarbeiter mit einem niedrigen Serotoninspiegel in Ihren Teams haben, dann bedeutet das für die Führungskraft, dass sich diese nur in einer Rechtfertigungsschleife der Gerechtigkeit befindet. Nicht weil das Unternehmen die Mitarbeiter unfair behandelt, sondern weil es von den Mitarbeitern mit niedrigem Serotoninspiegel so empfunden wird.

Persönliche Tipps zur Steigerung des Serotoninspiegels
- Achten Sie auf ausreichend L-Tryptophan.
- Messen und substituieren Sie ggf. die Vitamine B3 und B6 sowie Magnesium und Zink. Außerdem scheinen vor allem Vitamin D und Omega-3-Fette eine positive Wirkung auf den Serotoninspiegel zu haben. Sie können Entspannung also essen.
- Als pflanzliche Ergänzung zur natürlichen Steigerung kommen Rhodiola rosea (Rosenwurz) und Griffonia infrage.

Tipps: Was können Unternehmen tun?
- Was sind die glücklichen Momente für den Mitarbeiter?
- Fragen Sie den Mitarbeiter, wie dieser einmal am Tag völlig zur Ruhe kommen kann (z. B. Meditation, ein kurzer Spaziergang, eine Auszeit vom Telefon etc.), und dann ermöglichen Sie es ihm.
- Sorgen Sie in der Kantine für ein Serotonin-Gericht, z. B. Fisch statt Nudeln.
- Buchempfehlung: Watzlawik, P., »Anleitung zum Unglücklichsein«.

3.4 Umsetzung: Peak Performance

3.4.1 Peak Performance: 21-Tage-Challenge

Wie oben ausgeführt, ist ein guter Lebensstil die Bedingung für begeisterte Hochleistung. Ein guter Start ist diese Challenge (wenn Sie nicht die Talente »Wettbewerb/Höchstleistung« haben, nennen Sie es einfach Wohlfühlprogramm). Eine Challenge macht nur für bestimmte Menschen Sinn.

Aus unserer Sicht sind hier vier Säulen für die erste Umsetzung entscheidend:
- Ernährung, inkl. Nahrungsergänzung
- Schlaf
- Bewegung
- Mentale Stärke und Resilienz

3.4.1.1 Ernährung

1. Lassen Sie Gluten, Getreide, Milch, Soja, Hülsenfrüchte für 14 Tage weg und nehmen Sie diese danach einzeln für drei Tage wieder in die Ernährung auf, dann erkennen Sie über Müdigkeit, auf welche Produkte Sie mit Energieabfall durch Immunreaktion reagieren. Bei ca. 50% der Teilnehmer ist dies Getreide.
2. Machen Sie fünf Stunden Pause zwischen den Mahlzeiten.
3. Erhöhen Sie den Eiweißanteil auf ca. 1g Eiweiß/kg Körpergewicht

3.4.1.2 Schlaf

1. Sorgen Sie für sieben bis acht Stunden Schlaf.
2. Sorgen Sie für eine dunkle Schlafumgebung und für eine regenerationsfördernde Abendgestaltung (kein Fernsehen, kein Alkohol, keine emotionale Belastung).
3. Für wirkliche Tiefschlaferholung ist muskuläre Erschöpfung erforderlich.

3.4.1.3 Bewegung

1. Lassen Sie Ihren Grundlagenausdauerbereich I bestimmen (Spiroergometrie oder Laktat).
2. Setzen Sie sich Termine für dreimal 45 Minuten Nüchterntraining in diesem Bereich, durch Messung mit einer Pulsuhr.

3. An den »Nicht-Sport-Tagen« gehen Sie 30 Minuten spazieren, das zahlt auch auf den Schlaf ein.

3.4.1.4 Mentale Stärke und Resilienz

1. Lernen Sie eine Entspannungstechnik (Meditation, Yoga, progressive Muskelentspannung) und wenden Sie diese jeden Tag zwei Minuten an.
2. Führen Sie am Abend ein Erfolgstagebuch, so ähnlich wie die »Was war heute besonders toll«-Frage an die Kinder.
3. Erzählen Sie mindestens einmal pro Tag einem Menschen von Ihrer »knallgeilen Zukunft«.

Neuro-agile-Tipp
Halten Sie diese Challenge 21 Tage durch und nehmen Sie sich dann von den oben vorgeschlagenen 12 Punkten mindestens 6 heraus, die Ihnen guttun und die leicht umzusetzen sind. Welche das sind, ist wahrscheinlich egal. Hauptsache, es tut Ihnen gut.

3.4.2 Checkliste für das Unternehmen

Goldene Management-Regel
Hier sind die wichtigsten Vorschläge für eine agile Organisation aufgeführt. Lassen Sie doch die Mitarbeiter abstimmen, was sie benötigen:
- Teamerlebnisse und Freundschaftsmöglichkeiten
- Fairnessrunden
- Meetingreduktion
- Peer Feedback
- Pair Working
- Verantwortlichkeitsmatrix
- Einstellung durch das Team
- Slack Time
- Bar Camps
- Abschaffung von Boni und Prämien, Profit Sharing
- Entwicklungskarte
- Belastungssteuerung

4 Schlusswort: Bleiben Sie glücklich und erfolgreich!

Nun haben Sie viele Anregungen und auch die notwendigen Zutaten zum Glücklich-Bleiben, für Top-Leistung und Erfolg. Was gibt es noch zu sagen?

Machen Sie sich keinen Stress mit dem Glück!

Unsere Emotionen schwanken, wir sind an einem Tag ohne Grund glücklicher, an anderen wieder schlechter drauf. Das ist ganz normal. Der Imperativ »Sei immer glücklich!« führt nicht automatisch zu Glück. Seien Sie entspannt mit Ihrer Erwartung an Ihr Glück.

Und lassen Sie sich nicht Bange machen von den vielen Ideen, setzten Sie die Ideen um, die für Sie passen. Nicht für jeden ist jeder Tipp das Richtige. Auch diese Erkenntnis erschließt sich aus dem gesunden Menschenverstand. Testen Sie die Tipps für sich aus und halten Sie es mit folgendem Motto:

> *Die höchste Form des Glückes ist ein Leben*
> *mit einem gewissen Grad an Verrücktheit.*
> Erasmus von Rotterdam

In diesem Sinne hoffen wir, Ihren Blickwinkel auf Ihr bisheriges und Ihr zukünftiges Leben ein bisschen »verrückt« zu haben.

Aus den Neurowissenschaften haben wir gelernt: Nicht nur Ankommen macht glücklich, sondern auch der Weg, nicht nur die Erreichung des Zustandes, sondern das Streben danach. Suchen Sie einen Weg, der Sie glücklich macht – mit Ihrer Mischung aus den genannten und Ihren eigenen Zutaten.

Und mit einem Schlusswort von Demokrit:

> *Mut steht am Anfang des Handelns, Glück am Ende.*
> Demokrit

kommen wir zu unserem Schlussappell:

Fangen Sie einfach an, Ankommen ist kein Ziel, sondern der Weg!

Ihre Autoren
Arne Prieß und Sebastian Spörer

Quellen und Literatur

Adam E., Kumari M.: Assessing salivary cortisol in large-scale epidemiological research, Psychoneuroendocrinology, 34:1423–36, 2009.

Adolphs, R.: The social brain: neuronal basis of social knowledge, Annual Review of Psychology, 60: 693–716, DOI: 10.1146/annurev.psych.60.110707.163514, Feb 2009.

Al-Dujaili, E.: Effect of Glycaemic index of the diet on salivary cortisol and testosterone levels in females, Society for Endocrinology BES 2007, 6–8 Mar 2007.

Bartens, W.: Wie Berührung hilft. München: Knaur, 2014

Berman, M. G. et al.: The cognitive benefits of interacting with nature, Psychological Science, 19(12): 1207–1212, DOI: 10.1111/j.1467-9280.2008.02225.x, Dec 2008.

Bickart, K. C. et al.: Amygdala volume and social network size in humans, Nature Neuroscience, 14: 163–164, DOI: 10.1038/un.2724, Feb 2011.

Brassen, S. et al.: Don't look back in anger! Responsiveness to missed chances in successful and nonsuccessful aging, 336: 612–614, DOI: 10.1126/science.1217516, May 2012.

Brunstein, J.C.: Personal goals and emotional well-being: the moderating role of motive dispositions. J Pers Soc Psychol.;75(2):494–508, 1998.

Casey, B. J. et al.: Behavioral and neural correlates of delay of gratification 40 years later, PNAS, 108: 14998–15003, DOI: 10.1073/pnas.1108561108, Sep 2011.

Czoty, P. W., Gould, R. W., Nader, M. A.: Relationship between social rank and cortisol and testosterone concentrations in male cynomolgus monkeys (Macaca fascicularis), Journal of Neuroendocrinology, 21: 68–76, 2009.

Danner, D. D. et al.: Positive emotions in early life and longevity: Findings from the Nun study, Journal of Personality and Social Psychology, 80(5): 804–813, DOI: 10.1037/0022-3514.80.5.804, May 2001.

Danziger, S., Levav, J., Avnaim-Pesso, L.: Extraneous factors in judicial decisions. Proceedings of the National Academy of Sciences, NY 10027, DOI: 10.1073/pnas.1018033108, 2011.

Dar-Nimrod, I., Steven, J. H.: Exposure to scientific theories affects women's math performance, Science, 314(5798):435, Oct 2006.

Dong, L. et al.: Maternal care, hippocampal glucocorticoid receptors, and hypothalamic-pituitary-adrenal responses to stress, Science 277(5332): 1659–1662, DOI:10.1126/science.277.5332.1659, Sep 1997.

Dulcis, D. et al.: Neurotransmitter switching in the adult brain regulates behavior, Science 340:449–453, 2013.

Dunbar, R. I. M.: Neocortex size as a constraint on group size in primates, Journal of Human Evolution, 20: 469–493, DOI: 10.1016/0047-2484(92)90081-J, Jun 1992.

Evans, D. et al.: TOR signaling never gets old: Aging, longevity and TORC1 activity, Ageing Research Reviews, 10: 225–37, 2011.

Frank, L. M., Brown, E. N., Stanley, G. B.: Hippocampal and cortical place cell plasticity: Implications for episodic memory, Hippocampus, 16(9): 775–784, DOI: 10.1002/hipo.20200, Aug 2006.

Forgas, J. P. et al.: Can bad weather improve your memory? An unobtrusive field study of natural mood effects on real-life memory, Journal of Experimental Social Psychology, (45): 254–257, DOI: 10.1016/j.jesp.2008.08.014, Jan 2009.

Glimcher, P. et al. (EDS.): Neuroeconomics: Decision making and the brain, Cambridge, MA: MIT Press, 2003.

Lyubomirsky, S., King, L., Diener, E.: The benefits of frequent positive affect: Does happiness lead to success? Psychological Bulletin, Vol 131(6): 803–855, DOI:10.1037/0033-2909.131.6.803, Nov 2005.

Manthey, L. et al.: Antidepressant use and salivary cortisol in depressive and anxiety disorders, Eur Neuropsychopharmacology, 21: 691–699, DOI:10.1016/j.euroneuro.2011.03.002, Epub 1 Apr 2011, Sep 2011.

Miller, G.: The brain's social network, Science, 334(6056): 578–579, DOI: 10.1126/science.334.6056.578, Nov 2011.

Nowak, M. A., et al.: Fairness versus reason in the ultimatum game, Science 289(5485): 1773-1775, DOI:10.1126/Science.289.5485, 2000.

Ochsner, K. et al.: Common representation of pain and negative emotion in the midbrain periaqueductal gray, Social Cognitive and Affective Neuroscience, 8(6): 609–616, DOI:10.1093/scan/nss038, Aug 2012, Epub 24 Mar 2012.

Ochsner, K.: Rethinking feelings: An fMRI study of the cognitive regulation of emotion, Journal of Cognitive Neuroscience, 4(8): 1215–1229, 2006.

Olds, J., Miller, P.: Positive reinforcement produced by electrical stimulation of septal area and other regions of rat brain, Journal of Comparative and Physiological Psychology, 47(6): 419-427, Dec 1954.

Ophir, E.: Cognitive control in media multitaskers, PNAS, 106(37): 15583–15587., DOI:10.1073/pnas.0903620106, Apr 2009.

Peters, A. et al.: The selfish brain: competition for energy resources, Neuroscience and Biobehavioural Reviews; 28:143–80, Apr 2004.

Pfaff, D. W.: Brain Arousal and Information Theory, Harvard University Press, Dec 2005.

Pfattheicher, S., Landhäußer, A., Keller, J.: Individual differences in antisocial punishment in public goods situations: The interplay of cortisol with testosterone and dominance, Journal of Behavioral Decision Making, 27: 340–348, DOI:10.1002/bdm.1811, Oct 2014.

Plessow, F.: Better not to deal with two tasks at the same time when stressed? Acute psychosocial stress reduces task shielding in dual-task performance, Cognitive, Affective & Behavioral Neuroscience, 12(3): 557–570, DOI:10.3758/s13415-012-0098-6, 12 Sep 2012.

Pruimboom, L.: Wirkkochbuch, Hohenems: Bucher, 2014.

Raghunathan, R., Corfman, K.: Is happiness shared doubled and sadness shared halved? Social influence on enjoyment of hedonic experiences, Journal of Marketing Research, 43(3): 386–94, 2006.

Rankin, L.: Warum Gedanken stärker sind als Medizin: Wissenschaftliche Beweise für die Selbstheilungskraft. München: Kösel, 2014.

Resetka, H.-J., Felfe, J.: In Führung gehen. Freiburg: Haufe, 2014.

Roth, G.: Coaching, Beratung und Gehirn, Stuttgart: Klett-Cotta, 2016.

Rowe, J. B. et al.: The prefrontal cortex: response selection or maintenance within working memory? Science, 288: 1656, DOI:10.1126/Science.289.5471.1656, 2000.

Sapolsky, R.: Stress, the aging brain, the mechanismus of neuron death, MIT Press, Cambridge, 329: 1049, DOI: 10.1056/NEJM199309303291423, Sep 1993.

Sapolsky, R. M.: Testicular function, social rank and personality among wild baboons. Psychoneuroendocrinology, 16: 281–293, 1991.

Scheiermann, Ch., Kunisaki, Y., Frenette, PS.: Circadian control of the immune system, Nature Reviews Immunology, 13(3): 190–8, DOI:10.1038/nri3386, Mar 2013, Epub 8 Feb 2013.

Schulz von Thun, F.: Miteinander reden 4: Fragen und Antworten. Reinbek: Rowohlt 2007, S. 49–76

Schwarz, N., Clore, G. L.: Mood, misattribution and judgments of wellbeing: Informative and directive functions of affective states, Journal of Personality and Social Psychology, (45): 513–523, DOI: 10.1037/0022-3514.45.3.513, Sep 1983.

Southwick, S. M., Charney, D. S.: The science of resilience: Implications for the prevention and treatment of depression, Science 338: 79, DOI:10.1126/Science.1222942, 2012.

Spitzer, M.: Digitale Demenz. Wie wir uns und unsere Kinder um den verstand bringen. München: Droemer Knaur, 2012.

Spitzer, M.: Dopamin und Käsekuchen. Stuttgart: Schattauer 2014.

Spitzer, M. et al.: The neuronal signature of social norm compliance, Neuron, 56(1): 185–196, DOI: 10.1016/j.neuron.2007.09.011, Oct 2007.

Spork, P.: Das Schlafbuch. Reinbek: Rowohlt 2008.

Stahl, S.: Das Kind in Dir muss Heimat finden. München: Kailash 2015.

Strelecky, J.: Big Five für for Life. München: dtv 2009.

Terburg, D., Morgan, B., Honk, J.: The testosterone–cortisol ratio: A hormonal marker for proneness to social aggression, International Journal of Law and Psychiatry, 32(4): 216–223, DOI: 10.1016/j.ijlp.2009.04.008, 2009, Epub May 2009.

Toni, N. et al.: Synapse formation on neurons born in the adult hippocampus, Nat Neurosci, 10(6), May 2007: 727–734, DOI: 10.1038/un1980.

Vohs, K. D, Mead, N. L., Goode, M. R.: The psychological consequences of money, 314(5802): 1154–1156, DOI: 10.1126/science.1132491, Nov 2006.

Wang, X. T., Dvorak, R. D.: Sweet future: Fluctuating blood glucose levels affect future discounting; Psychological Science, 21(2): 183–188, 2010.

Watzlawik, P.: Anleitung zum Unglücklichsein. München: Piper 1988.

Wilson, M. A., McNaughton, B. L.: Reactivation of hippocampal ensemble memories during sleep, 265(5172): 676–679, DOI: 10.1126/science.8036517, Jul 1994.

Wood, B., Rea, M. S., Plitnick, B., Figueiro, M. G.: Light level and duration of exposure determine the impact of self-luminous tablets on melatonin suppression, Applied Ergonomics, 44(2): 237–240. DOI: 10.1016/j.apergo.2012.07.008, Epub 31 Jul 2012.

Selbsttest

Neuro-agile Checkliste

1. Arbeitsplatz
2. Stress
3. Biorhythmus
4. Schlaf
5. Immunsystem
6. Selbstmanagement
7. Sinn
8. Bewegung
9. Psychische Gesundheit
10. Soziales Umfeld
11. Entwicklung
12. Partnerschaft
13. Stärken stärken
14. Ernährung

> **Auswertung**
> Bewerten Sie alle Bereiche mit 1 bis 3: 3 = trifft zu (3 Punkte), 2 = trifft teilweise zu (2 Punkte) und 1 = trifft nicht zu (1 Punkt).
> Zählen Sie alle Punkte zusammen und lesen Sie dann die Farbe, die sich aus Ihrer Gesamtpunktzahl ergibt:
> - Grün: 8–9 Punkte
> - Gelb: 6–7 Punkte, keine 1 dabei
> - Rot: Weniger als 6 Punkte oder eine 1 vergeben

1. Arbeitsplatz

Ich weiß genau, was von mir erwartet wird	
Ich freue mich am Wochenende auf den Montagmorgen	
Ich habe sehr gute soziale Beziehungen zu meinen Kollegen	
Gesamt	

Selbsttest

2. Stress

Ich fühle mich sehr selten überlastet	
Ich hatte in den letzten drei Jahren keine stressbezogenen Wehwehchen (Tinnitus, Magenschmerzen, Kopfschmerzen …)	
Ich kann zu Hause sehr gut abschalten	
Gesamt	

3. Biorhythmus

Ich wache an sechs von sieben Morgen fit und völlig ausgeruht auf	
Ich habe Kraft und Energie für 12 Stunden Tätigkeiten am Tag ohne großes Energieloch	
Ich brauche keinen Wecker und wache fast immer zur gleichen Zeit ausgeruht auf	
Gesamt	

4. Schlaf

An sechs von sieben Nächten trifft dies auf mich zu:

Ich bin abends erschöpft vom Tag und schlafe gut ein	
Ich schlafe durch	
Ich wache ausgeruht auf	
Gesamt	

5. Immunsystem

Ich habe keine chronischen Beschwerden (Rückenschmerzen, Achillessehne, Bluthochdruck, Blutzucker, …)	
Ich habe Lust, mich zu bewegen, Lust auf Sport, Lust auf Lust	
Ich bekomme einmal bis viermal in zwei Jahren hohes Fieber	
Gesamt	

6. Selbstmanagement

Ich strukturiere meine Aufgaben immer nach einem Plan	
Ich erledige meine Aufgaben immer pünktlich	
Ich kann mich auf eine Sache konzentrieren	
Gesamt	

7. Sinn

Ich finde meinen Beruf sinnvoll, meine Tätigkeit stiftet Sinn für andere Menschen, die Umwelt etc.	
Ich liefere im privaten, sozialen Bereich einen sinnvollen Beitrag zur Zufriedenheit anderer	
Ich empfinde mein Leben als sinnvoll	
Gesamt	

8. Bewegung

Ich habe Spaß und Freude, mich körperlich zu bewegen	
Ich schlafe abends erschöpft und ausgelastet ein	
Ich habe einen Sport, der mir richtig Spaß macht	
Gesamt	

9. Psychische Gesundheit

Ich fühlte mich in den letzten drei Monaten nie hoffnungslos	
Ich habe in den letzten drei Monaten Freude an neuen sozialen Kontakten	
Ich war in den letzten drei Monaten nicht ängstlich oder niedergeschlagen	
Gesamt	

10. Soziales Umfeld

Schreiben Sie Ihre fünf wichtigsten privaten und Ihre fünf wichtigsten beruflichen Kontakte auf.

Bewerten Sie diese von 1 bis 10 mit der Frage: Wie toll erzählen diese Kontakte über ihr Leben?

Wobei: 1 = Mein Leben ist mies, aber vielleicht wird es besser, man muss ja optimistisch sein; 10 = Mein Leben ist megatoll, ich freue mich auf jeden Tag.

Privat	1–10	Beruflich	1–10
Gesamt		Gesamt	

Auswertung: Soziale Kontakte
- Grün: 39 Punkte oder mehr bei den beiden Gruppen zusammen
- Gelb: 25–38 Punkte bei beiden Gruppen zusammen
- Rot: Weniger als 25 Punkte bei beiden Gruppen zusammen

11. Entwicklung

Ich kenne meine persönlichen Ziele, Träume und Visionen	
Ich habe mich in den letzten fünf Jahren persönlich und beruflich weiterentwickelt (nicht zwingend Karriere im engeren Sinne)	
Ich habe ein Umfeld (Partner, Unternehmen, Chef, Freunde), das meine Entwicklung unterstützt	
Gesamt	

12. Partnerschaft

Ich lebe in meiner Traumkonstellation in Bezug auf meine Partnerschaft	
Ich bin sicher, dass ich in fünf Jahren (weiterhin) meine optimale Partnerschaftskonstellation habe	
Ich freue mich sehr auf gemeinsame Zeit mit meinem Partner	
Gesamt	

13. Stärken stärken

Ich kenne meine Stärken am Arbeitsplatz	
Ich kann in meiner Arbeit das tun, was ich am besten kann	
Ich entwickle mich anhand meiner Stärken immer weiter	
Gesamt	

14. Ernährung

Ich habe das Gewicht, das ich mir vorstelle	
Ich esse, wenn ich Hunger habe, und höre auf, wenn ich satt bin	
Ich ernähre mich gesund	
Gesamt	

Stichwortverzeichnis

A

Achtsamkeitstraining 181
Aeroben Fettstoffwechsel 149
Aerober Kohlenhydratstoffwechsel 149
Agile Management Innovation 143
Agile Management Innovations 218
Ambiguitätstoleranz 70, 71
Anaerober Kohlenhydrat-
 stoffwechsel 149
Angestelltendasein 77
ASLAN-Methode 74, 75
ATP (Adenosintriphosphat) 149
Ausdauersport 170

B

Bad is stronger than good 148
Bar Camps 230
Bauchspeicheldrüse 151
BDNF (brain-derived neurotrophic
 factor) 238
Begrenzen 93
Begrenzung
 — Aktivitäten 95
 — Besitz 95
 — Perfektion 96
 — von Kontakten 94
Belohnungssystem 199
Bestandsprüfung 53
Bewegung 242
Biorhythmus 159, 237
 — Eulen 167
 — Lerchen 167
 — Umgang 164
Brot-und-Butter-Geschäft 79

C

Chronic low grade Inflamation 154
chronische Erkrankungen 154
Cortisol 160, 237
 — und Entscheidungen 185

D

»Devils Advocat«-Frage 53
Digital Overload 25
 — Probleme und Lösungen 123
 — Reduzierung 117
 — Umfang 115
 — Umgang 115
 — V-I-KoM-Modell 121
Digital Overload management 231
Digital Overload Management 111
Digital-Overload-Resilienz 116
Dopamin 88, 236
Dopaminspiegel im Gehirn 32

E

Effektivität 99
Eisenhower-Prinzip 99, 106
 — Dringlichkeit 100
 — Matrixfelder 104
 — Wichtigkeit 100
Energieanforderung 173
Energiebatterien 36
Energiegewinnung
 — in der Zelle 148
 — Möglichkeiten 149
Energie-Quellen 35, 40
Energie-Vampire 41
Erkrankungen, chronische 154
Erlebnismanagement 88
Ernährung 177, 242
 — Glaubenssätze 180
Erreichbarkeitsfalle 112

F

Fairnessrunden 232
Fehlerkultur 225
Folsäure 179
Folsäuremangel 179
Freiheitsfalle 79
Freundschaften
 — am Arbeitsplatz 218

G

Genießen 68
Getreide 157
Glaubenssätze 189
Glück
— Analyse 31
Glücklich-Bleiben
— eigener Weg 51
— Mitarbeiter unterstützen 136
gute Vorsätze 44, 67

H

Happiness 16
Happiness-Benefits 139
Happiness-Bodyguard 90
Happiness-Check 74, 132
— Zeitpunkt 134
Happiness-Konzept
— Begrenzung 94
Happiness-Pegel 40
Heiliger Gral 126
Herzratenvariabilität (HRV) 161
Hippocampus 201
Hirn-Hacking 216
Homocysteinstoffwechsel 179
HPA-Achse 145
Humor 87

I

Immunsystem 152
— Bedeutung 153
Immuntrigger 156
Industrie 4.0 25
Informationsflut
— digitale 113
Insulin 150

K

Kehraus 61
Kommunikation 60
Kommunikationsmedien
— digitale 73
Konzentrationsinseln 186, 187
Ko-Schwäche 47
Ko-Stärke 47

Kraftsport 170
Kreativität 181
— und Pausen 183
Kundenkontakt
— persönlicher 230
Kündigung 78

L

Lebensvisionen 214
Lebenszeit
— Statistik 59
Lebenszeitrechner 57
Lebensziele 62
— Definition 64
— Maßnahmenplan 65
— Zwischenerfolg 67
Leistungsfähigkeit 143
— Puzzleteile 145
Lernen
— biologische Grundlagen 200
— und Neugierde 202
Lernmethodik
— in der Schule 198
Lowlights 75

M

Mantra
— Begleiter und Mahner 130
— persönliches 128
MBTI-Profil 34
Meditation 181
Meetingreduktion 233
Melatonin 240
Mikronutrienten-Mangel 179
Milch 158
Mitarbeiter
— unglückliche 76
Mitochondrien 149
Myers Briggs Typenindikator (MBTI) 33

N

Nein sagen 107
— als Selbstschutz 107
Neuro-agile Konzepte
— in der Praxis 235

Nicht-Erfolg 69
Nukleus accumbens 145

O
Omega-3-Fettsäuren 178
Omega-6-Fettsäuren 178
Oxytocin 239

P
Pair Working 227
Papierkorb-Delegation 103
Peak Performance 242
Peer Feedback 227
Periodisierung 173
Personalentwicklungsmaßnahmen 26
Ponyhof-Visionen 212
Powersituation 38
präfrontaler Cortex 145
Priming 192
Prinzip der Periodisierung 173
Priorisierung durch Boards 228
Prioritätenfrage 99
Prioritäten setzen 93
Produktivität
  — fördern 202
progressive Muskelentspannung 181

R
Reframing 189
Regenerationsregeln 175
Regenerationszeit 165
Resilienz 242
Retrospektiven 230

S
Scheiternkultur 69
Schimmelpilze 158
Schlaf 242
Schwäche als Stärke 46
Schweinezyklus 80
Selbsterkenntnis 33
Selbstmanagement 55
  — aus neurobiologischer Sicht 184
Selbstreflexion 42, 43

Selbstständigkeit
  — Vorfeldanalyse 85
Selbstverwirklichung
  — aktive 78
Serotonin 175, 241
Sickness-behavior-Modus 154
Slack Time 228
stärkenorientierte Förderung 195
Stärken-Schwächen-Pendel 50
Stärken stärken 193
Stress 172
  — Umgang 172
Superkompensation 172, 174

T
Tageslicht 161
Talente 209
  — Bedeutsamkeit 211
  — Einzelwahrnehmung 211
  — Wettbewerbsorientierung 210
Testosteron 238
Top-Leistung und Erfolg
  — Bausteine 27

U
Urlaub, handyfreier 231
UV-Licht 168

V
Visionen 212
Vitaminmangel 179

W
Work-Life-Balance 73

Y
Yoga 181

Z
Zeit
  — Endlichkeit 56
Zeitmanagement 55
Zukunft
  — und Gegenwart 69

Die Autoren

Arne Prieß

Berufliche Laufbahn
Studium der Pädagogik mit Schwerpunkten im Personalmanagement, Psychologie sowie Berufs- und Betriebspädagogik. Fernstudien-Diplome in Betriebswirtschaftslehre und Personalwirtschaft.

Seit 1986 in verschiedenen Führungs-, Ausbildungs-, Beratungs- und Trainings- sowie Personalmanagementaufgaben tätig.

Berufliche Stationen im öffentlichen Dienst und Siemens Business Services GmbH & Co. OHG. Im Jahr 2000 Mitgründer der Unternehmensberatung HRblue AG, im Vorstand für die Geschäftsfelder HR Consulting und Projekte, Outsourcing Mitarbeiterbefragungen und HR Trainings verantwortlich, dabei im Rahmen eines HR Outsourcings vier Jahre HR Director der Scout24-Gruppe. 2012 Gründer und Geschäftsführer des Management-Beratungs- und Trainingsunternehmens HR CONTRAST GmbH.

Kompetenz-, Beratungs- und Trainingsschwerpunkte
Langjähriger Trainer und Coach für Führungskräfte, MBTI-Trainer-Lizensierung; Trainer für Leadership und viele Schlüsselkompetenzen wie z. B. Projektmanagement, Zeitmanagement und strategische Personalmanagement-Themen, u.a. für die Haufe Akademie, ZfU und FORUM Institut.

Management und personalfachliche Beratungsprojekte in strategischen Management-Themen mit besonderen Schwerpunkten z.B. in strategischen Organisationsentwicklungen, Neuausrichtungen von HR-Abteilungen (HR-Transformationen), Mitarbeiterbindung und High-Performance-Management inkl. variabler Vergütung und Zielvereinbarungssystemen.

Projektmanager und Moderator (z.B. für Unternehmensstrategieprozesse, Führungskräftetagungen, Assessment Center und Teambuildings). »Speaker« für Impulsvorträge zu HR und Management- sowie Führungsthemen und Methodenkompetenzen (inkl. Zeit-, Projekt- und Selbstmanagement).

Autor und Herausgeber von »Führen mit dem Omega-Prinzip« (Haufe 2013), »Zeit- und Projektmanagement« (Haufe 2014). »Schlüsselfaktor Strategisches Personalmanagement« (Haufe 2016) und »Der erfolgreiche Manager« (Haufe

2017). Verfasser zahlreicher Fachartikel, Lehrbriefe, eTrainings und Mitautor von »Personalprozesse gestalten und optimieren« (heute Teil des PersonalOffice von Haufe).

Dozent der Fresenius Universität für Strategisches Personalmanagement.

Dr. Sebastian Spörer

Berufliche Laufbahn
Studium der Betriebswirtschaftslehre und der Sozialwissenschaften mit Promotion zum Dr. phil. Ausbildungen in verschiedenen Fachgebieten der Psycho-Neuro-Sozio-Endokrino-Immunologie. Seit 2003 in verschiedenen Führungs- und Personalmanagementfunktionen tätig.

Seit 2006 im Training für Führungskräfte zu den Themen Work-Life-Balance und Gesundheitsmanagement. Seit Mitte 2016 Geschäftsführer der Neuro Pioneers Training & Consulting GmbH. Lehrbeauftragter an der Universität Augsburg für Kommunikation. Wissenschaftlicher Beirat und Dozent im Europäischer DACH-Verband Stress-Medizin e. V.

Kompetenz-, Beratungs- und Trainingsschwerpunkte
Nach Stationen im öffentlichen Dienst und für verschiedene Trainingsinstitute jetzt Trainer für Neuro-Leadership. Umsetzung von Trainingsprojekten und Erweiterung von Führungskräfteentwicklungen um den Bereich Neuro-Biologie. In Deutschland die einmalige Kombination aus Gehirnforschung, Immunologie und Führungskräfteentwicklung.

Darüber hinaus Trainings und Seminare zu den Themen Stress-Prävention, Neuro-Motivation und Neuro-Selbstmanagement.

Key-Note-Speaker und Impulsvorträge zu den Themen Motivation durch Neuro-Biologie, Stress-Prävention, Ernährung als Motivationsgrundlage und zu verschiedene Stress- und Gesundheitsaspekten.

Coautor von »Führen mit dem Omega-Prinzip« (Haufe 2013) und »Zeit- und Projektmanagement« (Haufe 2014), »Schlüsselfaktor Strategisches Personalmanagement« (Haufe 2016) und »Der erfolgreiche Manager« (Haufe 2017).

HAUFE.

Ihr Feedback ist uns wichtig!
Bitte nehmen Sie sich eine Minute Zeit

www.haufe.de/feedback-buch